공부의
정석

똑소리 나는 학습법으로
야무지게 공부하는

공부의 정석

2011. 1. 10. 1판 1쇄 발행
2013. 4. 10. 1판 5쇄 발행
2016. 1. 12. 2판 1쇄 발행
2017. 3. 15. 2판 2쇄 발행

지은이 | 박인수
펴낸이 | 이종춘
펴낸곳 | BM 주식회사 성안당
주소 | 04032 서울시 마포구 양화로 127 첨단빌딩 5층(출판기획 R&D 센터)
    | 10881 경기도 파주시 문발로 112 출판문화정보산업단지(제작 및 물류)
전화 | 02) 3142-0036
    | 031) 950-6300
팩스 | 031) 955-0510
등록 | 1973. 2. 1. 제406-2005-000046호
출판사 홈페이지 | www.cyber.co.kr
ISBN | 978-89-315-7909-3 (13000)
정가 | 14,800원

이 책을 만든 사람들

책임 | 최옥현
진행 | 최동진
일러스트 | 최혁
본문 디자인 | 디박스
표지 디자인 | 박원석
홍보 | 박연주
국제부 | 이선민, 조혜란, 고운채, 김해영, 김필호
마케팅 | 구본철, 차정욱, 나진호, 이동후, 강호묵
제작 | 김유석

똑소리 나는 학습법으로
야무지게 공부하는

공부의
정석

| 박인수 지음 |

BM 성안당

┏ 머리말

'머리는 좋은데 성적은 …… 왜?'
'도대체 왜! 공부할 생각도 없고, 하지도 않는지!'
'노력은 하는 것 같은데 항상 성적은 제자리…….'
'사교육에 많은 시간과 돈을 투자했는데도 변화는 없는지!'
'초등학교 때의 성적은 괜찮았는데 지금의 성적은 왜 이러는지!'
'상위권이지만 왜 최상위권이 되지 못하는지!'

공부를 제법 한다는 아이들의 공통점은 학습 동기가 뚜렷하고 능동적인 생각으로 자신만의 공부 습관과 공부 방법을 가지고 있다는 것입니다. 하지만 많은 학생들은 공부 습관에 문제가 있거나 공부의 원리와 방법을 터득하지 못한 채 쉽게 갈 수 있는 공부의 길을 돌아서 어렵고 힘든 길을 갑니다. 그러다 보니 지쳐 쓰러지거나 자신감을 잃고 결국 공부를 포기하고 마는 것이 현실입니다.

많은 학생들은 알고 있습니다. 스스로 공부하는 것이 좋다는 것을. 하지만 스스로 공부할 수 있는 효과적이며 질 높은 학습 방법에 대해서는 고민하지 않는 경우도 많습니다.

"공부를 잘하는 아이는 못하는 아이보다 10배 이상 공부한다."는 말이 있습니다. 이 말은 공부 못하는 아이가 1시간 공부할 때 잘하는 아이는 10시간 공부한다는 것이 아니라 같은 시간 동안 공부해도 잘하는 아이는 못하는 아이보다 10배 이상 공부의 질과 성취도가 좋다는 뜻입니다. 그 이유는 공부를 잘하는 아이는 학습에 대한 동기와 목표가 확실하며 공부 원리와 공부 방법을 알고 이를 자신의 능력에 맞게 적절히 활용하기 때문입니다.

이 도서는 학습 동기가 부족해서 능동적인 학습이 진행되지 않는 학생, 공부를 하려고 해도 도대체 어떻게 공부를 해야 하는지 모르는 학생, 아무리 노력해도 최상위권의 성적을 이루지 못하는 학생 등을 위해 공부를 하는 데 반드시 필요한 다양한 방법(비법)들을 수록해 놓았습니다. 물론 이러한 방법들이 모든 학생에게 똑같이 적용되지는 않을 것입니다. 하지만 이 도서를 통해 많은 학생들이 공부의 기본 원리와 방법을 터득하고, 교과 학습을 진행하는 데 자기 자신만의 독특하고 효율적인 공부 방법을 완성할 수 있을 것입니다.

탈무드의 지혜 중에 "고기를 잡아주지 말고 잡는 법을 가르치라."는 말이 있는데, 이 도서는 '고기를 잡는 방법뿐만 아니라 고기를 요리하여 내 것으로 소화할 수 있는 능력'까지 키워주는 내용을 담고 있습니다.

지금까지 아예 공부에 생각이 없었거나 또는 어떻게 공부를 해야 하는지 몰라 공부를 못했던 학생들, 자녀의 성적이 조금이라도 오르기를 바라는 학부모님의 갈증을 이 도서로 충분히 해소시킬 수 있을 것입니다. 목적성 있는 공부, 알고 하는 공부, 비법을 사용하는 공부를 하는 여러분은 분명 성공으로 가는 가장 빠른 길을 선택한 학생입니다.

박인수

Thanks to

힘과 용기 그리고 격려와 성원을 보내주신 엄창섭 원장님과 박귀연 실장님, 자료 준비와 시장 분석을 도와준 오은우, 박현하 선생님, 그리고 무엇보다도 소중한 선미와 소윤, 소율이에게 감사의 마음을 전합니다.

공부를 잘하고자 하는 학생들이 필요로 하는 것이 무엇인지를 정확히 알고 쓴 책이다. 사교육 현장에서 오랫동안 교육 활동을 해온 저자라 누구보다 학생들의 가려운 부분을 잘 안다. 이 책은 속독법과 기억법을 배경으로 마인드맵을 포함한 여러 학습법을 효과적으로 공부에 적용하는 방법을 훌륭하게 소개하고 있으며, 학생들이 스스로 학습할 수 있는 능력을 길러 준다.

(부잔센터코리아 대표이사 | 권봉준)

막연하게 '어떻게 공부하는 것이 좋을까?' 라는 의문만 던져 주고 마는 도서는 아닌 것 같다. 질이 좋은 공부를 하기 위한 학습 습관과 방법 등을 구체적으로 표현하여 학생들로 하여금 따라 하기만 해도 높은 성적을 만들어 낼 수 있는 다양한 공부의 내용을 담고 있는 도서이다.

(영재교육 원장 | 엄창섭)

혼자 하는 공부의 힘보다는 사교육에 의존하는 학생들에게 반드시 필요한 내용을 가득 담고 있는 도서이다. 가장 질이 좋은 공부의 흐름과 습관 그리고 방법 등 실전 교과 학습에 접목할 수 있는 방법들이 수록되어 있으며, 특히 마인드맵은 모든 학생이 학습에 접목했으면 하는 바람이다.

(서울 ○○중학교 | 김선태)

사교육보다는 학교 수업의 중요성을 알려주고, 자기 스스로 주도적으로 공부하기 위한 다양한 내용을 담고 있다. 혼자 하는 공부에 익숙하지 않은 많은 학생들이 이 책을 읽고 사교육의 틀에서 벗어나 학교 수업을 중심으로 공부하는 학생이 되길 바란다.

(순천 ○○중학교 | 안정미)

다양한 학습법 관련 도서들을 보았지만, 읽고 난 후 어떻게 하라는 것은 알겠는데 구체적인 예시가 부족하기 때문에 정확히 알 수 없었다. 하지만 '공부의 정석'은 다양한 예시와 방법들을 소개하여 많은 학생들이 쉽게 나만의 공부법을 가질 수 있도록 이끌어 주고 있는 듯하다.

(광주 ○○중학교 | 김미정)

목 차

THEME 1
똑소리나게 공부하기

THEME 2
야무지게 기억하기

THEME 3
마인드맵 그리기

THEME 4
코넬 노트에 필기하기

THEME 1

똑소리나게
공부하기

공부는 나의 미래에 투자하는 것이다

지금 학생들이 가장 먼저 알아야 할 사실은 공부란 나의 미래를 위해 꼭 필요한 투자라는 것입니다. "공부를 잘하면 성공하고, 못하면 실패한다."라는 말이 반드시 맞는다고는 할 수 없지만, 그래도 ==공부를 잘하면 성공할 가능성이 높다는 것이 사실입니다.==

"6년의 시간이 60년을 좌우한다."라는 말이 있습니다. 이 말은 중학교 1학년부터 고등학교 졸업까지의 6년을 어떻게 보내느냐에 따라 경제적인 능력이 발생하는 시점(30세 정도)부터 사망에 이르기까지(90세) 60년의 인생이 달라진다는 뜻입니다.

중고등학교 6년은 투자 성공률이 높은 시기입니다. 예를 들어 이때 1천 원을 투자하면 1만 원의 수익을 만들어 낼 수 있고, 1만 원을 투자하면 10만 원의 이익을, 10만 원을 투자하면 1백만 원의 이익을 만들어 낼 수 있는, 즉 10배 이상의 수익을 만들어 낼 수 있을 만큼 여러분은 무한한 가능성을 가지고 있습니다. 이러한 중요한 시점에서 자기 자신에게 제대로 된 투자를 하지 않는다면 향후

60년의 인생은 장담할 수 없습니다. 그래서 어른이 되고 나서 "중고등학교 때 좀 더 공부를 열심히 할 걸." 하고 후회하는 사람이 많지만 한 번 흘러간 시간은 그 누구도 되돌릴 수 없습니다.

중학교	고등학교	대학교	사회생활
6년		4년	60년

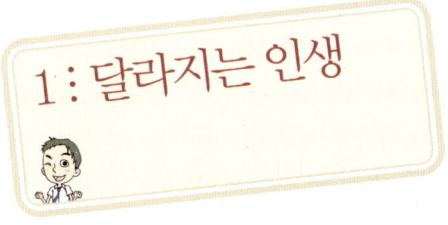

1 : 달라지는 인생

소율이와 창현이는 초등학교 시절부터 굉장히 친하게 지내는 친구 사이로, 둘 다 의사가 되는 것이 꿈입니다. 소율이는 의사가 되겠다는 꿈을 이루기 위해 중고등학교 6년 동안 공부를 열심히 하였고, 마침내 의대에 진학했습니다. 그러나 창현이는 6년의 시간 동안 의대에 가겠다는 꿈만 꿀 뿐 공부는 소홀히 하여 대기업이 선호하지 않는 대학에 입학하게 되었습니다. 소율이는 의대에서 학업을 무사히 마치고 의사로서의 생활을 시작한 반면, 창현이는 대학 졸업 후 여러 대기업에 이력서를 제출했지만 1차 서류 심사조차 통과하지 못했습니다. 소율이가 의사로서의 경력을 차곡차곡 쌓아가는 동안 창현이는 오랜 백수 생활 끝에 한 산업 단지의 하청업체에서 비정규직 사원으로 근무하게 되었습니다.

이후 소율이와 창현이의 60년 인생에는 어떤 차이가 생길까요? 가장 먼저 결혼부터 달라질 것입니다. "사람들은 끼리끼리 논다."라는 말이 있듯이 의사인 소율이는 같은 일에 종사하는 의사를 만나서 결혼할 확률이 높고, 창현이 역시 같은 회사에 근무하는 여성이나 비슷한 업종에서 근무하는 여성을 만나서 결혼할 확률이 높습니다.

확실한 것은 미래의 직장이 여러분의 사회생활에 많은 영향을 미치게 된다는 것입니다.

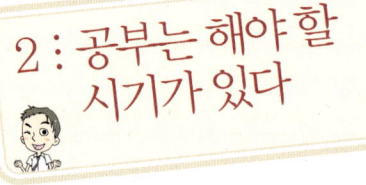

2 : 공부는 해야 할 시기가 있다

많은 아이들과 상담하면서 가장 많이 느낀 점은, 아직은 청소년 시기이기 때문에 이상과 현실을 구별하지 못한다는 것은 이해할 수 있지만 지금 현재의 성적은 별로지만 나중에는 자신이 꿈꾸는 삶을 살 수 있다고 생각한다는 것입니다. 특히 이런 아이들은 나중에 정 안 되면 공무원을 하면 된다는 생각을 가지고 있습니다. 물론 공무원을 선발하는 기준은 대기업 등과 달리 출신 학교를 중요하게 따지지 않지만 공무원 시험에 합격하기가 그리 쉬운 일이 아닙니다.

공무원 시험을 준비하는 사람들을 보면 정말 열심히, 절박한 마음으로 최선을 다해 공부를 합니다. 스톱워치로 순수 공부 시간만을 측정해도 8시간 이상을 공부하고 있으며, 거의 하루 종일 공부만 하는 사람이 한둘이 아닙니다. 하지만 이렇게 몇 년 동안 공부해도 공무원 시험에 합격하기가 어려운 것이 현실입니다.

성인이 되어 자신의 인생을 걸고 공부를 하다 보니 정말 절박한 마음으로 이렇게 열정적으로 공부를 하는 데도 합격하지 못하는 이유는 그렇게 공부를 하는 사람들이 너무 많기 때문입니다.

통계상으로 공무원 7급 직렬별 출원 인원 및 경쟁률 현황을 보면 평균 경쟁률이 80.0:1입니다. 반면 2011학년도 서울대의 정시 모집 경쟁률은 4.52:1입니다. 과연 어떤 상황이 자신에게 유리할까요? 공무원 시험을 준비하는 마음처럼 중고등학교 시절에 공부를 했다면 어땠을까요? 아마 우리나라 명문대를 비롯해 아이비리그(Ivy League)까지 갈 수 있는 실력이 되지 않을까 싶습니다.

대부분의 학생들은 중학생 때보다는 고등학생 때 공부를 더 많이 하고 열심히 하는 모습을 보이고 있습니다. 하지만 중학생 때보다 고등학생 때 더 열심히, 더 많이 노력해도 성적에 변화가 없다고 하소연하는 학생들이 많습니다. 이러한 모습을 보면서 '3년 일찍 그렇게 공부했으면……' 하는 생각이 듭니다. 고등학생들에게 "지금처럼 중학생 때에 공부를 했으면 성적이 어땠을까?"라는 질문을 해 보았습니다. 대답은 '1등'이었습니다. 중학생에게 이러한 질문을 해도 마찬가지일 것입니다. 중학생 때 공부한 만큼 초등학생 때에 공부했다면 1등을 했을 것입니다.

이렇게 공부에는 시기가 있습니다. 조금만 노력해도 좋은 결과를 만드는 시기가 있는 반면, 아무리 노력해도 자신이 원하는 결과가 나오지 않는 시기가 있다는 것입니다.

"오늘 걷지 않으면 내일은 뛰어야 한다."는 말이 있습니다. 공부에 있어서는 오늘 걷지 않으면 내일은 뛰어도 안 될 수 있습니다. 왜냐하면 내가 뛰는 시기에는 많은 경쟁자들이 함께 뛰고 있기 때문입니다.

6년의 시간은 여러분의 인생에 있어서 가장 큰 전환점을 만들어 줄 수 있는 시기입니다. 이 시기에 최선을 다해 노력한 사람은 분명 향후 60년의 인생을 후회 없이 살아갈 것입니다.

3 : 사회에서 좋아하는 대학

질문 하나 하겠습니다. 여러분이 수학을 지도할 과외 선생님 두 분의 프로필을 보고 있습니다. 한 분은 서울대 출신, 한 분은 전라남도의 한 지방 대학 출신입니다. 과연 여러분은 어느 선생님을 선택할까요?

대부분은 서울대 출신의 선생님을 선택했을 것입니다. 그 이유는 **좋은 대학을 나온 사람을 선호하는 뿌리 깊은 인식 때문**입니다. 여러분도 이러한 선택을 했는데 기업의 채용 담당자들은 어떠한 선택을 할까요?

많은 학자들은 "좋은 대학에 들어가면 인생이 달라진다는 생각을 버려야 한다."고 하지만, 현실에서 취업을 준비하는 많은 학생들은 "한국 사회에서 성공은 학벌을 떼어놓고 생각할 수 없다."고 이야기합니다.

개인적으로도 꼭 좋은 대학을 나와야 업무를 잘할 것이라고 생각하지 않지만 기업의 채용 담당자들의 생각은 다르다는 것입니다.

대기업들이 참가하는 취업 박람회는 서울의 상위권 대학에서는 정기적으로 열리는 행사이지만, 지방의 대학에서는 거의 열리지 않습니다. 하는 수 없이 지방의 많은 학생들은 서울 지역 주요 대학의 취업 박람회에 참여하지만 대부분 충격을 받고 지방으로 내려가기 일쑤입니다. 한 지방 대학 학생에게 학점과 토익 점수도 높고 자격증도 몇 개 되는데 취직하지 못하는 이유를 묻자 이렇게 대답했습니다.

"서류 전형을 통과하기도 하늘의 별따기인데, 좋은 대학의 학생은 면접만 보고 취직하는 경우가 많다. 대학 이름만 빼면 취업에 자신이 있다."

다른 많은 대학에 개인적인 능력이 뛰어난 학생이 많을 텐데 왜 기업에서는 좋은 대학 학생들을 선호할까요?

첫째, 우리나라는 학연과 지연을 중요시하는 나라입니다. 행정 관료 고위층은 대부분 높은 학벌을 가진 사람들이 많습니다. 기업이 성장하려면 각종 규제를 헤치고 나가야 하며, 이를 위해서는 행정 관료 고위층과 친밀한 관계를 형성해야 하므로 이들과 같은 학교 출신을 채용해야 한다고 생각하는 것입니다.

둘째, 4년의 성실함보다는 12년의 성실함을 본다는 것입니다. 학생의 신분으로서 제일 중요한 일은 학업을 통해 자신의 능력을 쌓아 지식 경쟁에서 앞서 나가는 것입니다. 좋은 대학에 진학한 학생들은 초·중·고등학교 시절(12년) 동안 자신이 해야 할 일(학업)에 최선을 다했고, 그 결과 지식 경쟁에서 승리한 사람들이라고 인식하는 것입니다.

셋째, 중하위권 대학의 높은 학점을 인정해 주지 않는다는 것입니다. 즉, 서울의 상위권 대학의 학점과 다르다는 것입니다. 수준 높은 학생들 사이의 경쟁이었는지, 그렇지 못한 경쟁이었는지를 보는 것입니다.

넷째, 좋은 대학에는 다수의 인재가 있다는 것입니다. 물론 중하위권 대학에도 공부 잘하는 학생이 분명 있을 것입니다. 하지만 그 수는 소수이고, 그나마 뛰어난 소수의 인원도 '학벌 세탁'을 위해 서울 소재의 대학으로 편입을 하고 있으며, 서울의 중위권 대학에서는 상위권 대학으로 편입을 통해 '학벌 세탁'을 하고 있으니, 다른 많은 대학의 인재에 대해 기업이 의문점을 던질 수밖에 없다는 것입니다.

이러한 사회에 돌을 던지고 싶고 부정하고 싶지만, 우리 사회는 '학벌주의 사회'이고, 출신 대학의 졸업장이 신분증인 사회이기 때문에 학업에 최선을 다하지 않으면 손해볼 것은 자명한 일입니다. 분명 여러분은 출신 대학이 어디냐에 따라 이익을 볼 것이고 손해를 볼 것입니다. 이것은 인정할 수밖에 없는 우리의 현실입니다.

앞으로 기업에서 직원을 채용할 때 학력이 아닌 능력을 우선시하는 사회가 빨리 왔으면 하는 것이 개인적인 바람입니다.

STEP 2

공부를 즐겁게 하고 싶다면 목표를 세워라

학생들 대부분은 공부를 즐거운 일이라고 생각하지 않습니다. 하기 싫지만 어쩔 수 없이 해야 하는 것이라고 생각합니다. 그렇지만 공부하는 것이 게임보다, TV 시청보다 즐겁다는 학생들이 있습니다. 하기 싫은 공부와 즐거운 공부의 차이점은 목표가 있느냐 없느냐에 있습니다.

1 : 실현 가능한 목표를 세워라

목표를 높게 세우라고 했더니 '우주 정복'이나 '세계 정복' 등이라 말하는 허무맹랑한 아이들이 더러 있습니다. 하지만 이런 목표는 자기 자신도 실현 불가능하다는 것을 알고 있기 때문에 당연히 실천하고자 하는 욕구가 없으며 행동으로도 옮기지 않게 됩니다.

또 '프로 게이머가 꿈이다' 라고 말하는 학생들도 있습니다. 정말 게임 실력이 다른 친구들에 비해 월등히 뛰어나다면 프로 게이머가 되는 것이 꿈이자 목표가 될 수 있지만, 친구들 사이에서도 최고가 되지 못하고 학교 전체에서도 최고가 되지 못하는 게임 실력이라면 프로 게이머는 현실적인 목표가 될 수 없습니다. 이들은 자신의 게임 실력으로는 프로 게이머가 될 수 없다는 것을 알고 있으면서도 게임을 하고 싶다는 핑계로 이런 목표를 세우기도 합니다. 이런 목표 역시 적극적이고 열정적인 실천 행동으로 이어지지 않습니다.

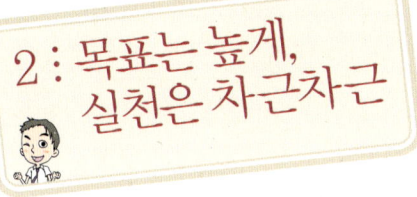

2 : 목표는 높게, 실천은 차근차근

"실력과 성적은 이것밖에 안 되는데, 목표를 높여서 뭐해요."

"이루지도 못할 목표인데, 실망만 할 것 같아요."

"그냥 하다 보면 뭐라도 되겠죠!"

이렇게 이야기하는 학생들의 공부는 과연 어떨까요? 뚜렷한 목표가 설정되어 있지 않기 때문에 공부의 방향을 정하기가 어렵고, 적절한 탐색의 기회를 가질 수 없기 때문에 효율적으로 학업을 진행하기 어렵습니다.

지금 현재 자신의 능력과 실력이 부족하더라도 목표를 높게 세워야 합니다. 목표를 높게 세워야 앞으로 진행되는 공부의 방향을 정확하게 정할 수 있으며, 어떠한 역경이 닥치더라도 흔들림 없이 이겨 나갈 수 있습니다.

"뱁새가 황새를 쫓아가다가는 가랑이가 찢어진다."라는 속담이 있습니다. 이는 '자신의 분수를 알라.'는 뜻이지만 지금의 여러분은 어떻게 생활하느냐에 따라 황새가 될 수도 있고, 뱁새도 될 수 있습니다. 여러분이 뱁새처럼 작은 꿈을 가지고 있으면 공부를 하면서 다가오는 역경(장애물과 웅덩이)을 헤쳐 나갈 수가 없습니다. 장애물이 나타나면 그 장애물을 넘지 못하고 포기할 것이고, 웅덩이가 나타나면 웅덩이에 빠져서 헤어나오지 못하고 결국 자신의 길을 가보지

못한 채 포기하고 말 것입니다. 하지만 황새처럼 긴 다리를 가지고 있으면 장애물과 웅덩이가 나오더라도 긴 다리를 이용해서 가볍게 넘어갈 수 있습니다.

이렇듯 작은 목표는 주변의 환경과 상황에 의해 쉽게 흔들릴 수 있지만, 큰 목표는 흔들림 없이 일과 공부의 방향을 따라 지속적으로 실천할 수 있는 마음적 에너지를 줍니다.

하지만 목표를 크게 잡으라고 했다고 학교 성적이 65점인 학생이 다음 시험에서 98점을 받겠다는 거창한 목표를 세운다면 어떨까요? 시험 공부를 열심히 해서 15점이나 향상된 80점의 성적표를 받아도 '그래 난 안 되는 놈이야' 또는 '내가 그러면 그렇지' 하고 실망하면서 공부 자체를 포기하게 될지도 모릅니다. 목표를 향한 공부의 방향이 흔들리게 될 것입니다. 목표는 단기적인 목표부터 장기적인 목표까지 구체적이고 세부적으로 정한 후 차근차근 밟아 올라가야 합니다.

몇 해 전 중학교 1학년 학생인 K군과 상담을 한 적이 있습니다. K군의 꿈은 의사였지만 성적은 68점밖에 되지 않습니다. 의대에 진학하려면 97~98점 정도를 받아야 하는데, 이 학생에게는 '가까이 하기엔 너무 먼 점수'였습니다.

하지만 너무 멀리 있다고, 내가 다가갈 수 없는 성적이라고 목표를 포기해야 할까요?

실제 K군은 성적을 98점까지는 올리지 못했지만 98점에 가까운 96점으로 고등학교에 진학했습니다. '와~ 대단하다. 어떻게 68점에서 96점으로 성적을 향상시킬 수 있었을까?'라고 생각할 수 있는데, 그 방법은 의외로 간단했습니다. 바로 단계별로 목표를 정했기 때문입니다.

K군이 처음 목표를 세운 때는 1학년 1학기 기말 고사를 마친 후였습니다. 그러니까 중학교 시절에 치르는 12번의 정규 시험 중 2번이 지나간 시기였습니다. 아직 1학년 2번, 2학년 4번, 3학년 4번 총 10번의 시험이 남았고, 올려야 할 점수는 30점입니다. K군은 단번에 30점을 올리겠다고 목표를 잡는 대신 30/10=3, 즉 한 시험당 3점씩 올린다는 목표를 세웠고, 3점 정도는 올릴 수 있다는 생각에 부모님과 약속을 하고 공부를 시작했습니다.

목표를 세우고 나서 첫 시험인 2학기 중간 고사 때 목표 점수인 3점보다 5점이 더 상승하였습니다. 목표한 3점 이상을 이루었기 때문에 조금의 성취감과 자신감이 싹트기 시작했습니다. 그로부터 두 달 후, 2학기 기말 고사에서는 목표인 3점보다 부족한 2점이 올랐습니다. 중간 고사 때보다 열심히 준비해서 성적이 더 올랐을 거라고 기대했지만 그렇지 못하니 많이 실망한 표정이었습니다. 그래서 다시 상담을 하면서 과목별 성적을 분석했는데, 예전의 성적과는 다른 모습을 보였습니다. 예전에는 국어, 영어, 수학, 과학의 점수가 다른 과목에 비해 낮았지만 이번 성적은 이 과목들의 점수가 다른 과목들에 비해 높았습니다. 즉 앞으로 더 많은 성적 향상을 이룰 수 있다는 좋은 변화였습니다. 단지 예체능 과목과 수행평가의 점수가 낮았기 때문에 2점밖에 오르지 않은 것입니다. 과목별 점수의 변화를 정확히 알려주자 K군의 얼굴빛이 달라졌습니다. K군이 본격적으로 변하기 시작한 시기는 이때쯤으로 기억합니다. 겨울 방학 동안 하루하루 생활하는 모습이 예전과는 질적으로 달라 보였습니다.

시간이 흘러 2학년 1학기 중간 고사를 마친 후 K군의 어머니로부터 전화가 걸려 왔습니다. 어머니는 조금은 흥분된 목소리로 제게 말했습니다.

"선생님, 우리 아이 성적이 86점까지 올랐어요."

K군의 공부 태도가 예전과는 질적으로 달라졌기 때문에 높은 성적 향상을 기대했지만 이처럼 빠른 시간에 목표를 이룰 것이라고는 생각하지 못했습니다. 80점대에서 90점으로 올라가는 시점에서 한 번의 고비는 있었지만 그때부터 K군의 공부 방법이 질적으로 달라졌던 것으로 기억하고 있습니다. 처음에 10번의 시험을 통해서 98점에 근접한 성적을 만들자고 약속했는데, 6번의 시험 만에 96점까지 성적 향상을 이루었습니다.

이것이 가능했던 이유는 이룰 수 없다고 생각했던 30점의 성적을 바라본 것이 아니라 자신이 이룰 수 있는 목표를 단계별로 정했고, 이러한 ==단계별 목표를 차근차근 이루어 나가면서 나도 하면 될 수 있다는 자신감과 성취감을 가지고 평소보다 질이 높은 학습을 진행했기== 때문입니다.

여러분이 바라는 목표를 세워보세요.

현재 점수	목표 점수	차이
점	점	점

차이(　　점) / 자신이 정한 기간까지의 시험 횟수(　　회) = 　　　　점

3 : 구체적인 목표를 설정하라

목표를 잘못 설정하면 이를 달성하기 위해 실천하는 행동은 미약할 것이며, 목표를 이루지 못했다는 생각에 자신감마저 잃을 수 있습니다.

목표를 설정할 때 가장 중요한 점은 구체적으로 설정해야 한다는 것입니다.

나는 의사가 꿈입니다. 가난하다는 이유로 많은 사람들이 제대로 된 치료를 받지 못해 목숨을 잃어가고 있습니다. 저는 의사가 되어 이들을 돕고 싶습니다. 의사가 되기 위해서는 의대에 진학해야 하고, 의대에 진학하기 위해서는 97~98점 정도의 성적을 유지해야 하기 때문에 수업을 잘 듣고 매일 예습과 복습을 생활화해야 합니다.

또한 고등학교 때 이과를 선택해야 하고, 이과의 특성상 수학을 잘해야 하므로 매일 수학 공부를 게을리 하지 않을 것입니다.

앞의 사례는 자신의 꿈은 무엇이고 그 꿈을 이루기 위해서는 어느 대학에 가야 하며, 이 대학에 진학하려면 목표 점수를 얼마만큼 유지하고 있어야 하는지를 구체적으로 설정하고 있습니다.

이처럼 구체적으로 목표를 설정해야 이를 이루고자 하는 욕구가 생기며, 그 욕구에 의해 현실적인 행동이 취하게 됩니다.

4 : 성취 욕구를 자극하라

어떠한 일을 할 때 목표를 정하고 진행하는 것과 그냥 무작정 하는 것과는 그 방법과 결과에 많은 차이가 나타납니다. 끝을 알고 달려가는 것과 끝을 모르고 달려가는 것에는 분명 차이가 있습니다.

오늘 소율이네는 대청소를 하기로 했습니다. 소율이는 엄마가 시킨 대로 청소를 도와주고 있지만, 지루하고 하기가 싫기 때문에 집중하지 못하고 있습니다. 엄마는 대충대충 청소를 도와주는 소율이의 모습이 영 마음에 들지 않았습니다.

"소율아, 너는 발코니 청소랑 화분에 물 주고, 창문을 깨끗하게 닦기만 해. 그것만 마치면 더 이상 청소 안해도 돼."

"진짜, 진짜지! 아싸 좋아."

소율이의 모습은 완전히 달라졌습니다. 자기 나름대로 방법과 순서를 정하고 정말 열심히 최선을 다해서 청소를 하고 있습니다.

자신이 해야 할 목표가 생기고 또 이를 성공적으로 마치자 소율이는 청소가 재미있었나 봅니다.

"엄마, 더 시킬 일 없어요?"

단순히 청소를 하더라도 자신이 해야 할 목표가 있는 상황과 목표가 없는 상황에서는 이렇게 일을 진행하는 과정에서 질적으로 차이가 나타납니다. 또 목표를 이루었다는 성취감을 한 번 맛보면 또 다른 성취감을 느끼기 원하게 되고, 이러한 과정을 통해 최초의 목표 이상의 일을 하게 됩니다.

공부도 마찬가지입니다. 오늘 수업은 어떻게 들어야 하고, 무슨 과목을 어떻게 얼마만큼 해야 하는지를 알고 공부하는 것과 생각 없이 공부하는 것에는 분명 시간이나 질적인 면에서 차이를 보입니다.

목표에 대한 성취감을 느끼면서 하루하루 생활하다 보면 또 다른 성취감을 느끼고 싶은 욕구가 생겨 처음에 자신이 정한 목표 이상의 공부를 하게 되며, 이러한 과정이 반복되면 자신의 중·장기적인 목표까지 이룰 수 있게 됩니다. 막연하고 끝을 알 수 없는 공부를 해왔다면 이제 목표를 설정하여 의미 있는 공부로 바꾸어야 합니다.

▶ 각 대학에서는 월별이나 분기별로 책자를 만들어 배포함으로써 학교의 새로운 소식을 여러 사람들에게 전하고 있습니다. 대학 소식지는 신청만 하면 무료로 받아볼 수 있으니 자신이 목표한 대학이나 관심 있는 대학의 소식지를 신청하세요. 이를 읽으면서 흔들리는 마음도 다잡고 각오도 다지세요.

5 : 주변 사람들에게 알려라

목표를 설정한 다음에는 마음속에 담아 두지 말고 주변 사람에게 자신의 목표를 이야기함으로써 실천 의지를 강하게 만들어야 합니다. 마음속에 담아두고 자신만 알고 있을 때는 실천을 하지 못해도 주위의 시선을 의식할 필요가 없지만, 주변 사람들에게 자신의 목표를 말했을 경우에는 스스로 책임을 지려고 하기 때문에 실천 의지가 강해집니다.

2008년 8월 10일 박태환 선수는 세계를 깜짝 놀라게 했습니다. 아시아 선수로서는 최초로 남자 자유형 400m에서 금메달을 차지했기 때문입니다. 시상대에 오른 박태환 선수는 가장 높은 자리에서 환하게 웃었지만, 박태환 선수보다 낮은 2위의 자리에서 은메달을 받은 중국의 장린 선수는 무표정한 얼굴이어서 대조를 이루었습니다. 그로부터 1년이 채 지나지 않아 열린 이탈리아 로마의 세계수영선수권대회, 예선 탈락을 한 박태환 선수는 TV를 통해 결승 경기를 지켜보고 있었지만, 장린 선수는 자유형 800m에서 세계 기록을 세우며 우승했습니다. 우승 소감을 묻는 기자의 질문에 장린 선수는 "이제 박태환의 사진을 방에서 떼어야겠다."라고 말했습니다.

지난 1년 동안 장린 선수는 박태환을 꼭 이기겠다는 목표를 세웠고, 힘들고 지칠 때마다 박태환 선수의 사진을 보면서 마음을 다잡아 훈련에 최선을 다했기 때문에 좋은 성적으로 우승할 수 있었습니다.

여러분도 자신의 계획과 목표를 종이에 적어 눈에 띄는 곳에 붙여두세요. 동기 부여가 될 수 있는 사진도 좋습니다. 작은 행동 하나가 목표를 향한 마음이 흔들리고 지칠 때 여러분의 마음을 이끌어줍니다.

20년 후에는 어떤 사람이 되어 있을까?

10년이면 강산이 변한다고 합니다. 여러분도 20년 후에는 멋지고 아름답게 변해 있겠죠. 20년 후의 '나'는 어떤 모습일지 상상하여 그려보거나, 자신의 미래 모습과 비슷한 사진을 신문·잡지·인터넷 검색을 통해 오려 붙여보세요.

:: **20년 후 나의 모습**

:: 여러분이 일하고 있는 장소는 어디입니까?

:: 그곳에서 여러분이 하고 있는 일은 무엇입니까?

:: 여러분의 옷차림은 어떤가요?

:: 어떠한 마음으로 하루하루 생활하고 있나요?

:: 일을 마치고 퇴근하는 교통수단은 무엇인가요?

:: 퇴근 후 도착한 곳은 어디이며, 어떠한 모습인가요?

인생 곡선을 그려볼까?

인생의 꿈과 목표가 있는 학생들은 자신이 무엇을, 얼마만큼, 어떻게 실천하고 노력해야 하는지 잘 알고 있습니다. 꿈과 목표를 구체적으로 세워 자신의 미래를 향해 힘차게 나아갈 수 있는 원동력을 만들어 보세요.

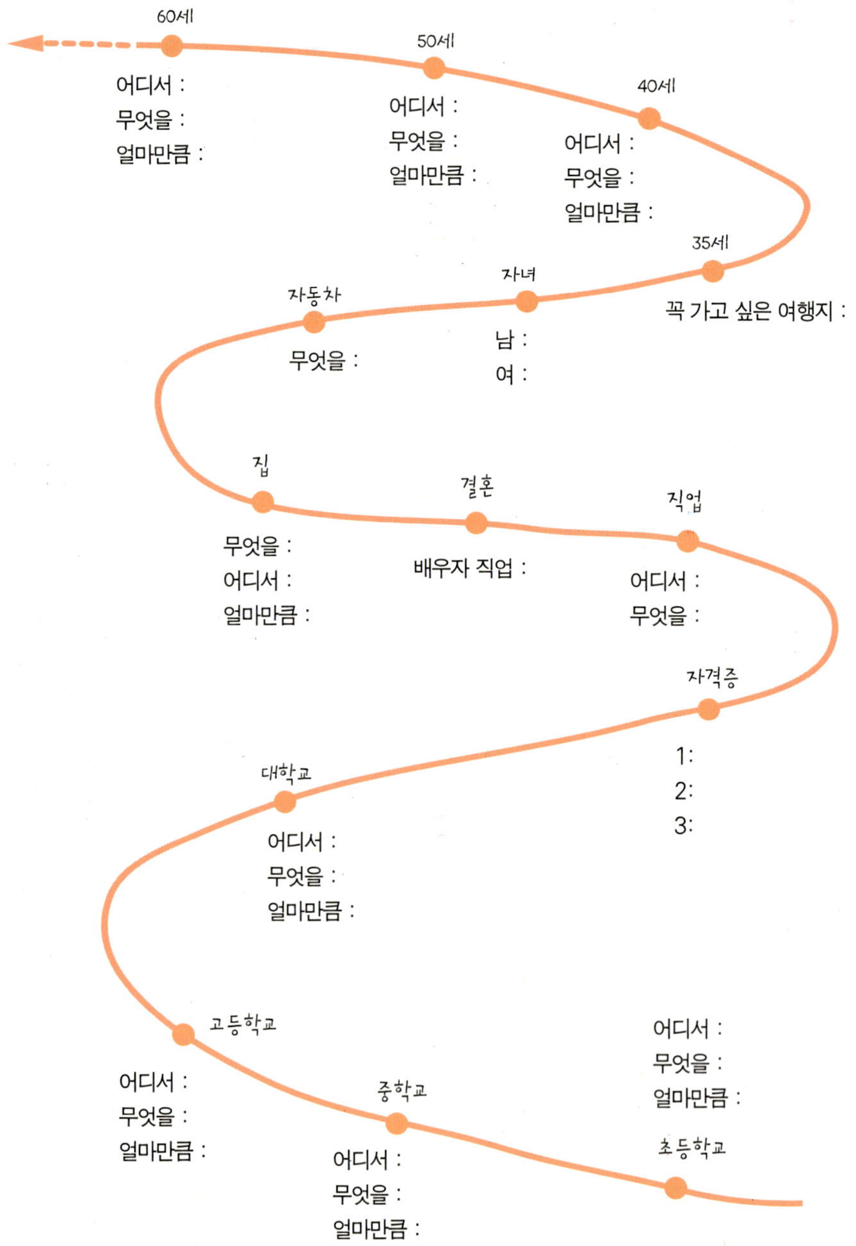

60세
어디서 :
무엇을 :
얼마만큼 :

50세
어디서 :
무엇을 :
얼마만큼 :

40세
어디서 :
무엇을 :
얼마만큼 :

35세
꼭 가고 싶은 여행지 :

자동차
무엇을 :

자녀
남 :
여 :

집
무엇을 :
어디서 :
얼마만큼 :

결혼
배우자 직업 :

직업
어디서 :
무엇을 :

자격증
1:
2:
3:

대학교
어디서 :
무엇을 :
얼마만큼 :

고등학교
어디서 :
무엇을 :
얼마만큼 :

중학교
어디서 :
무엇을 :
얼마만큼 :

초등학교
어디서 :
무엇을 :
얼마만큼 :

집중력을 키우면
공부의 질도 쑥쑥!

"얘는 집중력이 없어요. 공부한다고 해서 지켜보면 만날 딴짓거리만 해요."

많은 어머니뿐 아니라 여러분 스스로도 공부를 못하는 이유가 집중력이 부족해서라고 이야기합니다. 정말 집중력이 부족하다고 생각하면 주의력 결핍 과잉 행동 장애(ADHD) 검사라도 받아보아야 하는 것은 아닐까요?

1 : 공부의 시작은 불타는 마음!

여러분은 집중력이 부족해서 공부를 못하는 것이 아닙니다. 공부를 해야 할 구체적인 이유를 갖고 있지 않기 때문입니다. 좀 더 정확히 말하면, 공부하기 싫거나 공부 말고 인터넷 게임이나 TV 보기, 친구들과 노는 것을 더 하고 싶은 것이겠죠?

일요일 오전 소율이는 컴퓨터 앞에 앉아 요란한 소리를 내며 빠르게 움직이는 게임을 하고 있습니다. 게임을 시작한 지 1시간이 넘었지만 꼼짝도 하지 않고 열중하는 모습입니다.

"소율아, 게임 그만하고 밥 먹어!"

"……"

"소율아, 그만하고 밥 먹으라니까!"

"……"

아무리 불러도 대답이 없자 화가 난 엄마는 소율이의 방문을 엽니다.

"밥 먹으라는 말 못 들었어?"

"네, 뭐라고요?"

"밥 먹으라고."

"이따가 먹을래요."

"게임 그만하고 빨리 밥 먹어."

"안 먹는다니까! 안 먹어요."

화가 난 엄마는 방문을 쾅! 닫고 돌아섭니다.

여러분 누구나 이런 경험은 한 번쯤 있을 것입니다. 소율이는 지금 집중하는 모습일까요, 산만한 모습일까요? 주변에서 아무리 불러도 느끼지 못하며, 배가 고플 시간이지만 배고픔을 느끼지 못할 정도로 집중하고 있는 모습입니다. 게임을 할 때는 이처럼 높은 집중력을 발휘하면서, 정작 공부를 할 때는 이러한 집중력은 온데간데없이 사라져 버리고 맙니다.

똑같은 사람이지만 게임할 때와 공부할 때의 집중력이 다른 이유는 공부할 마음의 준비가 안 되었기 때문입니다. 공부를 좋아하지 않으며, 좋아하지 않는 공부를 하고 있기 때문에 지루하고 산만한 모습을 보이는 것입니다. 내가 공부를 왜 하는지, 무엇 때문에 하는지도 모르는 상태에서 막연하게 '해야 하니까!', '부모님이 시키니까!' 하는 생각으로 책상 앞에 앉으니 수동적인 모습을 보일 수밖에 없고, 그 시간에 한 공부는 시간 대비 질이 낮은 학습이 될 수밖에 없습니다.

여러분 누구도 집중력은 부족하지 않습니다. 게임이나 자신이 좋아하는 일을 할 때 느꼈듯이 여러분은 충분한 집중력을 가지고 있습니다. 구체적인 목표를 세워 능동적으로 실천할 때 공부에 대한 집중력은 높아집니다.

2 : 주변 둘러보기

맹모삼천지교[孟母三遷之敎]라는 말이 있습니다. 맹자의 어머니가 자식을 위해 세 번 이사했다는 뜻이며, 인간의 성장에 있어서 환경이 중요함을 가리키는 말입니다.

소율이는 지금까지 아무 생각 없이 공부를 했다고 생각합니다. 하지만 구체적인 목표를 세우는 것이 중요하다는 말을 듣고 자신이 가고 싶은 대학과 학과에 대한 정보를 인터넷을 통해 찾아보며 자신의 성적과 비교 분석한 뒤 오늘은 얼마나 공부를 해야 하는지 알고 나니 의지가 샘솟습니다. 오랜만에 굳은 마음을 가지고 공부를 시작하니 학습에 대한 집중력도 좋아진 듯 보입니다. 20분 후, 지이잉~ 진동 소리와 함께 문자 메시지가 도착합니다. 오랜만에 마음먹고 하는 공부라 무시하고 공부를 계속하고 있지만 다시 문자 메시지가 도착합니다. 문자 메시지를 확인하지 말아야 한다는 생각은 있지만, 공부를 하는 내내 문자 메시지에 온 신경을 빼앗기고 맙니다. 궁금해진 소율이는 문자 메시지를 확인합니다. 하지만 내용은 '뭐 하니?'. 그래도 문자는 왔기에 답장을 하게 되고 또 문자가 오고, 또 답장을 보내고…… 그렇게 시간은 흘러갑니다.

어느덧 소율이가 좋아하는 TV 드라마 할 시간입니다. 지난 시간에 그 드라마를 시청했기 때문에 다음 내용이 궁금합니다. 소율이는 그 드라마가 보고 싶지만 공부를 해야 한다는 마음으로 책상 앞에 계속 앉아 있습니다. 하지만 손과 눈은 책을 향해 있지만, 머릿속은 드라마의 다음 내용에 대한 생각으로 가득합니다.

그러자 공부가 지겨워졌고 마음이 답답해졌습니다. 이를 해결하고자 하는 생각에서 노트북을 켰습니다. 잠깐만 한다고 했던 인터넷이 메일 확인, 쇼핑몰, 연예 정보, 뉴스 등을 확인하다 보니 1시간이 훌쩍 지나가 버렸습니다. 소율이의 그날 공부는 그것으로 끝이었습니다.

소율이는 목표를 세우고 마음의 준비를 한 뒤 공부를 시작했습니다. 그 결과 처음에는 매우 집중이 높은 상태였지만, 여러 유혹을 뿌리치지 못하고 그날의 공부를 망치고 말았습니다. 집중을 하고 싶고, 공부를 잘하고 싶은 마음이 확실하다면 먼저 집중을 방해하는 원인을 찾아서 해결해야 합니다.

마음의 준비가 되었다면 그 마음을 계속 유지할 수 있도록 환경적인 부분도 생각해야 합니다. 아무리 공부를 열심히 하고 싶어도 환경에서 문제가 생기면 집중력은 바닥을 드러내기 때문입니다.

집중하기 위한 환경정리

:: **휴대폰** : 공부할 때는 과감하게 부모님께 맡기세요. 부모님이 여러분의 휴대폰 내용을 보지도 않겠지만 그 래도 불안하다면 배터리만 부모님께 맡깁니다. 부모님이 집에 안 계실 때에는 공부방이 아닌 다른 장소에 휴대폰 보관함을 만들어 보관합니다. 휴대폰의 전원을 켠 상태보다는 끈 상태로 보관해야 집중하기 더 좋 습니다.

:: **TV** : 최선의 방법은 집 안에서 TV를 치워버리는 것입니다. 공부를 하다가 여러분이 좋아하는 드라마 할 시간이 되면 드라마를 보고 다시 공부하면 된다고 생각할 수 있지만, 드라마 내용에 대한 여운 때문에 공 부에 대한 집중력은 크게 떨어집니다. 오늘 그 드라마는 꼭 봐야겠다고 생각한다면 오늘 계획한 공부를 마 무리한 뒤 보세요.

:: **MP3** : 음악을 들으면서 공부를 하면 집중이 잘된다고 이야기합니다. 이것은 여러분이 공부하기 싫어서 하 는 변명에 불과합니다. 공부를 할 때는 두뇌 능력을 최대한 발휘해야 하는데 노래 가사의 의미 처리와 공부 내용에 대한 의미 처리를 같이 하면서 질적인 공부를 할 수 있을까요? 되도록이면 공부할 때는 MP3는 멀 리 치우세요. 정 음악이 듣고 싶다면 가사가 없는 바로크 음악이나 뉴에이지 음악을 들으세요.

:: **컴퓨터** : 인터넷 강의를 들어야 한다는 이유에서 공부방에 컴퓨터가 많이 설치되어 있습니다. 자신의 공부 를 위한 것인지 아니면 게임이나 검색을 위한 것인지를 판단해야 합니다. 공부를 위한 컴퓨터가 아니라면 과감하게 밖으로 옮겨야 합니다. 공부방에 컴퓨터가 있다는 것 자체만으로도 여러분의 집중력은 흔들릴 수 있습니다. 과감하게 눈에서 보이지 않는 곳으로 옮기세요.

:: **책상에서는 공부만 하라** : 책상에서 만화책을 보거나, 음식을 먹거나, 게임을 했다면 나중에 책상에 가면 그러한 행동이 저절로 일어나게 됩니다. 심리학에서는 이러한 현상을 '조건 형성'이라고 말합니다. 그러므 로 공부하는 책상에서는 꼭 공부만 할 수 있도록 하고, 오늘 공부가 마무리되어 딴 짓을 하고 싶을 때는 책 상에서 벗어나 다른 곳으로 이동하는 것이 좋습니다.

:: **딴 생각은 휴지통에 버려라** : 공부에 집중을 해야 하는데 자꾸 딴 생각이 나서 집중을 하지 못하는 경우가 종종 있습니다. 이럴 경우에는 자신이 목 표를 적어 붙여둔 내용을 다시 한 번 천천히 읽어 보고, 그래도 딴 생각이 날 경우에는 그 내용을 메모지에 옮겨 적은 뒤 찢어버리세요. 이런 작은 행동 하나하나가 마음을 편안하게 만듭니다.

3 : 순수 공부 시간 체크하기

공부를 할 때 어제는 얼마나, 오늘은 얼마 동안 공부를 했는지 시간을 체크하는 것도 집중력 향상에 좋은 도움이 됩니다. 막연하게 정해진 분량만 공부하는 것이 아니라 내가 목표한 시간과 실제로 공부한 시간을 기록하면 수치로 바로 나타나기 때문에 때로는 칭찬을, 때로는 반성을 통해 자신의 마음 상태를 가다듬을 수 있습니다.

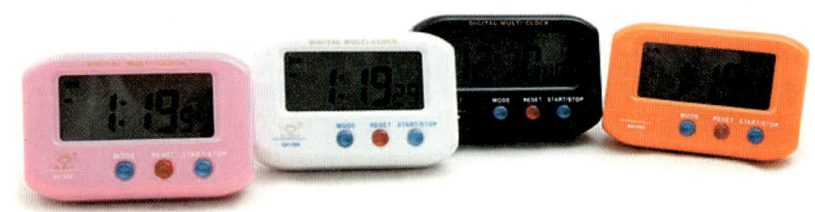

내가 6시간을 공부했다고 해도 집중해서 공부한 시간을 체크해 보면 3시간도 안 되는 경우가 허다합니다. 정말 집중해서 공부한 시간을 알기 위해서는 공부를 시작하면 시계를 작동시키고, 잡념이나 다른 행동을 하게 되면 시계를 멈추기를 반복하면서 순수하게 집중해서 공부한 시간만을 기록합니다. 내가 순수하게 공부한 시간을 알고 있는 것만으로도 공부에 대한 생각은 달라질 것입니다.

4 : 슬럼프 탈출하기

절박한 마음으로 할 수 있다는 확신을 가지고 며칠 정도는 집중해서 공부를 하는가 싶더니, 어느새 무력감에 빠져 집중이 되지 않을 때가 있을 것입니다. 아무리 공부하려고 해도 잘되지 않고 멍하게 앉아서 보내는 시간이 많아진다면 더 이상의 공부는 아무런 의미가 없습니다. 이럴 때는 하고 있던 공부를 과감히 멈추고, 마음을 가다듬은 후 공부를 진행해야 스트레스가 없는 집중력이 높은 상태로 공부할 수 있습니다.

:: **공부에 성공한 사람들의 사례를 담은 도서 읽어보기** : 서점에서 가장 인기 있는 도서 중 하나는 공부에 성공한 사람들의 사례를 담은 도서입니다. 부모님들이 구입할 때는 우리 아이도 이렇게 되었으면 하는 바람에서, 학생들이 구입할 때는 공부에 관한 방법과 전략을 간접적으로 배우기 위해서입니다. 공부가 지루해지고 집중이 되지 않을 때는 이런 도서를 읽고 나 자신을 한 번 점검하는 시간을 가져보는 것도 좋은 방법입니다. 이런 책을 읽을 때 중요한 점은 '뭐! 뻔한 이야기지', '자기 자랑뿐이야' 라고 생각하지 말고, 그래도 공부를 잘했고, 자신의 목표를 이룬 사람들의 생생한 이야기를 자신의 공부에 대한 생각과 생활을 비교해 보면서 앞으로 '나도 이렇게 공부를 해보겠다.'는 새로운 마음을 가지는 것입니다.

:: **자신이 가고 싶은 대학이나 직장 방문해 보기** : 자신의 목표가 서울대이고 자신이 살고 있는 곳이 서울이라면 과감하게 하루의 공부를 버리고 서울대에 다녀오는 것도 좋습니다. 미래에 내가 가고 싶은 학과의 강의실과 주변 환경을 둘러보면서 새로운 각오와 다짐을 하는 것도 좋은 방법 중 하나입니다. 지방에 살고 있어서 직접 갈 수 없는 학생이라면, 각 대학 홈페이지의 홍보 동영상을 통해 학교의 비전, 환경, 학사제도, 장학제도 등을 확인하면서 자신의 열정과 할 수 있다는 확신을 다시 한 번 다져보세요.

집중력 키우기 놀이

스스로 목표를 세우고 능동적으로 공부를 하고 있다면, 분명 예전보다는 집중력이 높을 것입니다. 집중이란 시간의 밀도를 높이는 것입니다. 집중력을 높이면 적은 시간에도 많은 공부를 할 수 있습니다. 지금 여러분의 집중력은 예전에 비해 상당히 높아져 있겠지만, 놀이를 통해 집중력을 더욱 키워보세요.

준비물	캡슐로 된 종합 감기약, 검은색 종이, 이쑤시개
방법	:: 캡슐을 분리하여 안에 들어 있는 조그마한 알갱이를 검은색 종이 위에 쏟으세요.
	:: 이쑤시개를 이용하여 여러 색이 섞여 있는 알갱이들을 색상별로 구분하세요.
	:: 이쑤시개만 사용하세요. 절대 손을 사용해서는 안 됩니다.

▶ 작은 알갱이를 뾰족한 이쑤시개로 옮기면서 분리해야 하기 때문에 손의 감각이 예민해집니다. 종이가 흔들리지 않도록 주의하고, 한 번 시작하면 전체를 분리하기 전까지 자리를 떠나지 마세요. 집중력과 지구력을 함께 키울 수 있습니다.

▶ 많은 시간을 투자해 알갱이를 색상별로 분류한 사진입니다.

주의 사항 : 감기약도 약입니다. 어린 동생들의 손에 닿지 않게 주의하고, 훈련 후에는 깨끗하게 청소해 주세요.

집중력 키우기 놀이 2

공부를 하다가 집중이 되지 않거나 글자가 눈에 잘 들어오지 않을 때가 있을 것입니다. 이러한 현상은 시지각 능력이 떨어졌기 때문에 발생하는 현상입니다. 이럴 때는 잠시 쉬면서 눈의 피로를 풀어주는 것이 좋습니다. 발코니에 서서 먼 산과 가까운 곳을 차례대로 응시하여 눈의 피로를 풀어주세요.

이번에는 눈을 빠르게 이동하면서 원하는 알파벳을 찾는 놀이입니다. 정확성과 시지각 능력 향상에 도움을 줍니다.

준비물 　 영어 내용만으로 이루어진 프린트 1장, 빨간색 펜

방법　 :: A~Z까지 중 자신이 찾고자 하는 알파벳을 정하세요.

　　　 :: 빨간색 펜을 들고 빠르게 이동하면서 찾아 표시합니다.

　　　 :: 다 찾은 후에는 혹시 놓친 부분은 없는지 다시 한 번 확인하세요.

Trash in Space

Total letters : 2,528
By Park In-su

Beep!
That marks the end of the last class.
As always, Tom is the first one who storms out of the classroom.
"Tom, you have to do the cleaning."
Says Lisa, who always takes initiative in class activity.
She is popular among her classmates and liked by her teacher.
"Don't you remember? The teacher told you to clean the classroom for not having done your homework."
"Ah"
Tom's just got reminded.
He hates Lisa when she acts like this.
'She always tries to mind/ everybody's business.'
Though he picks up a mob muttering to himself, his mind is all occupied by something at home.
'Gee, 'King Kong, the Space Monster' should start soon.'

Tom lost his father one year ago.
His mom had to start working to make a living.
Now Poly is the only one who he can spend time with at home.
Poly is the dog which his father gave him for his birthday.
It is now fully grown to have its ears straight up and bark /when strangers come along. For some time after Tom met Poly, he did not realize how time passed playing with it, but the dog became number 2 as his friend after his mom started working, following TV.

"Tom, the teacher said you would do the men's room cleaning if you do not your homework tomorrow, either.% So do your work this time."
Says Lisa. She stays to help him arrange the classroom.
But Tom appears not to hear anything.
When the cleaning is over, he rushes straight home.
'I can't miss out on my favorite series'

Beep!
That marks the end
As always, Tom is t
"Tom, you have to
Says Lisa, who al
is popular

공부는 계획적으로

　　부모님과 같이 또는 친구들과 등산을 해본 기억이 있을 것입니다. 여러분이 등산을 시작할 때 산의 입구에서 제일 먼저 확인하는 것은 무엇인가요?

　　바로 산의 정보를 알려주는 안내 표지판일 것입니다. 산의 높이는 얼마이고, 중간에 휴식을 취할 수 있는 곳은 어디이며, 계곡과 다리는 어디쯤에 위치해 있는지 산의 모든 정보를 파악할 수 있기 때문입니다. 산의 정보를 미리 파악하는 이유는 내가 앞으로 얼마만큼 올라가면 정상에 도착할 수 있는지 정확히 알 수 있기 때문이고, 이를 알면 즐거운 등산이 될 수 있습니다.

　　그러나 산의 정보를 파악하지 못하면 힘이 들고 답답한 등산이 되고 맙니다. 목표를 알고 등산을 하는 것과, 목표를 모르고 등산을 하는 것은 오르는 과정과 결과 그리고 하산 후의 느낌까지도 완전히 달라질 수 있습니다.

　　공부도 마찬가지입니다. 오늘 수업은 어떤 과목이 있고, 공부할 분량은 얼마나 되는지, 어떻게 준비를 하고, 어떤 자세로 수업에 임할지 생각하고 공부하는 것과, 전혀 계획 없이 공부하는 것은 질과 결과에서 차이가 날 수밖에 없습니다.

1 : 공부하기 딱 좋은 시간

평소에 한 시간도 공부를 하지 않던 학생이 계획을 세우면서 자신의 능력을 생각하지 않고 공부가 잘될 것이라는 기대감에 '그래, 오늘부터는 5시간씩 공부를 하는 거야!' 하고 계획을 잡는다면, 이 계획은 실천되지도 않을뿐더러 오히려 스트레스만 안겨줄 것입니다. 확실히 공부를 해야 한다는 목표가 세워졌다면 가장 먼저 여러분의 버려진 시간과 공부할 수 있는 시간이 얼마나 되는지 알아보아야 합니다. 그래야 자신이 공부할 분량과 과목을 정할 수 있습니다. 자신이 공부할 수 있는 시간을 고려하지 않고 욕심만 앞세워 학습 분량을 정한다면 실패할 확률이 높습니다.

예를 들어봅시다. 중학생인 소율이가 공부할 수 있는 시간은 얼마나 될까요?

소율이의 공부 가능 시간

내 용	시간 (단위:분)
등교 후	20
쉬는 시간 6번	60
점심시간(순수 식사 시간 제외)	30
오후 5시 20분~6시	40
오후 8시~9시 30분	90
밤 10시 30분~12시	90
합 계	330분

하교 후 영어 과외와 인터넷 강의, 식사와 세면 시간을 제외하고 나머지 시간을 더했더니 330분이라는 결과가 나왔습니다. 즉, 소율이의 공부 가능 시간은 5시간 30분입니다. 총 5시간 30분에서 절반만 공부에 투자해도 소율이의 성적은 급격히 상승할 것입니다.

나의 공부 가능 시간

내 용	시간 (단위:분)
합 계	분

자신의 공부 가능 시간을 알고 있다는 것은 공부하고 남는 시간도 알고 있다는 것입니다. 남는 시간은 취미나 여가 활동에 활용하면 체력도 키울 수 있고 공부에 대한 스트레스도 해소할 수 있습니다.

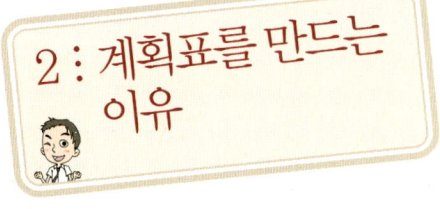

2 : 계획표를 만드는 이유

공부를 제법 한다는 학생들의 대부분은 나름대로 계획표를 만들어 놓고 이를 최대한 지키며 생활하고 있습니다. 자신에게 맞는 플래너를 구입해서 작성하는 학생들이 있는 반면, 조그마한 메모장을 활용해 적기도 하고, 빈 노트에 오늘의 계획을 기록하고 하나씩 줄을 그어가면서 성취감을 느끼는 학생들도 있습니다. <mark>계획표를 작성한다는 것은 오늘 내가 공부할 내용과 분량을 알고 있다는 것이</mark>며, 생각이 아닌 글로써 표현되어 있기 때문에 계획을 실천하려고 노력하게 된다는 장점이 있습니다. "시작이 반이다."라는 말이 있듯이 계획을 세웠다는 것은 이미 공부의 절반을 한 것과 같습니다.

3 : 계획표의 종류

'계획=목표'입니다. 능동적으로 목적 있는 공부를 하기 위해 계획표를 작성하는 것입니다. 하루의 계획을 세운다는 것은 하루의 목표를 설정하는 것과 같고, 일주일의 계획을 세운다는 것은 일주일의 목표를 세운다는 것과 같은 것입니다.

계획표를 처음 작성하는 학생들은 하루 계획을 세우는 것도 힘들어하는데, 일주일, 한 달, 분기, 연간 계획을 세우라고 하면 '어떻게 세워야 하지?' 하며 계획을 세운다는 자체마저 스트레스로 받아들일 수 있습니다. 이런 학생들은 우선 다른 계획은 다 놔두고 하루 계획표에만 신경 쓰도록 합니다.

많은 사람들은 일 년을 알아야 한 달이 보이고, 한 달을 알아야 일주일, 그리고 일주일을 알아야 하루가 보인다고 하는데, 처음 계획을 세우거나 많은 실패의 경험을 했던 학생들이라면 우선 하루 계획에만 집중합니다. 하루 계획 세우기를 반복하다 보면 자연스럽게 일주일, 한 달 목표도 세울 수 있게 됩니다.

① 일일 계획표

우선 등교 후 자습 시간, 쉬는 시간, 점심 먹고 남은 시간, 하교 후 집에 있는 시간, 학원 시간 등을 면밀히 체크하여 자신이 공부할 수 있는 시간이 얼마나 되는지 파악합니다. 시간이 파악되면 그 시간을 활용할 계획표를 작성합니다. 아침 자습 시간에는 수학, 쉬는 시간에는 복습과 예습, 점심 먹고 남는 시간에는 영어 단어 암기, 하교 후 복습, 학원 과목과 시간, 영어와 수학, 취약 과목, 오늘 공부 전체 복습 등 오늘 자신이 공부해야 할 내용을 꼼꼼하게 계획합니다.

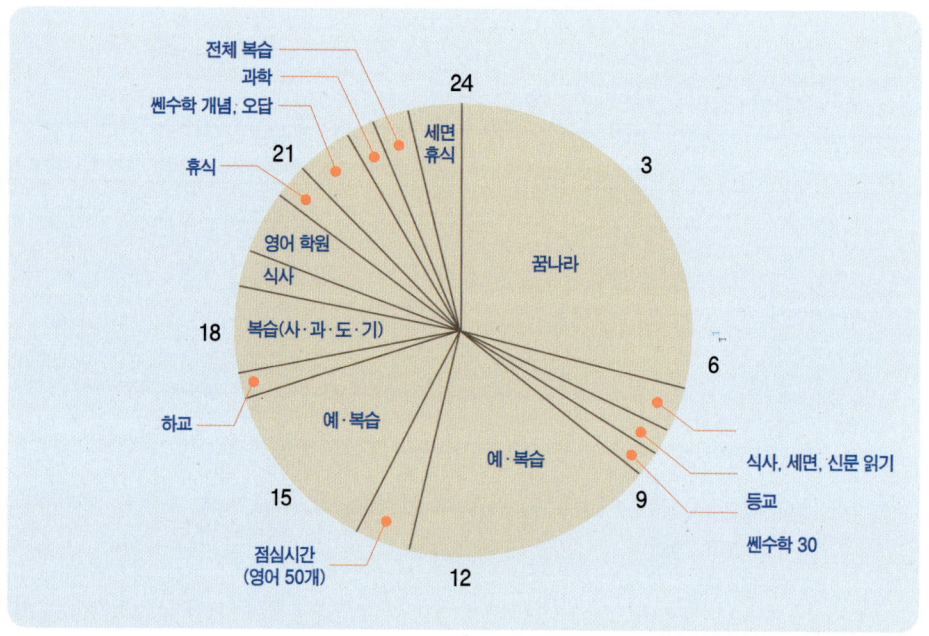

② 주간 계획표

주간 계획표라고 생각하기보다는 이번 주에 해야 할 목표라고 생각하는 것이 더 쉬울 것입니다. 이번 주에 독서 1권, 일차방정식 끝내기 등 편하게 목표를 세웁니다. 그리고 주말에는 주중에 계획했지만 실천에 옮기지 못했던 내용과 다소 미흡했던 부분을 집중적으로 공부할 수 있는 계획표를 작성합니다.

③ 월간 계획표

월간 계획도 월간 목표라고 생각하면 됩니다. 이번 달에 독서 4권, 인터넷 강의 몇 강까지, 영화 1편 등 한 달 안에 마칠 수 있는 내용을 계획하도록 합니다.

④ 주말 계획표

평일의 시간은 일정한 흐름이 있어서 그 흐름만으로도 하루를 알차게 보낼 수 있는데, 주말 시간은 무의미하게 보내는 경우가 많습니다. 주말은 이번 주의 공부와 다음 주의 공부를 연결하는 시간입니다. 그렇다고 주말에도 공부만 열심히 하라는 이야기는 아닙니다. 적은 시간에 최대의 공부 효과를 낼 수 있는 시간이 주말이므로 효율적으로 활용하라는 것입니다.

:: 우선 한 주간의 계획표를 확인하여 평상시에 계획했지만 실천하지 못했던 내용은 주말에 실천합니다. 주말 계획표상의 공부는 절대 그 주를 넘기지 말아야 합니다.

:: 예체능의 수행 평가는 일주일 정도 걸리는 내용이 많기 때문에 주말 시간대를 활용하는 것이 좋습니다. 수요일까지 제출해야 하는 미술 수행 평가를 화요일 저녁에 한다면 화요일에 계획했던 공부를 마무리 짓지 못하거나 수행 평가를 제출하지 못하게 됩니다.

:: 개인에 따라서는 주말에도 학원과 과외를 이용하기도 합니다. 실력이 부족해서 평일뿐 아니라 주말에도 학원에 다니는 것이 아닙니다. 대부분은 수업 리듬을 잃지 않기 위해서라고 합니다. 공부를 꽤 잘하는 여학생이 일요일에도 학원 가는 모습이 안쓰러워 "주말에는 좀 쉬면서 하지 그래?"라고 말을 건넸더니, "선생님 저는 평일의 시간을 여유 있게 보내고 싶어요. 그리고 주말에 수업이 없으면 공부 리듬이 깨질 것 같아서 일부러 주말에 수업을 들어요."라고 대답하더군요. 안쓰러운 마음과 걱정된 마음으로 물어본 게 오히려 쑥스러운 마음이 들었습니다. 실제로 이 학생은 일요일 오전에 4시간 동안 수학 과외를 받고 있었습니다.

:: 한 주의 수업 내용 전체를 복습합니다. 이렇게 말하면 많은 학생들이 '헉!' 하면서 깜짝 놀랍니다. 그 많은 것을 언제 다 공부하느냐고 하겠지만 그렇게 많은 시간이 소요되지는 않습니다. 여러분이 평상시 학교에서 수업을 잘 듣고, 집에 와서 복습하고, 복습의 흔적을 남겼다면 그 내용만을 잠깐 확인하는 과정이 주말 복습(반복 학습)입니다. 이미 공부가 되어 있는 상태이기 때문에 공부의 속도는 매우 빠르고 효율적으로 진행됩니다. 소요 시간은 개인에 따라 차이가 있지만 4시간 정도면 충분할 것입니다.

"주말에까지 공부해야 하나?"라며 짜증을 내기보다 "토요일, 일요일에 4시간만 공부하고 한 주간의 스트레스를 풀자."라고 생각하세요.

모든 일은 생각하기 나름이니까요.

:: 주말에 공부할 때는 한 시간, 두 시간 이렇게 나누지 마세요. 한 번에 4시간 정도를 계속해서 진행하는 것이 주말을 더 즐겁게 보낼 수 있습니다.

먼저 이번 주는 토요일에 공부를 진행할 것인지, 일요일에 공부를 진행할 것인지를 결정해야 합니다. 그 과정에는 약속, TV 프로그램 시청 시간 등을 고려해야 합니다. 날짜를 결정했다면 이제 오전, 오후, 저녁 중 어느 시간대에 복습을 진행할 것인지를 결정합니다. 이때 가장 의미 없이 보내는 시간은 언제이고, 집중이 가장 잘될 때와 가장 안 될 때의 시간을 고려합니다.

주말 공부 시간

	토요일	일요일
09:00 ~ 13:00	A	D
13:00 ~ 17:00	B	E
18:00 ~ 22:00	C	F

:: 시험 기간이 아닌 평상시 주말 공부 계획입니다. 학교에 가는 토요일 'A' 시간대는 공부할 수 없습니다. 'C'의 시간대는 오락 프로그램과 재미있는 드라마가 방영되기 때문에 TV를 즐겨 보는 학생이라면 이 시간대는 피하도록 합니다. 특히 'F' 시간대에 공부를 하겠다는 마음은 빨리 버리도록 합니다. 가족 모임이나 특별한 일이 있는 것도 아닌데 먼저 신나게 놀고 공부는 나중에 하겠다고 생각하면서 진행하는 공부는 별 효과가 없습니다. 공부를 먼저 하고 나중에 자신의 시간을 보내는 것이 생활의 정답입니다. 또 종교 생활을 하는 학생은 'D' 시간대는 피해야 합니다.

개인마다 생활 모습이 다르기 때문에 딱히 어떤 시간이 좋다라고 말할 수는 없지만, 이런 종합적인 사항을 고려하여 주말 4시간 정도의 시간만 정확히 지켜 공부하고, 나머지 시간은 신나게 보내며 다음 주를 준비합니다. 물론 시험 기간에는 주말 전체를 공부에 투자합니다.

다양한 형태의 계획표

:: 사람들은 각자 자기만의 스타일이 있습니다. 계획표 역시 작성 양식과 방법에 따라 다양한 형태가 있습니다. 아래 여러 계획표 스타일을 참고하여 자신에게 가장 적합한 계획표를 찾아보세요.

▶ 우리들이 쉽게 구입할 수 있는 '학습 플래너'입니다. 예쁘고 다양한 내용을 기록할 수 있는 장점이 있지만 자신에게는 필요 없는 부분도 있습니다. 자신에게 가장 적합한 양식으로 된 '플래너'를 선택합니다.

▶ 문구점에서 쉽게 구입할 수 있는, 일주일의 공부 계획을 한 장에 세울 수 있도록 제작된 수첩입니다. 일주일의 공부량을 한눈에 파악할 수 있는 장점이 있습니다.
하지만 구체적인 기록 양식이 없다 보니 자기만의 작성 요령과 방법을 통해 작성해야 합니다.

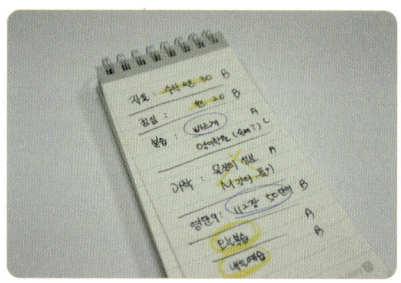

▶ 누구나 하나쯤은 가지고 있는 수첩입니다. 특히 내용을 기록하기 귀찮아하는 남학생들이 많이 쓰는 방법입니다. 오늘 할 일을 기록하고 하나씩 지워나가면서 성취감을 느낄 수 있습니다. 공부의 중요성을 A·B·C로 나누어 구분하도록 합니다.

▶ 인터넷에서 검색하면 프린트할 수 있는 달력 자료들이 많습니다. 그 달력을 출력하여 기록한 것으로 일주일의 공부량과 한 달의 공부량 그리고 진도 상황을 한눈에 파악할 수 있는 장점이 있습니다. 자기 자신이 꼼꼼한 편이라 생각한다면 한 번 도전해 보세요!

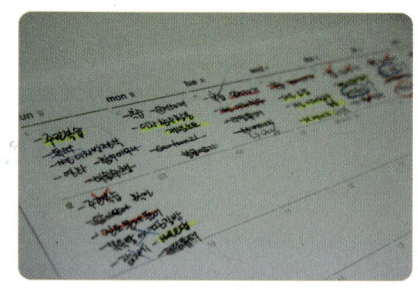

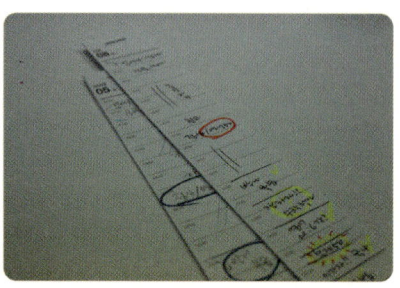

▶ 인터넷 검색을 통해 주간 계획표를 프린트하여 일주일 단위로 자른 것입니다. 하루 24시간의 계획을 빠짐없이 관리할 수 있는 장점이 있지만, 매주 새로 만들어야 한다는 번거로움과 잃어버릴 수 있다는 단점이 있습니다. 그래도 이 방법을 이용하고 있는 학생들이 많습니다.

4 : 계획표 만들 때 주의할 점

계획표를 작성하는 이유는 자신의 공부 내용과 분량을 정하여 목적 있는 공부를 하기 위해서입니다. 하지만 계획부터 잘못되면 공부하는 과정이 힘들고 열심히 했지만 노력한 만큼 좋은 결과를 얻을 수 없습니다.

지금부터 계획표는 어떻게 작성해야 하며, 이 내용을 토대로 자신에게 가장 적합한 계획 방법을 찾아보도록 합니다.

:: **나의 공부 시간을 알고 현실적이고 실체적인 실현 가능한 목표를 세운다** : 지금까지 하루에 1시간도 공부하지 않던 학생이 갑자기 '매일 5시간씩 공부한다.'라고 계획을 세운다면 이를 지키기는 어려울 것입니다. 조금씩 적응하는 과정을 거치면서 공부 시간을 늘려나가는 것이 현명한 계획이 될 수 있습니다.

:: **학교나 학원 수업 등 고정되어 있는 시간을 우선 기록한다** : 학교나 학원 시간은 바쁘다고 해서 변경할 수 있는 시간이 아닙니다. 그렇기 때문에 계획을 세우는 데 있어서 가장 먼저 기록하고 이 시간을 뺀 나머지 시간을 효과적으로 활용할 수 있는 계획을 세우도록 해야 합니다.

:: **예습·복습 시간을 우선 배정하여 주도적으로 공부한다** : 복습은 학교에서 집으로 돌아와 가장 빠른 시간에 배정하도록 합니다. 예습 시간은 아침 자습 시간, 쉬는 시간이 좋습니다.

:: **인터넷 강의도 계획을 세워 정해진 시간에 수강한다** : 인터넷 강의의 장점은 자신이 원하는 시간에 마음대로 들을 수 있다는 것이지만 '오늘 못하면 다음에 하지.' 하는 마음으로 미루기 쉬워 단점이 될 수도 있습니다. 학원이나 학교 수업처럼 자신이 수강 시간표를 작성해 규칙적으로 수강할 수 있도록 합니다.

:: **영어와 수학은 전략 과목으로 만든다** : 영어와 수학은 많은 시간이 아니더라도 매일 꾸준히 공부를 해야 합니다. 1주일 혹은 최대 2주일 전에 시험 준비를 마치려면 매일 준비를 해야 합니다. 영어와 수학을 먼저 끝내고 나머지 시간은 다른 과목에 집중해야 하기 때문입니다.

:: **취약 과목은 미리 준비한다** : 취약 과목은 자신이 좋아하지 않은 과목이기도 하고, 시험을 준비하는 과정에서도 미루다가 제일 늦게 준비하는 과목이기도 합니다. 취약 과목에 대해 계획하여 미리 준비할 수 있도록 해야 합니다.

:: **계획을 세울 때에는 시간과 분량으로 정한다** : '오늘 7시부터 8시까지는 사회다.' 이러한 계획은 집중된 상태에서 공부가 잘될 때에는 상관없지만 그렇지 못할 때는 그냥 시간 때우기 식으로 공부가 진행될 가능성이 높습니다. 따라서 공부 시간과 함께 분량까지 정하도록 합니다.

:: **공부 효율이 좋은 시간에는 그날 공부에서 가장 중요한 과목으로 배정한다** : TV 드라마를 보고 싶어하는 학생의 계획표가 밤 10시부터 11시까지일 때 내일 수행 평가를 보는 과목이 배정되어 있다면 안 되겠죠? 그날 공부에서 가장 중요한 과목은 자신이 가장 집중이 잘되는 시간을 선택해 계획해야 합니다.

:: **계획과 평가를 점검한다** : 계획했던 공부가 끝나면 자신이 공부한 내용에 대해 평가하는 시간을 가져보고, 계획했지만 오늘 하지 못한 내용은 주중과 주말의 계획을 살펴본 후 다시 실천할 수 있도록 추가 작성합니다. 그 주에 세웠던 계획은 그 주를 넘기지 말아야 합니다.

:: **꼭 실천하겠다고 다짐한다** : '오늘 계획한 공부를 마치지 못했을 때에는 잠도 미룰 것이다.'라는 각오를 가지고 실천해야 합니다. '이 정도쯤이야!'라는 긍정적인 생각으로 꼭 실천할 수 있도록 합니다.

"계획이 없으면 남들이 정상에 서 있을 때 가시덩굴을 헤매고 있을 것이다."

◆ 소방 분야

강좌명	수강료	학습일	강사
소방기술사 전과목 마스터반	620,000원	365일	유창범
[쌍기사 평생연장반] 소방설비기사 전기 x 기계 동시 대비	549,000원	합격할 때까지	공하성
소방설비기사 필기+실기+기출문제풀이	370,000원	170일	공하성
소방설비기사 필기	180,000원	100일	공하성
소방설비기사 실기 이론+기출문제풀이	280,000원	180일	공하성
소방설비산업기사 필기+실기	280,000원	130일	공하성
소방설비산업기사 필기	130,000원	100일	공하성
소방설비산업기사 실기+기출문제풀이	200,000원	100일	공하성
소방시설관리사 1차+2차 대비 평생연장반	850,000원	합격할 때까지	공하성
소방공무원 소방관계법규 문제풀이	89,000원	60일	공하성
화재감식평가기사·산업기사	240,000원	120일	김인범

◆ 위험물 · 화학 분야

강좌명	수강료	학습일	강사
위험물기능장 필기+실기	280,000원	180일	현성호,박병호
위험물산업기사 필기+실기	245,000원	150일	박수경
위험물산업기사 필기+실기[대학생 패스]	270,000원	최대4년	현성호
위험물산업기사 필기+실기+과년도	344,000원	150일	현성호
위험물기능사 필기+실기	240,000원	240일	현성호
화학분석기사 필기+실기 1트 완성반	310,000원	240일	박수경
화학분석기사 실기(필답형+작업형)	200,000원	60일	박수경
화학분석기능사 실기(필답형+작업형)	80,000원	60일	박수경

5 : 자투리 시간 활용하기

　　나의 공부 가능 시간을 분석하면서 시간이 없어 공부를 못했다고 생각했지만 실제로 많은 시간이 버려지고 있다는 사실을 알았을 것입니다. 이렇게 자신도 모르게 버려지고 허비되는 시간만 잡아도 여러분의 하루는 여유 있고 취미 생활까지도 즐길 수 있습니다.

　　영어의 가장 기본은 단어를 많이 아는 것입니다. 단어를 알아야 독해·듣기·말하기가 가능하기 때문에 단어 암기는 매일 해야 합니다. 오늘 암기해야 할 단어가 50개라면 적어도 30분에서 1시간은 소요될 것입니다. 하지만 수첩에 적어 들고 다니면서 자투리 시간마다 틈틈이 암기하다 보면, 귀가할 때에는 이미 50개의 단어가 여러분의 머릿속에 저장되어 있을 것입니다. 즉 버스에서의 이동 시간, 친구 기다리는 시간 등 자투리 시간을 활용하면 30분~1시간의 여유 시간을 가질 수 있습니다.

　　수학은 하나의 개념만을 알았다고 해서 공부를 다 했다고 말할 수 없습니다. 하나의 개념에 또 다른 개념을 적용해서 문제를 해결하고, 이러한 응용 능력을 기르기 위해서는 많은 문제를 풀어야 합니다. 어렵게 말고 쉽게 생각해 보세요. 학교에서 쉬는 시간을 활용해 풀 수 있는 문제는 얼마나 될까요? 평균적으로 3문제는 풀 수 있을 것입니다. 그러면 하루에 18문제를 풀 수 있고, 한 달이면 540문제, 두 달이면 1080문제를 풀 수 있습니다. 시험은 두 달에 한 번씩 치르니까, 쉬는 시간만을 활용해도 수학 시험 준비는 할 수 있습니다.

예습, 미리 공부하는 것이 아니다

" 준비에 실패를 하면, 실패를 준비하는 것이다."

　수업에 대한 준비, 즉 예습을 얼마만큼 어떠한 방법으로 진행했느냐에 따라 오늘의 학교 수업이 결정됩니다.

　많은 학생들에게 "예습이 무엇일까?"라고 질문을 해보면 "내일 배울 것을 미리 공부하는 것입니다."라고 대답합니다. 한 번 배웠거나 수업 시간에 들은 적이 없는 내용을 미리 공부하는 것을 예습이라고 생각하니 공부할 마음도 없을 것이고, 설사 예습을 한다고 해도 배운 적이 없는 학습 내용이기 때문에 어렵고 힘이 듭니다. 그렇기 때문에 학교 가면 선생님이 가르쳐 준다는 생각으로 포기하거나 아예 예습을 하지 않게 되는 것입니다.

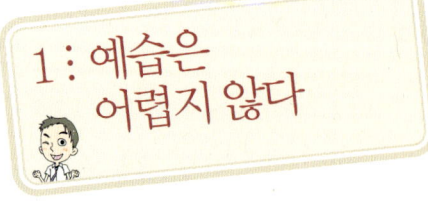

1 : 예습은 어렵지 않다

예습은 내일 배울 내용이나 다음에 배울 내용 중 알고 있는 것과 모르는 것을 구별하는 정도라고 생각하세요. 그러면 예습에 대한 부담이 없어집니다. 학교 수업을 진행하는 데 있어서 알고 있는 내용에 대해서는 관심이 생길 것이고, 모르는 내용에 대해서는 호기심이 생길 것입니다. 이러한 호기심과 관심을 가지고 수업에 임하면 자연히 수업 집중력이 높아져 질이 높은 공부를 시작하게 될 것입니다.

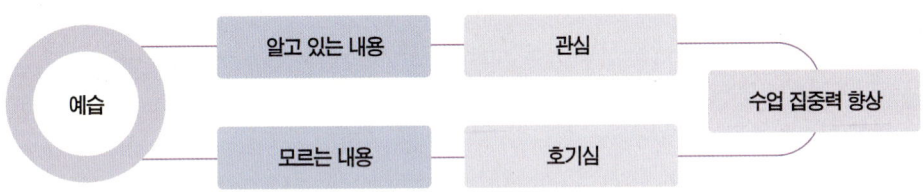

2 : 시간 낭비는 금물

앞서 이야기했듯이 예습을 통해 학습 내용을 완벽하게 완성하려는 생각은 빨리 버려야 하며, 더불어 예습 없이 수업을 듣는 습관도 버려야 합니다.

예습을 정확하고 확실하게 해야 한다며 인터넷 강의, 참고서, 교과서 등 다양한 학습 매체와 도구를 활용하여 많은 내용을 미리 학습하려는 생각을 가지고 있는 학생들은 이러한 생각과 발상 자체를 빨리 고쳐야 합니다. 이런 노력은 비효율적일 뿐 아니라, 자신의 능력에 대한 한계점을 금방 발견하게 되며, 어렵게 예습을 진행하다 보니 자신감마저 떨어지기 쉽습니다. 또 예습을 하지 않거나 오늘 수업할 내용이 무엇인지도 모르는 상태에서 듣는 수업은 아무 의미 없는 시간이 될 수 있습니다.

'수업 전 2분 예습, 수업 후 2분 복습'이라는 말이 있습니다. '이번에 수업해야 할 내용이 무엇인가?'라는 생각 자체도 예습이 될 수 있습니다. '오늘 수업 내용은 뭐지?'라고 생각하는 자세를 갖는 것에서부터 수업의 질이 달라질 수 있다는 것입니다. 오늘 수업할 내용이 무엇인지, ==수업할 내용의 학습 목표와 교과서 내용 중 자신이 알고 있는 내용과 모르는 내용, 어렵다고 생각되는 내용을 구분하여 표시하는 정도==가 예습입니다. 알고 있는 내용은 이해의 대상이 될 것이며, 모르는 내용과 어렵다고 생각되는 내용은 기억의 대상이 되기 때문에 수업을 들을 때 관심을 갖게 됩니다.

예습에 많은 시간을 투자하기보다는 공부한 내용을 내 것으로 만들 수 있는 ==복습의 과정에 더 많은 시간을 투자하는 것이 공부의 질을 효과적으로 높일 수 있는 방법==입니다.

여행을 가거나 처음 가보는 장소를 찾아간다면 먼저 약도와 지도를 확인하고 그곳에 대한 사전 정보를 파악한 후에 이동합니다. 이렇게 사전 준비를 철저히 하면 자신이 원하는 목적지에 빠르고 정확하게 도착할 수 있지만, 사전 정보를 전혀 파악하지 않았다면 아예 목적지에 가지 못하거나 아주 힘들게 도착할 가능성이 높습니다.

공부도 마찬가지입니다. 오늘이나 내일의 수업 내용에 대한 사전 정보를 파악하고 수업에 임하느냐 아니면 전혀 모른 상태에서 수업에 임하느냐에 따라 수업 내용에 대한 이해나 기억에서 차이가 나게 됩니다. 예습은 적은 시간을 투자해 한 시간의 수업을 즐겁게 만드는 학습 윤활유입니다.

쉬는 시간에 예습하는 것을 창피하게 생각하지 말아라.
수업이 100m 달리기라면, 남들보다
50m 앞서서 출발하는 것이다.

:: 주말 예습

평일에는 학교와 학원 그리고 공부만으로도 시간이 빠듯할 수밖에 없습니다. 평일 시간이 부족한 학생이라면 시간적으로 여유 있는 주말에 예습을 하는 것도 하나의 방법입니다. 예습은 공부를 완벽하게 하는 것이 아니기 때문에 빠른 시간에 한 주의 학습 내용을 파악할 수 있습니다. 또 인터넷 강의를 듣는 학생이라면 다음 주에 진행될 진도 내용에 해당하는 강의를 주말에 들어두면 평일 공부 부담을 줄여줄 것입니다.

:: 방학 예습

교과서의 목차를 살펴보고 교과 내용과 관련 있는 책을 통해 사전 배경 지식을 많이 흡수합니다. 이러한 독서 활동은 배경 지식을 풍부하게 해줘 교과서의 많은 부분을 이해할 수 있게 도와주고, 이해를 통한 학습은 좋은 기억으로 저장되어 복습해야 할 내용까지 줄여줍니다.

STEP 6

학교 수업에 최선을 다하자

부모님 말씀, 언론, 책 등을 통해 지겹게 보고 들었으며 여러분 스스로도 느끼고 있던 이야기, '학교 수업에 최선을 다해야 한다.'

그럼 묻겠습니다.

"알고 있으면서 왜 실천을 하지 않고 있죠?"

어릴 적에 했던 게임이 생각납니다. 대포를 쏘면서 상대편과 전쟁을 하는 게임입니다. 대포를 정확하게 상대편의 진영에 쏘기 위해서 먼저 조준을 하고, 그 조준의 정확도에 따라 이기고 지는 게임으로 기억합니다.

공부도 마찬가지입니다. 시험 문제에 맞춰 조준을 잘해 공부해야 좋은 점수를 얻을 수 있습니다. 학교 선생님이 시험 출제자이므로 학교 수업에 조준이 되어야 하는데 학원 선생님, 인터넷 강의 선생님에게 조준을 하면 목표물인 시험 문제를 정확히 맞히지 못할뿐더러 목표물을 맞히기 위해서 많은 시간과 노력을 허비하게 됩니다.

1 : 선생님이 시험 출제자다

시험 기간이 되면 수업을 열심히 듣지 않았던 학생들이 성적이 좋은 학생의 교과서나 노트를 빌려 적거나 복사하는 모습을 볼 수 있습니다. 그 이유는 여러 번의 시험을 거치면서 그 학생의 교과서와 노트에 선생님이 강조했던 내용, 중요하게 생각하는 내용과 보충 설명들이 잘 정리되어 있기 때문입니다. 참고서를 보는 것보다 그 노트를 보는 것이 훨씬 좋은 점수가 나온다는 것을 알고 있고, 노트의 내용을 기본으로 반복적으로 문제를 풀어 노력에 비해 최대의 결과를 거두려고 하는 것입니다. 물론 이렇게 공부하면 그 순간은 노력에 비하면 좋은 점수를 받겠지만, 결코 높은 점수를 기대하기는 어렵습니다.

"영화를 직접 봐야지, 친구에게 줄거리만 전해 들으면 재미있나요?"

영화를 직접 보지 않으면 재미없고 이해되지 않는 것처럼 스스로 공부하지 않으면 성적도 좋지 못합니다. 그래도 다행인 건 선생님의 수업 내용이 다른 어떤 참고서보다도 시험 문제에 가깝다는 것을 알고 있다는 사실입니다.

2 : 수업 포인트 알기

선생님이 수업 중 설명하는 내용 중에 시험에 나올 만한 가장 중요한 정보를 파악해 봅시다. 이러한 정보를 파악하기 위해서는 선생님의 언어 전달 방식, 행동, 농담까지도 주의 깊게 살펴야 합니다. 선생님도 사람이기 때문에 자신이 시험에 낼 가능성이 높은 내용이나 이미 시험에 출제했던 내용에 대해서는 수업 중 힌트를 마구 날린다는 것입니다. 또한 직접적으로 알려주는 힌트도 있습니다.

예를 들면 '중요하다', '외워라', '시험에 낸다' 등이 대표적이며, 수업 중에 '이건 됐어 넘어가', '외울 필요 없다', '중요하지 않은 내용이야'라고 해당 내용에 대한 선생님의 중심 생각을 나타내기도 합니다. 간접적인 힌트로서는 평이한 말투로 설명하다가 갑자기 '목소리에 힘을 주거나', '목소리 톤이 올라가는 부분'은 주의 깊게 듣고 표시해야 합니다. 그리고 '반복해서 두 번 이상 이야기 하는 내용'도 선생님의 힌트라고 생각하면 됩니다.

동작 힌트도 있는데 선생님마다 조금씩 차이가 있을 수 있으니 주의 깊게 살펴야 합니다. 수업 내용을 설명하는 과정 중 '묘한 미소를 지으며 갑자기 씩~ 웃는 부분'과 '주먹을 불끈 쥐는 부분' 등이 동작 힌트라고 할 수 있습니다.

하지만 힌트와 수업 내용의 중요 정도를 알리는 방법은 선생님마다 다를 수 있습니다. 선생님의 특징을 주의 깊게 계속 살펴보고 한 번의 시험을 치르고 난 후, 수업 중 필기 내용과 시험 문제지를 가지고 선생님의 말과 행동에 따른 특징을 분석해 보세요. '시험에 낸다.'고 말하고선 정작 시험에는 출제를 하지 않은 경우도 있을 것이며, 판서를 하는 과정 중 자꾸 동그라미를 그리면서 설명한 내용에서 출제가 많이 되었다면 다음 수업부터는 필기를 할 때 동그라미를 자꾸 그리는 부분에는 '시험!!'이라고 표시하면 선생님의 출제 의도와 유형, 내용에 대해서 더 정확하게 파악할 수 있을 것입니다.

3 : 공부하려면 적어라

수업 내용을 잘 이해할 수 있는 가장 좋은 방법은 선생님과 눈을 마주치면서 수업을 듣는 것입니다. 선생님과 눈을 마주치기가 조금 부담스럽다면 코나 입을 봐도 좋습니다. 수업하는 선생님도 자기 자신을 응시하는 학생을 관심 있게 주시하게 되며, 그 학생이 잘 이해한 듯한 모습으로 고개를 끄덕이면 다음 내용으로 넘어가게 되고, 고개를 갸우뚱하면 다시 한 번 설명을 해주기도 합니다. 선생님의 설명을 일방적으로 듣는다고 생각하지 말고 선생님과 교감을 나눈다고 생각하며 수업을 들으세요.

선생님을 응시하기 시작했으면 이젠 선생님의 말씀을 잘 듣고 흔적을 남겨야 합니다. 하지만 많은 학생들은 수업을 들을 때 수업 내용에 대해 충분히 이해를 했다고 생각하거나 알고 있다는 생각에서 필기를 게을리하는 경우가 있는데, 이는 아주 잘못된 생각입니다. 지금은 이해했다고 생각하겠지만 하루가 지나고 이틀이 지나면 수업 시간에는 대부분 이해되었던 내용과 보충 설명한 내용은 흔적도 없이 사라져 버립니다.

수업 중 노트 필기가 중요하다는 이유는 이 때문입니다. 잊어버렸거나 잘 생각나지 않는 수업 내용이 있다면 필기가 수업 장면과 선생님의 말씀을 다시 회상할 수 있는 중요한 단서를 제공해 주기 때문입니다. 현재 충분히 이해를 하는 내용일지라도 중요하고 필요한 정보는 반드시 필기하여 선생님 말씀의 흔적을 남겨야 합니다.

수업은 빠르게 진행됩니다. 선생님이 설명했던 내용을 다 받아 적다 보면 정작 중요한 내용은 놓치는 경우도 있습니다. 중요 내용을 놓치지 않고 정확하게 필기할 수 있는 방법을 터득해 보세요.

수업 중 필기는 이렇게

:: **정보 구별하기** : 어떤 책에서 "선생님의 농담까지도 다 받아 적어라."라는 글을 읽은 적이 있습니다. 이는 그 정도로 선생님의 말이 중요하다는 것이고, 그만큼 집중해서 들어야 한다는 뜻이지 정말 농담까지 전부 받아 적으라는 것은 아닙니다. 필기를 잘하기 위한 첫 번째는 필요한 정보와 필요 없는 정보를 구별하는 것입니다. 맹목적으로 무조건 받아 적다 보면 오히려 중요한 정보를 놓칠 수 있습니다.

:: **도식으로 정리하기** : 수업 내용을 문장으로 정리하면 내용이 많아지지만, 도식적으로 표현하면 많이 줄어 듭니다. 또 반복 학습을 하는 과정에서도 문장보다는 도식적인 표현이 훨씬 기억이 잘됩니다.

:: **수업 속도에 맞춰 필기하기** : 선생님의 수업 속도가 느릴 경우에는 정확하고 깨끗하게 필기할 수 있지만, 선생님의 수업 진행 속도가 빠를 경우에는 깨끗하고 예쁘게 필기하다 보면 오히려 중요한 내용을 놓칠 수 있습니다. 수업 속도가 빠르다면 연습장이나 빈 노트에 막 쓴 다음 수업 후에 재정리하는 것이 좋습니다.

:: **색깔로 내용 구분해 쓰기** : 필기된 내용이 하나같이 검은색이고, 교과서의 글자도 온통 검은색뿐이니 답답한 생각이 들게 됩니다. 보충 설명은 파란색, 선생님이 강조했던 부분은 빨간색으로 필기하면 답답함도 덜하고, 더 능률적인 복습이 진행될 것입니다. 꼭 파란색과 빨간색이 아니어도 좋습니다. 자신이 좋아하는 색을 선정하되 색의 사용 방법에 규칙이 있어야 합니다.

:: **상황에 맞춰 적절한 곳에 필기하기** : 수업이 교과서 중심으로 진행되면 교과서에 필기하고, 판서 중심이라면 노트에, 유인물 중심이라면 그 유인물에 필기합니다. 선생님이 어떤 도구를 활용해 수업을 진행하는가에 따라 여러분의 필기하는 곳도 달라져야 합니다.

수업 중에 필기하기

:: 같은 내용을 가르치더라도 선생님에 따라 필기 내용은 달라질 수밖에 없습니다. 참고 사진을 보고 자신에게 가장 알맞은 필기 방법을 찾아보세요.

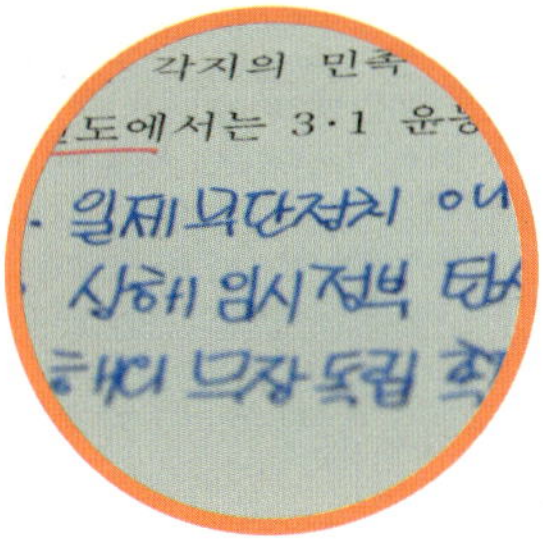

수업 중 보충 설명에 대해서는 파란색으로 필기하고, 중요한 내용에 대해서는 빨간색으로 필기합니다.

수업 중 시험에 나올 것 같거나 선생님이 직접적으로 힌트를 주는 부분은 과감하게 '시험'이라고 적도록 합니다.

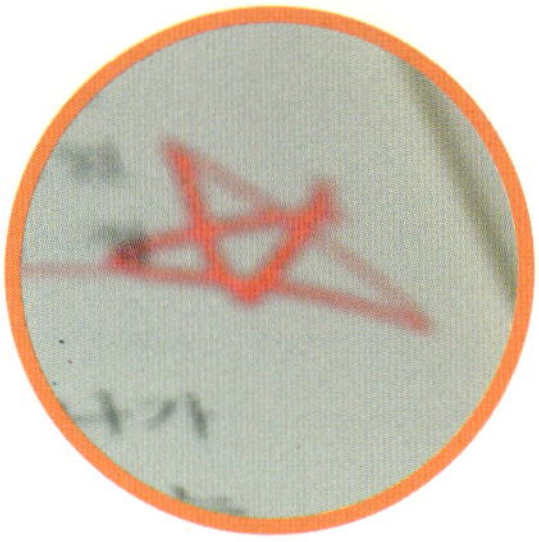

선생님이 강조한 내용은 '☆'로 눈에 띄게 표시합니다. 더 중요한 경우에는 '☆☆'로 표시 합니다.

4 : 교과서, 노트, 유인물은 책가방 필수품

여러분 부모님의 학창 시절에는 책상 앞 벽이나 책상 위 유리판 등에 꼭 시간표가 하나씩 붙어 있었습니다. 그날 잠자리에 들기 전이나 등교하기 전에 시간표에 맞춰 교과서와 노트를 챙겨 가방에 넣고 등교하였습니다. 수업을 다 들은 후에는 교과서를 다시 가방에 챙겨 가지고 집으로 돌아와 그것으로 공부를 했습니다. 별다른 참고서나 학원, 인터넷 강의가 없어도 교과서만으로 좋은 성적을 올렸습니다. 그러나 요즘 많은 학생들의 가방은 너무 작거나, 가방 안 내용물도 학교 공부와 상관없는 물건들로 가득 차 있습니다.

'특목고 탐방'이라는 TV 프로그램을 시청한 적이 있습니다. 한 외국어 고등학교에 대한 소개와 학생들의 생활 모습을 담은 프로그램인데, 이 학교 학생들의 등굣길은 다른 학교와는 모습이 달랐습니다. 바로 학생의 절반가량이 바퀴가 달린 여행용 가방을 책가방으로 사용하고 있었습니다. '도대체 얼마나 많은 책과 공부 보조 자료들을 가지고 다니면 여행용 가방을 책가방으로 사용할까?'라는 생각이 들었습니다.

"수업 준비는 철저히 하고, 수업 시간에 활용했던 모든 것은 다시 집으로 가져와 공부한다."

수업에 집중하면서 선생님의 말씀을 열심히 듣고, 필기를 정말 잘하는 학생이 있다고 합시다. 여기까지는 참 좋습니다. 하지만 필기한 교과서와 노트를 학교에 놔두고 집으로 돌아온다면 도대체 이 학생은 무엇으로 공부를 하는 거죠?

수업을 잘 들어 선생님의 시험 출제 내용에 대한 힌트를 파악했으면 그것을 적은 교과서와 노트를 가지고 공부를 해야 하는데, 내용이 담긴 교과서와 노트는 학교에 놔두고 집에서는 참고서나 인터넷 강의로 공부한다면, 그 공부가 선생님이 출제하고자 하는 시험지와 가까울까요?

공부를 아주 잘하고 싶다면 이 학원, 저 학원, 이 참고서, 저 참고서 등 복잡하게 공부할 필요 없습니다. 수업 내용이 담긴 교과서, 유인물, 노트를 가장 먼저 자신의 뇌에 저장시켜야 하고, 저장시키려면 교과서는 반드시 가지고 다녀야 하며, 선생님이 나눠준 유인물도 차곡차곡 정리를 잘해야 합니다.

지금 가방이 무겁다고 생각하면, 나중에 다른 사람은 펜 들고 일할 때,
자신은 40년 동안 무거운 짐을 들고 일할지 모릅니다.

선생님의 족보, 유인물 챙기기

:: 유인물은 학습 지도안을 통해 교과서의 내용과 기타 자료를 참고하여 학생들이 효과적으로 학습할 수 있도록 제공하는 보충 자료로, 수업 내용에 대한 평가 요소로 활용되기도 합니다. 학생들이 꼭 알아야 한다는 내용들이 담겨 있는 시험의 '족보'와 같은 역할을 합니다.

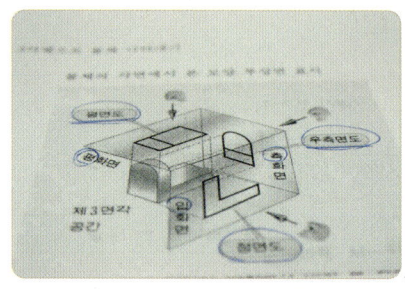

▶ 수업 중 '이것만은 꼭 알아야 한다'고 강조했다면 시험을 준비하는 과정에서 교과서와 더불어 가장 먼저 암기해야 할 내용입니다.

▶ 선생님이 수업에 대한 이해와 기억의 정도를 파악하기 위해 평가하는 수행 평가 문제를 담은 유인물입니다. 시험 문제가 어떠한 형식으로 출제되는지 미리 파악할 수 있습니다. 유인물의 문제뿐 아니라 더불어 이보다 높은 난이도 문제를 공부한다면 변별력 있는 문제도 해결할 수 있습니다.

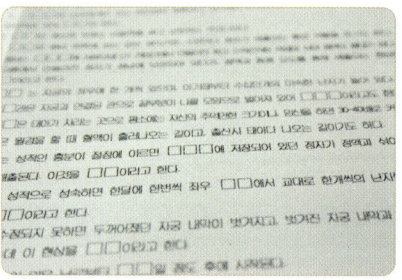

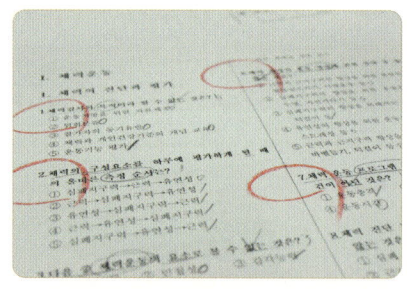

▶ '족보 문제'는 기말 고사 때 예체능 과목에서 많이 나오는 특징이 있습니다. 6개월에 한 번씩 치르는 시험이다 보니 학습 내용이 많아 선생님의 출제 핵심과 문제를 담아 그 안에서 출제를 많이 합니다. 유인물만으로도 높은 점수를 올릴 수 있습니다.

▶ 학교 홈페이지에 자주 들어가 보세요. 선생님이 직접 유인물을 나누어 주는 경우도 있지만 홈페이지에 올리기도 합니다. 이러한 문제는 다운로드해 출력하여 반드시 학습해야 합니다.

복습,
반드시 내 것으로!

소율이는 계절이 바뀌어서 쇼핑을 하려고 합니다. 밖에 나가기도 귀찮고, 막상 시내에 돌아다녀 보아도 예쁜 옷이 별로 없어서 인터넷 쇼핑을 통해서 옷을 구매하려고 합니다. 예쁜 옷을 파는 전문 쇼핑몰이 어디인지 검색을 통해 찾아보고 나서, 여러 군데 쇼핑몰을 둘러본 후 나에게 정말 어울릴 만한 옷인지, 옷감의 재질은 좋은지, 가격 대비 품질은 괜찮은지 구매 후기에 대한 내용과 판매자의 신뢰도 등을 꼼꼼히 알아보고 옷을 구매했습니다. 하지만 입어보지 않고 구매했기 때문에 사이즈가 잘 맞았으면 하는 바람과 함께 나에게 어울리는 옷이기를 기대했습니다. 이틀이 지난 후 택배로 옷이 배달되었습니다. 기다리던 옷이기 때문에 재빨리 상자를 뜯어 옷을 입었습니다. 그리고 거울을 보면서 나에게 어울리는지, 바느질은 잘 되었는지, 가격에 비해 좋은 제품인지 등을 꼼꼼히 비교하고 최종적으로 구입하기로 결정했습니다.

이 이야기의 흐름은 여러분이 실천해야 할 공부와 같은 흐름입니다. 예쁜 옷을 파는 전문 쇼핑몰이 어디인지를 검색하는 것은 사전 정보를 파악하는 예습에 해당됩니다. 이런 정보가 부족하다면 많은 쇼핑몰을 클릭해 보아야 하므로 시간과 노력이 낭비될 수 있습니다. 그리고 옷을 자세히 알아보기 위해 글과 사진을 확인해 보았을 것이며, 다른 물건과 비교도 해보았을 것입니다. 이 과정은 선생님의 수업을 이해하고, 나에게 필요한 정보인지를 판단하는 것과 같습니다. 마지막으로 물건이 집으로 도착했을 때 사이즈는 맞는지, 어울리는 옷인지, 즉 내 것이 될 수 있는지를 판단했는데, 이 과정은 수업을 들은 후 선생님이 말씀하신 중요한 정보와 내용을 내 것으로 만드는 복습의 과정과도 같습니다.

"복습을 하지 않는 공부는 아무리 많은 시간과 돈을 투자해도 내 것이 안 된다."

1 : 복습 순서 정하기

오늘 수업한 내용들을 살펴보고 가장 급하게 해야 할 공부, 중요한 공부, 나중에 해도 될 공부를 먼저 파악합니다. '공부야 그냥 하면 되지.'라고 생각할 수도 있지만 이러한 분석 없이는 자신이 좋아하는 과목에 치중하게 되고, 정작 집중력을 기울여 공부를 해야 할 시간에 좋지 못한 집중력으로 시간만 허비하고 질이 낮은 힘든 학습을 진행할 수도 있습니다.

공부의 순서를 정하는 데는 몇 분이 걸리지 않습니다. 오늘 복습을 해야 하는 과목이 4과목이라고 가정합시다. 그중에서 자신이 어렵다고 생각하는 과목, 중요하다고 생각하는 과목, 자신 있는 과목이 있을 것입니다. 이러한 과목의 특성을 파악하여 4과목의 공부 순서를 정합니다.

①은 오늘 해야 할 공부 중에서 가장 중요한 과목을 선택합니다. 공부를 막 시작했기 때문에 집중력도 좋고 의욕도 높으므로 가장 처음에 복습합니다.

맨 마지막에는 다음으로 중요하거나 어렵다고 생각하는 과목을 복습합니다. 그동안 다른 과목들의 복습을 진행했기 때문에 피곤해서 잘 안 될 것 같지만, '이것만 하면 오늘의 복습은 끝난다.'라는 희망이 있기 때문에 집중력이 높게 형성됩니다. 그리고 자신 있는 과목이나, 그리 중요하지 않은 수업 내용에 대해서는 ③번과 ④번의 위치에서 복습을 진행합니다.

아무런 생각 없이 일단 하고 보는 목적 없는 공부는 하지 말고, 앞으로 복습을 하기 전에는 이러한 사항들을 꼭 확인하여 집중력이 높은 학습을 진행하세요.

2 : 복습 흔적 남기기

오늘 학교에서 배운 내용을 한 번 읽어 보는 것으로 복습을 다 했다고 생각하는 학생들이 많습니다. 물론 아예 하지 않는 것보다는 나을 수 있지만 어차피 복습을 하기로 마음을 먹었다면 제대로 하는 것이 좋습니다. 한 번의 복습으로 공부가 끝나는 것이 아니라 시험 전까지 복습할 때 흔적을 남겨두면 효과적으로 반복 학습을 할 수 있습니다.

① 국어

국어 과목은 예습을 하고 수업에 임했으나 수업 중 이해가 부족했던 내용과 선생님이 강조했던 내용을 완벽하게 이해하고 넘어가야 합니다. 그리고 모르는 단어, 한자 어휘, 이해가 안 된 문장, 문법 등을 완전히 이해하고 내 것으로 만들려고 노력하며, 수업 내용으로는 부족할 수 있으므로 참고서 등을 활용하여 복습을 진행합니다.

:: **방법**

1 | 수업 중 선생님이 설명한 내용을 교과서에 연필로 필기한 뒤, 설명할 때 강조하거나 중요하다고 말한 내용은 빨간색으로 표시합니다.

2 | 복습을 진행할 때 교과서와 참고서 그리고 수업 내용을 같이 읽어보면서 이해가 되거나 새롭게 알게 된 내용은 교과서에 파란색으로 적으세요. 그리고 참고서의 단원별 문제를 풀어보면서 자신의 공부를 점검합니다.

3 | 이렇게 복습을 하면 교과서 안에 선생님의 설명, 참고서의 보충 자료들이 가득하기 때문에 교과서만 봐도 충분한 공부(반복 학습)를 진행할 수 있습니다.

복습이 진행된 국어 교과서

수업 들을 때
선생님이 말과 행동으로 힌트를 줬거나 중요하다고 강조한 내용에는 빨간색 펜으로 ☆ 표시합니다.

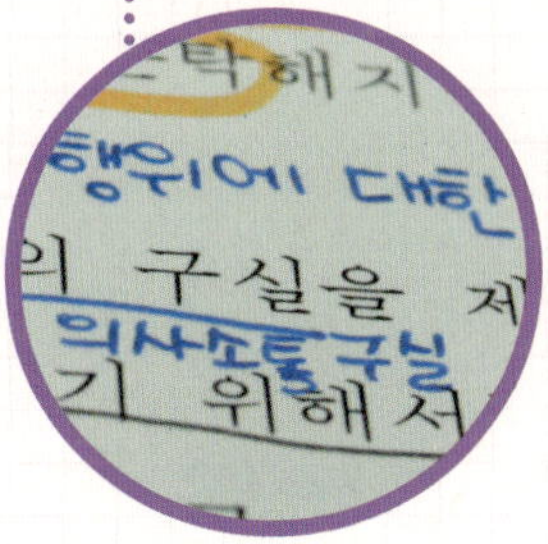

복습할 때
복습할 때 교과서와 참고서를 읽어보고, 수업 시간에 알지 못했던 새로운 사실은 파란색 펜으로 표시하세요.

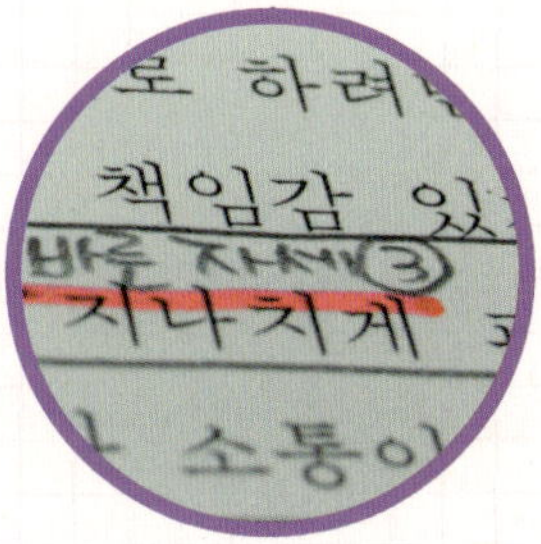

수업 들을 때
선생님이 설명한 내용은 연필로 쓰고, 중요한 내용은 빨간색 펜으로 표시하세요.

② 수학

수학 과목은 오늘 공부한 내용이나 단원에 대해 이해와 개념 정리가 부족한 상태로 넘어가면 고스란히 그만큼의 대가를 치르게 되는 과목입니다. 그렇기 때문에 오늘 수업 내용에 대한 예습·복습으로 교과서의 내용을 완전히 내 것으로 만들어야 합니다. 그래야 다음에 수업하게 될 내용과 다음 학년에 배우게 될 내용에 대한 이해가 높아집니다.

:: 교과서의 기본 문제는 반드시 푼다

수학을 잘하는 학생들을 보면 적어도 6개월, 많게는 1~2년 정도 선행 학습이 되어 있습니다. 따라서 수학 교과서의 개념과 문제들을 충분히 해결할 수 있는 실력은 되지만, 선생님의 수업 방향과 출제 경향을 정확히 알기 위해서는 교과서의 기본 문제는 반드시 풀어야 합니다. 수학을 잘하지 못하는 학생들의 공통점은 수업을 들을 때는 이해가 되었기 때문에 내가 알고 있는 문제라고 착각을 한다는 것입니다. 수학은 머리와 눈으로 푸는 것이 아닙니다. 수업을 통해 이해한 뒤 자신이 직접 두 번 이상을 풀어본 후 풀이 과정과 정답이 맞았을 때 비로소 내 것이 되었다고 할 수 있습니다.

:: 개념 정리와 기본 문제는 노트에 정리한다

교과서와 수업 내용을 읽어보기만 해도 충분하지만, 노트에 개념을 따로 정리하면 더 효과적입니다. 또 교과서의 예제 문제를 개념 아래에 적고 풀이 과정을 꼼꼼하게 기록한 후 선생님이 푼 것과 내가 푼 것을 비교해 가며 완전히 이해하도록 합니다. 이렇게 개념 노트를 작성하면 필요할 때 언제든지 쉽게 반복 학습을 할 수 있다는 장점이 있습니다.

수학 개념 노트는 이렇게

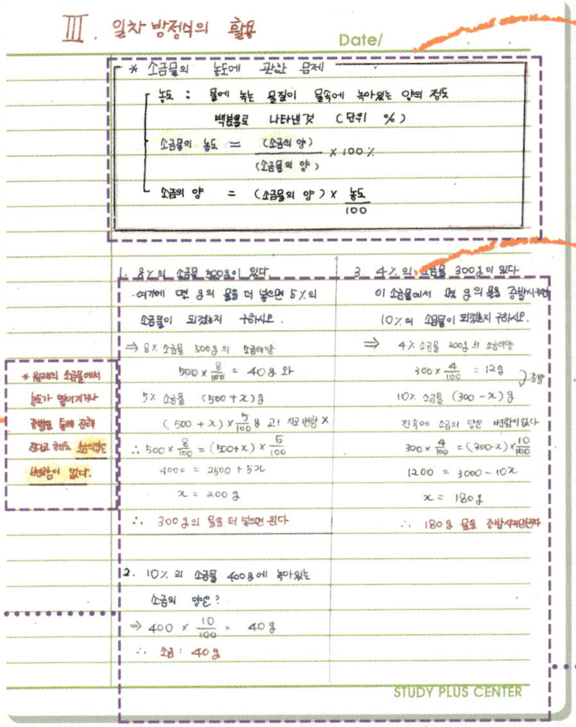

▶ 기본 개념 외에 추가적인 사항은 문제 옆에 기록하도록 합니다.

▶ 가장 기본적인 개념에 대한 내용을 상단에 적습니다.

▶ 노트를 반으로 나누어 예제 문제를 적고 풀이 과정을 꼼꼼히 적어가면서 풉니다. 문제를 풀고 난 후 나의 풀이 과정과 선생님의 풀이 과정을 비교 점검합니다.

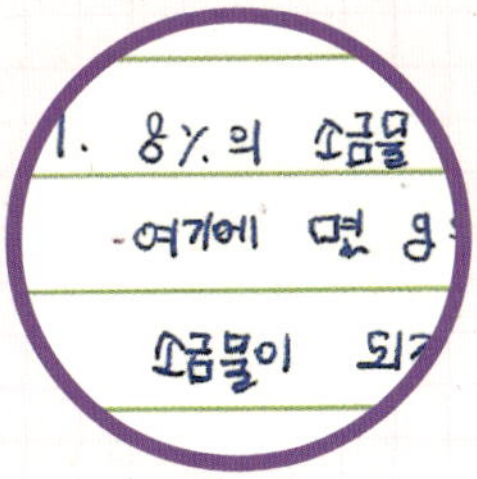

문제는 파란색 펜으로 적어 풀이 과정과 구별이 되게 합니다.

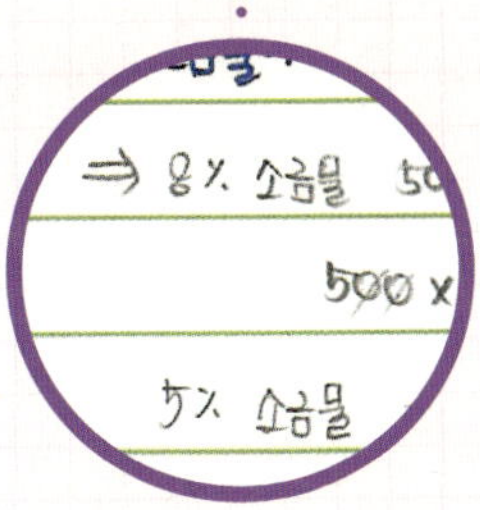

풀이 과정은 언제든지 확인할 수 있도록 연습도 깨끗하게 적습니다.

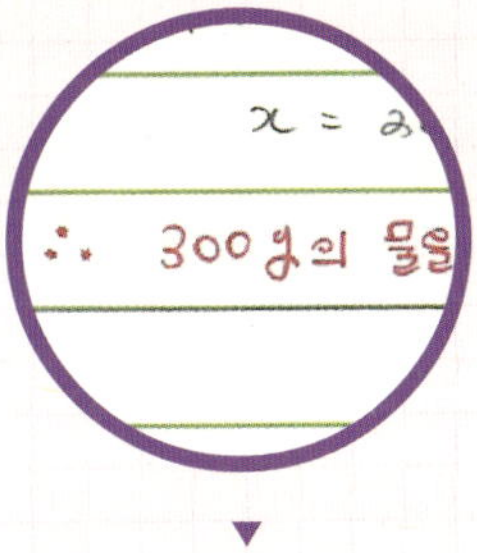

답은 빨간색 펜으로 적어 눈에 띄도록 합니다.

:: 문제집을 매일 꾸준히 푼다

단원 내용이 종합적으로 들어 있는 문제집보다는 학습 내용별로 유사한 문제가 많은 문제집을 선택해 하루에 2쪽 정도 풀도록 합니다. 이 과정에서 같은 유형의 문제라도 변형이나 응용이 요구되는 문제는 따로 표시를 해두고 풀어 보세요. 간혹 수학 문제를 풀 때 볼펜을 사용하는 학생들이 있는데, 수학 문제를 풀 때는 지우개가 달린 연필을 사용하는 것이 좋습니다. 수학은 문제 푸는 시간을 항상 생각해야 하는 과목입니다. 풀이 과정 전체가 틀렸을 경우에는 큰 지우개를 사용하고, 잠깐의 실수인 경우에는 연필에 달린 지우개로 빠르게 해결할 수 있다는 장점이 있습니다.

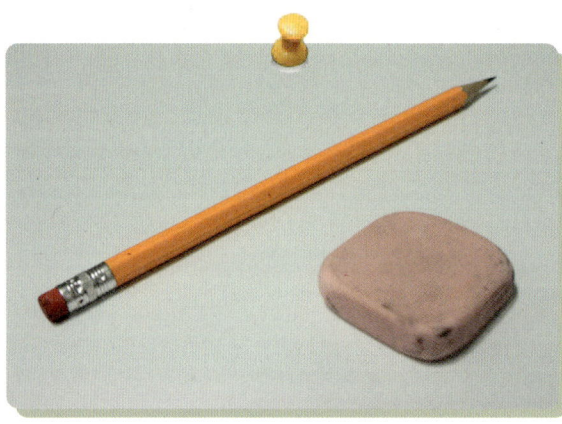

▶ 수학 문제는 꼭 연필로 깨끗하게 풉니다.

▶ 풀이 과정 중 실수한 부분은 연필 끝에 달린 지우개로 해결하면 시간이 절약되고 집중도 지속됩니다.

▶ 풀이 과정이 많이 틀렸을 경우에는 큰 지우개를 사용하세요.

③ 영어

수학과 마찬가지로 사교육을 통해 많은 시간을 투자하는 과목 중 하나입니다. 대부분의 학생들이 학교 수업 이상의 영어 실력을 갖추고 있는 것이 현실이지만, 선생님이 출제하는 시험 문제와의 작은 오차를 줄이기 위해서라도 수업을 집중해서 듣고 내 것으로 만드는 과정이 필요합니다.

영어 개념 노트는 이렇게

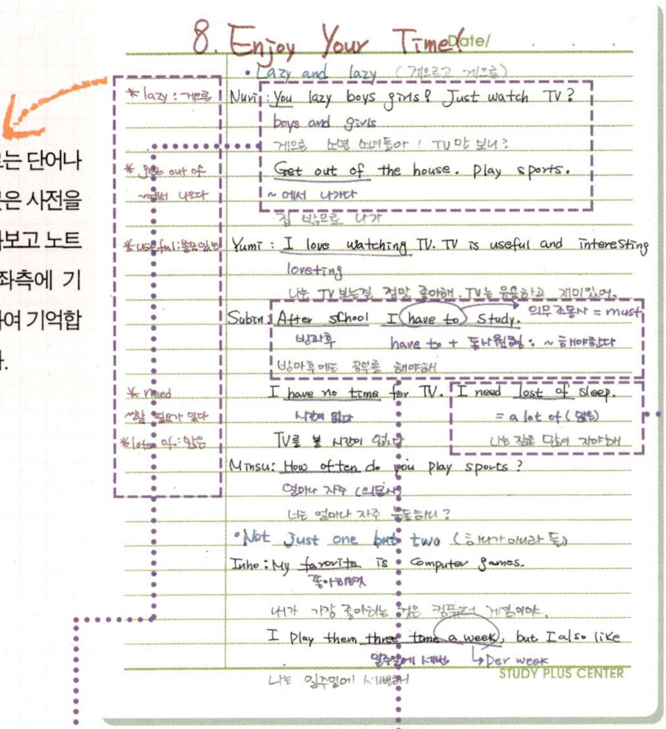

▶ 모르는 단어나
구문은 사전을
찾아보고 노트
의 좌측에 기
록하여 기억합
니다.

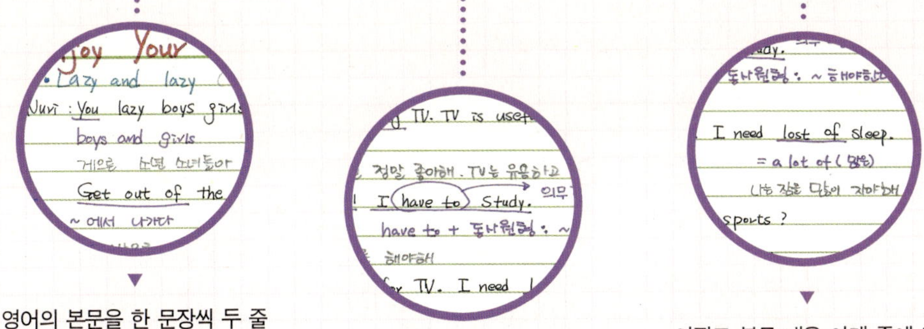

8. Enjoy Your Time (Date/)

* Lazy and lazy (게으르고 게으른)

Nuri: You lazy boys girls! Just watch TV?
boys and girls
게으른 소년 소녀들아! TV만 보니?

Get out of the house. play sports.
~에서 나가다
집 밖으로 나가

Yumi: I love watching TV. TV is useful and interesting
loveing
나는 TV 보는걸 정말 좋아해. TV는 유용하고 재미있어.

Subin: After school I have to study. 의무 조동사 = must
방과후
have to + 동사원형: ~을 해야한다
방과후 에도 공부를 해야해

I have no time for TV. I need lost of sleep. = a lot of (많은)
나는 할일이 없다   나는 잠을 많이 자야해
TV를 볼 시간이 없었다

Minsu: How often do you play sports?
얼마나 자주 (빈도수)
너는 얼마나 자주 운동하니?

* Not Just one but two (하나가 아니라 둘)

Inho: My favorite is Computer games.
좋아하는것
내가 가장 좋아하는 것은 컴퓨터 게임이야.

I play them three times a week, but I also like
일주일에 세번   per week
나는 일주일에 세번해

STUDY PLUS CENTER

(첫 번째 원)

Your
Lazy and lazy (
Nuri: You lazy boys girls
boys and girls
게으른 소년 소녀들아
Get out of the
~에서 나가다

▼

영어의 본문을 한 문장씩 두 줄
의 간격을 두고 정리합니다.

(두 번째 원)

TV. TV is usef
정말 좋아해. TV는 유용하고 의무
I have to study.
have to + 동사원형: ~
해야해
for TV. I need l

▼

교과서를 보거나 선생님이 설명한
내용을 회상하면서 본문 아래에
다시 한 번 정리합니다.

(세 번째 원)

동사원형: ~을 해야한다
I need lost of sleep.
= a lot of (많은)
나는 잠을 많이 자야해
sports?

▼

연필로 본문 내용 아래 줄에 번
역을 해봅니다. 수업 내용에 해
당하는 교과서의 연습 문제나
문제집을 풀어봅니다.

④ 기타 과목

국어, 영어, 수학을 제외하고 나머지 과목은 암기해야 할 내용이 많기 때문에 지속적으로 반복 학습을 하지 않으면 시험 때에는 수업 시간에 배운 내용에 대한 기억이 20% 정도밖에 남아 있지 않습니다. 학교 수업을 잘 듣고 충분히 이해가 된 상태에서는 짧은 시간에 해결할 수 있지만, 꾸준한 반복 학습이 진행되지 않아 망각이 된 상태에서 시험 공부를 하려고 하면 힘들고 오랜 시간이 소요되는 '독학'과 같은 학습이 진행되게 됩니다. 그렇다고 해서 매번 반복 학습을 할 때마다 교과서·필기 내용·참고서·유인물 등을 펼쳐 놓고 공부하는 것은 힘든 일입니다. 이럴 때 필요한 것이 '복습 노트'입니다.

모든 학습 내용을 한곳에 모아 재정리해 두면 다른 여러 가지 자료들을 펼쳐 보지 않고 노트만 훑어보아도 충분히 반복 학습을 할 수 있습니다.

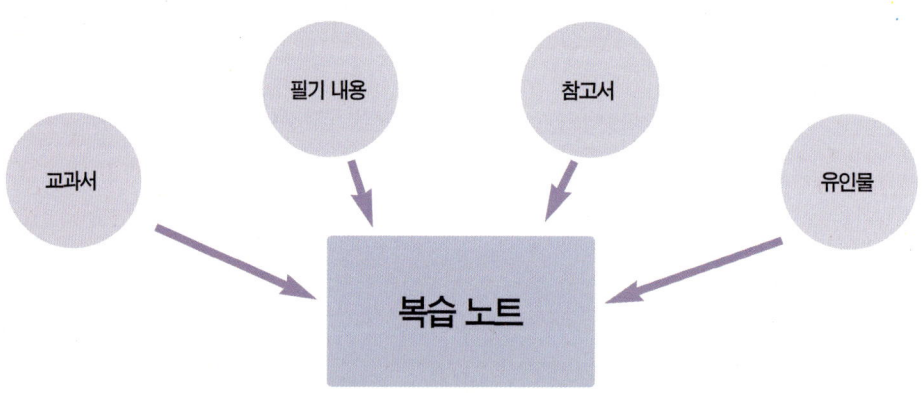

여러 가지 내용을 노트에 필기를 하려면 오랜 시간이 필요하다고 생각하는 학생들이 있는데, 전혀 그렇지 않습니다. 교과서·필기 내용·참고서·유인물은 같은 단원의 같은 내용이기 때문에 중복된 내용이 대부분입니다.

예를 들어 선생님의 필기 노트를 중심으로 재정리하는 과정에서 참고서에서 새로운 내용이 있다면 그 내용만 추가하면 됩니다. 여러 개를 모두 정리하는 것이 아니라 하나를 중심으로 잡고 나와 있지 않은 내용과 보충 설명만 추가해 정리하면 됩니다. 심지어는 복습 노트 정리가 끝나고 자신의 공부를 점검하기 위해서 문제를 푼 후 오답에 대한 내용까지 복습 노트에 기록하는 학생들도 있습니다.

복습 노트는 정리하는 과정에서 공부가 한 번 진행되고, 이미 공부가 진행된 상태에서는 한 번 읽어보는 것으로 반복 학습이 된다는 장점이 있습니다. 이렇게 한 번만 복습 노트를 정리한다면 다음부터는 반복 학습이 쉬워집니다. 정확히 기억이 되었는지 확인하는 과정이 반복 학습이기 때문에 시험에서 고득점이 보장된다고 할 수 있습니다.

사회 복습 노트(코넬 노트법)

:: THEME 4에서 여러분이 학습하게 될 '코넬 노트법'과 '마인드맵'을 활용한 복습 노트 정리 방법입니다. 어떻게 정리하지?, 어렵지 않을까? 걱정하지 마세요! 여러분도 충분히 잘할 수 있도록 자세히 설명하고 있으니 '하겠다', '해야 된다'는 마음만 먹으면 됩니다.

:: 〈THEME 4 코넬 노트에 필기하기〉를 참고하세요.

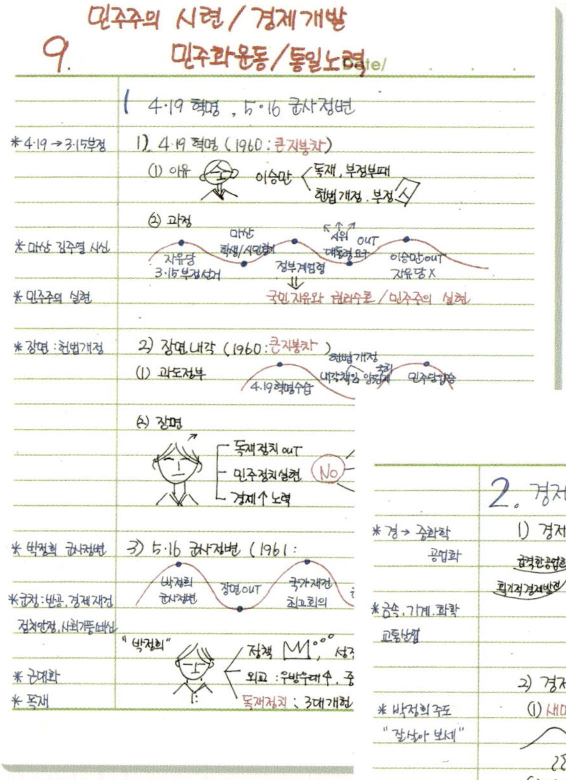

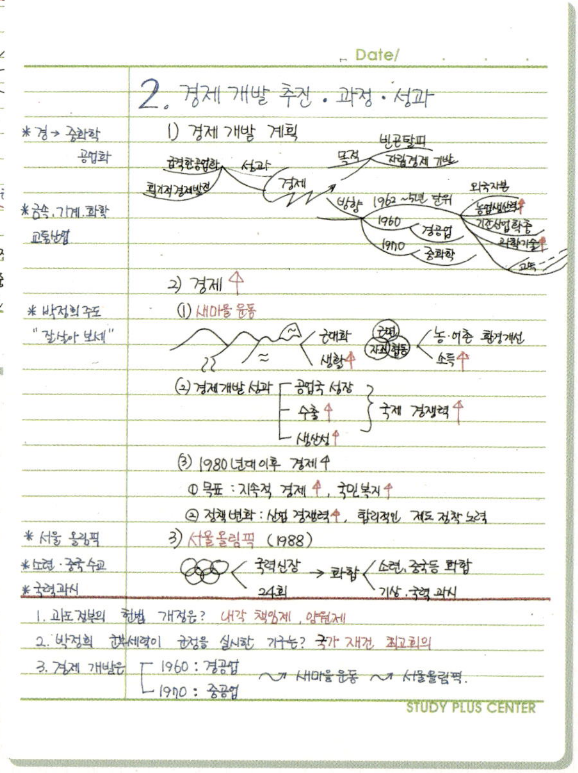

과학 복습 노트(마인드맵)

:: 〈THEME 3 마인드맵 그리기〉를 참고하세요.

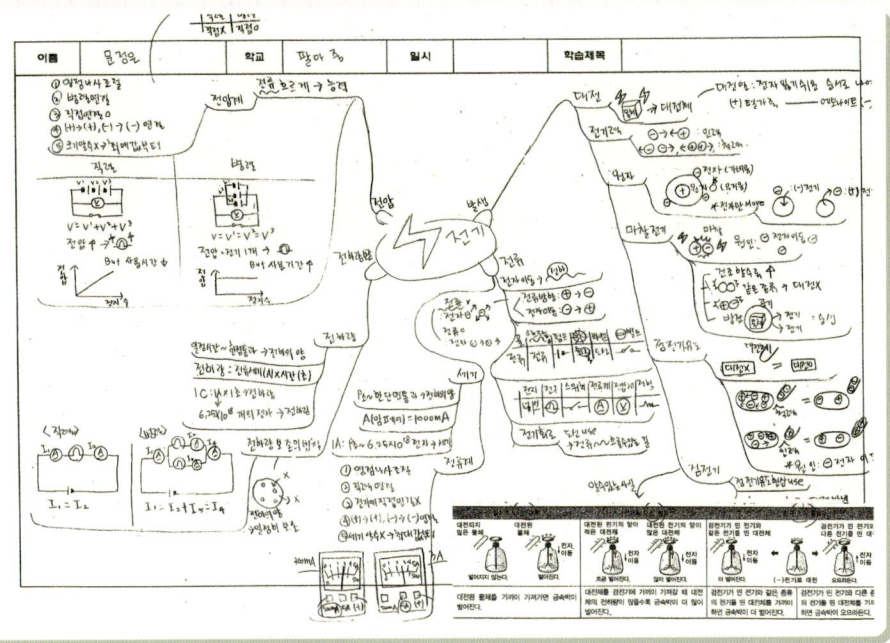

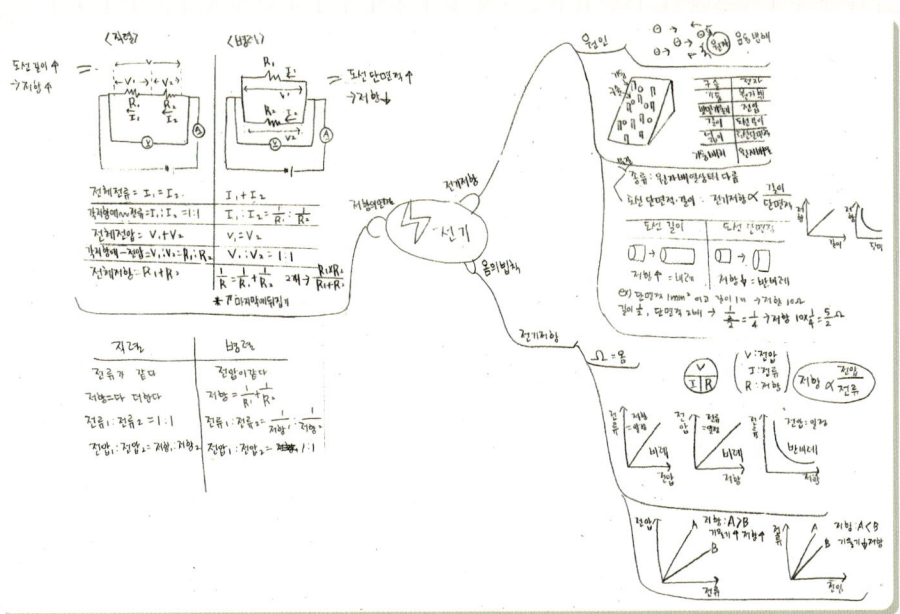

소율이는 학교 수업을 마치고 귀가하다가 초등학교 시절에 가장 친하게 지냈던 친구를 오랜만에 만났습니다. 너무나 반가운 마음에 오랫동안 이야기를 나누고 싶었지만, 학원 수업이 바로 있기 때문에 전화번호만 주고받고 헤어졌습니다. 전화번호를 따로 메모하지 않아 기억을 해야 한다는 생각에서 자신이 알고 있는 전화번호와 비슷한 전화번호가 있는지 생각해 보았지만 없어서 계속해서 중얼거렸습니다. 전화번호를 다시 한 번 생각하고 또 생각했습니다. 이런 과정을 통해 친구의 전화번호를 잊어버리지 않고 집으로 돌아온 소율이는 친구에게 전화를 걸어 이번 주말에 만나기로 약속을 했습니다.

소율이가 계속해서 친구의 전화번호를 생각하지 않았다면 어떻게 됐을까요? 분명 전화번호는 기억에서 사라졌을 것이고, 오랜만에 만난 친구를 다음에 우연히 만나기를 기대하는 수밖에는 없었을 것입니다. 우리의 두뇌도 마찬가지입니다. 한 번 기억했던 내용일지라도 일정한 간격을 두고 반복 학습을 하지 않으면 그 기억은 점점 사라져 버립니다.

기억 상태를 체계적으로 연구한 독일의 심리학자 '헤르만 에빙하우스' (Herman Ebbinghaus; 1855~1909)는 한 번 종합하여 공부하는 것보다 일정 시간에 걸쳐 분산 반복하는 것이 공부와 기억에 더 효과적이라는 것을 발견했습니다.

에빙하우스의 주장에 따르면 학습 후 20분 만에 42%, 1시간 경과 후 56%, 9시간 경과 후 64%가 망각이 되며, 한 달 후에는 80% 정도를 망각하게 된다고 합니다. 이러한 에빙하우스의 주장은 모든 사람에게 나타나는 일반적인 현상으로 상당히 신뢰할 만합니다.

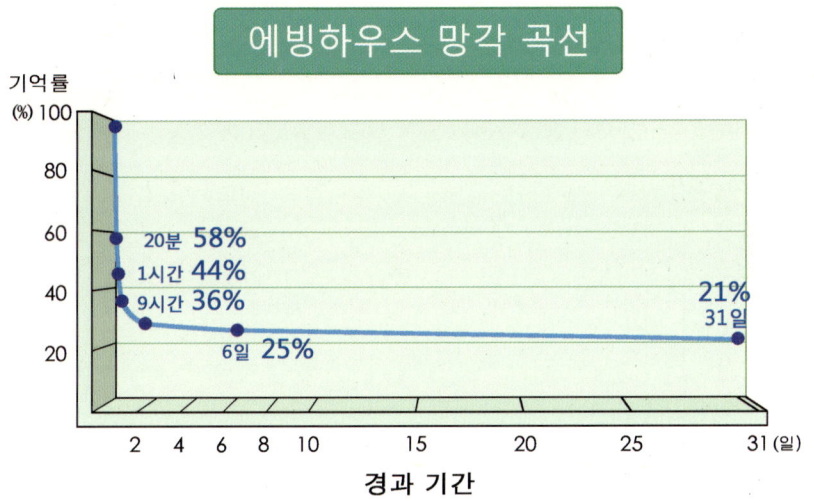

에빙하우스 망각 곡선에서 확인했듯이 오늘 ==수업한 내용을 일정한 간격을 두고 반복 학습을 진행하지 않았을 경우, 한 달 후에는 21%만 기억이 남아 있을 뿐입니다.==

대부분 학교의 시험 일정은 3월에 새 학기가 시작되고 5월 초에는 중간 고사를 봅니다. 그래서 4월 초·중순부터는 시험을 준비할 것입니다. 그렇다면 3월 초에 수업한 내용에 대해 반복 학습을 하지 않았을 경우 4월 초·중순경에는 학습 내용의 21%만 기억하고 있기 때문에 시험을 위해 오랜 시간 동안 힘들게 다시 공부를 해야 할 것입니다.

반복 학습은 쉽습니다. 최초 복습에 30분이 소요되었다고 해서 반복 학습도 30분이 소요되는 것이 아닙니다. 내가 공부한 흔적들을 훑어보면서 잘 기억하고 있는지, 또 다른 내용은 없는지를 살펴보는 것이 반복 학습입니다. <mark>반복 학습은 공부가 되어 있는 상태에서 공부한 내용을 지속적으로 관리한다고 생각하면 됩니다.</mark> 그리고 공부가 되어 있다면 반복 학습은 5분도 걸리지 않습니다.

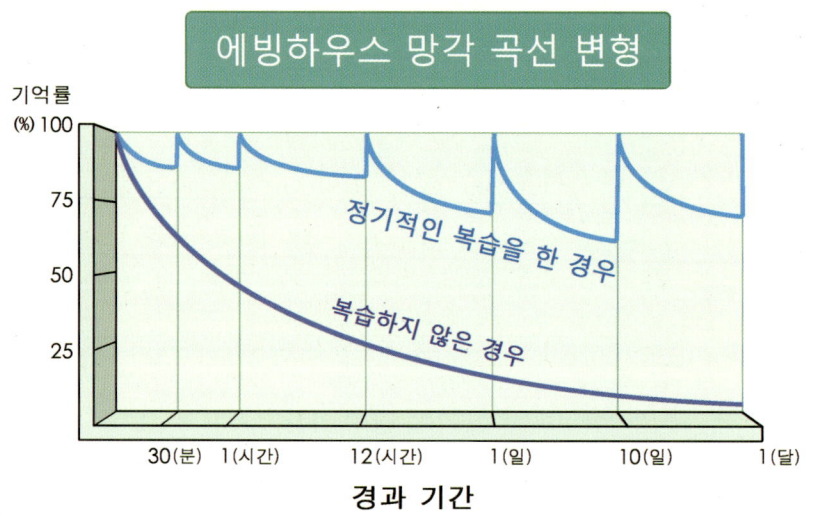

위의 그래프와 같이 정기적인 반복 학습(복습)을 통해 시험 전까지 100%에 가까운 기억을 유지해야 합니다. 그렇게 함으로써 다른 학생들이 기본적인 개념 공부에 힘들어하고 있을 때 여러분은 출제 범위를 넘어서 변별력 있는 문제까지 여유 있게 소화할 수 있습니다. 학교 시험에는 1등과 2등을 가리기 위해서 변별력 있는 문제가 한두 문제씩 꼭 출제됩니다. 이런 문제를 소화할 수 있는 학생이 1등이 되는 것입니다.

"최초의 복습을 잘해 두면, 나머지 반복 학습은 관리만 하면 된다."

4 : 오감으로 느끼기

시험 기간이 되면 물 한 통을 들고 공부 방에 들어가 침대 매트리스를 방문 앞에 세워두고 공부하는 학생이 있었습니다. 웃긴다는 생각에 그 학생에게 왜 그렇게 하느냐고 물어 보았습니다. 그랬더니 그 학생은 매트리스를 세워 놓으면 방 밖으로 나가고 싶은 생각이 덜 들고, 또 자기는 떠들면서 공부하는데 소리가 새어나가지 않아 창피함을 줄일 수 있기 때문이라고 대답했습니다. '아! 공부 잘하는 아이는 뭔가 달라도 다르다.'고 생각했습니다.

가끔 TV를 통해 공부의 달인이라는 학생들을 접하게 됩니다. 그 학생들의 특징은 자신이 공부한 새로운 지식을 기존에 알고 있던 지식에 잘 연결하기 위해 오감을 활용해서 공부한다는 것입니다. 친구들의 질문을 해결해 주면서 자신의 공부를 하는 학생이 있는가 하면, 칠판을 공부방에 놔두고 남을 가르치듯이 공부하는 학생, 책을 들고 서서 손가락으로 허공에 뭔가를 열심히 쓰면서 공부하는 학생 등 다양한 모습으로 공부를 하고 있었습니다.

이런 모습은 공부한 내용을 회상하는 과정에서 많이 이루어집니다. 그런데 많은 학생들이 실수하는 것 중에 하나가 수업한 내용을 가지고 노트 정리를 열심히 하고 나서 정리가 끝나면 곧바로 덮어버린다는 것입니다. 공부는 노트 정리가 아닙니다. 노트 정리를 하면서 공부한 내용이 기존의 지식과 잘 연결되어 있는지, 좋은 기억이 되었는지를 살펴보는 과정이 필요합니다. 공부를 잘하는 학생들은 이러한 방법을 몸소 느꼈기 때문에 오감을 활용해서 남을 가르치듯이 공부를 하는 것입니다.

어떠한 지식을 가지고 남을 가르치기 위해서는 그 지식에 대해 정확히 알고 있어야 합니다. 자신이 복습한 후 남을 가르치듯이 설명하는 과정에서 명확히 설명이 되지 않거나, 얼버무리는 부분이 있다면 스스로도 확실히 알지 못하는 부분이며, 이는 시험 때 발목을 잡는 구멍이 됩니다. 이해나 기억이 되지 못한 구멍을 메우기 위해서 복습 후 남에게 설명하듯이 공부한 내용을 회상하는 것입니다. 공부한 내용을 눈으로 보고 손으로 쓰는 과정에서 머물지 않고, 설명하면서 소리로 듣고, 우뇌를 활용하여 상황이나 장면을 연상하면 두뇌에 더 많은 자극을 주어 기존의 지식 네트워크에 확실하게 연결시킬 수 있습니다.

"잘 정리된, 예쁘게 정리된 노트가 중요한 것이 아니다. 공부한 내용이 기존의 네트워크에 잘 연결되었는지 회상하는 과정이 공부의 마지막 과정이다."

아픈 부분을 알려주는 문제 풀이

> 소율이는 아침에 잠자리에서 일어나는데 평소와는 달리 목이 아프고 코가 막히면서 맑고 하얀 콧물이 흘러내렸습니다. 비염이 있어 계절이 바뀔 때면 한 번씩 나타나는 감기 증상이라 생각하고, 더 고생하기 전에 빨리 치료를 받아야겠다는 생각에서 병원으로 향합니다. 병원에 도착해서 접수를 하고, 간호사의 안내로 진료실에 들어가 의사의 질문과 함께 치료가 시작되었습니다. 예상했던 대로 비염이어서 몇 가지 주의 사항과 함께 처방전을 받고 진료실에서 나와 약국으로 향합니다.

병원에 가서 진찰을 받고 의사의 처방을 받아 약을 먹는 과정이 문제 풀이입니다. 의사에게 진찰을 받는 과정이 문제 풀이의 시간이고, 처방전을 받는 과정이 채점하는 시간이며, 약을 먹는 과정이 틀린 문제에 대한 해결책을 마련하는 시간입니다. 즉, 틀린 문제는 여러분이 공부한 내용에 대한 처방전 같은 것이라고 할 수 있습니다. 하지만 이렇게 중요한 문제 풀이의 과정과 오답의 중요성을 인식하지 못하고, 문제만 많이 풀면 된다는 잘못된 생각을 하고 있는 학생들이 너무 많습니다.

1 : 실수를 줄이는 문제 풀이 습관

시험을 보거나 문제 풀이를 마친 후 채점을 해보면 알고 있는 문제인데 틀린 경우가 많았을 것입니다. 문제의 정답을 찾을 수 있는 충분한 지식을 가지고 있으면서도 정작 문제 풀이 과정에서의 실수로 인해 높은 점수에 이르지 못하는 학생들이 많습니다. 이렇게 실수를 하는 이유는 문제를 해결하는 과정에서 집중력이 부족하거나 문제를 잘못 읽어 출제 의도를 정확하게 파악하지 못했기 때문입니다.

"문제의 지시문과 개념, 규칙을 잘 이해하고 문제를 푸는 습관을 들여야 한다."

:: 시험이라 생각하고 푼다

시험 기간에는 시험에 대비하여 단원별 평가 문제, 기출 문제, 모의 고사 등 많은 문제를 풀게 됩니다. 이때 진짜 시험이 아니라는 생각에 얕은 집중력으로 문제를 풀다 보면 습관이 돼 실제 시험에서도 그대로 나타납니다. 그러므로 평상시 문제를 풀 때도 시험을 보고 있다는 생각으로 임해야 실제 시험에서 실수를 줄일 수 있습니다.

이것은 시험이야!

:: 실수가 많다면 흔적 남기기

채점을 하다 보면 문제를 잘못 읽어서 틀린 경우가 허다합니다. 출제자는 '옳은 것', '아닌 것', '두 개를 고르시오', '모두 골라라' 등 여러 가지 형태의 문제로 학생들의 지식을 평가합니다. 이런 경우 자신이 많이 틀린다고 생각하거나 출제자의 의도를 잘 파악하지 못한다면 문제를 읽어가는 과정에서 흔적을 남겨보세요.

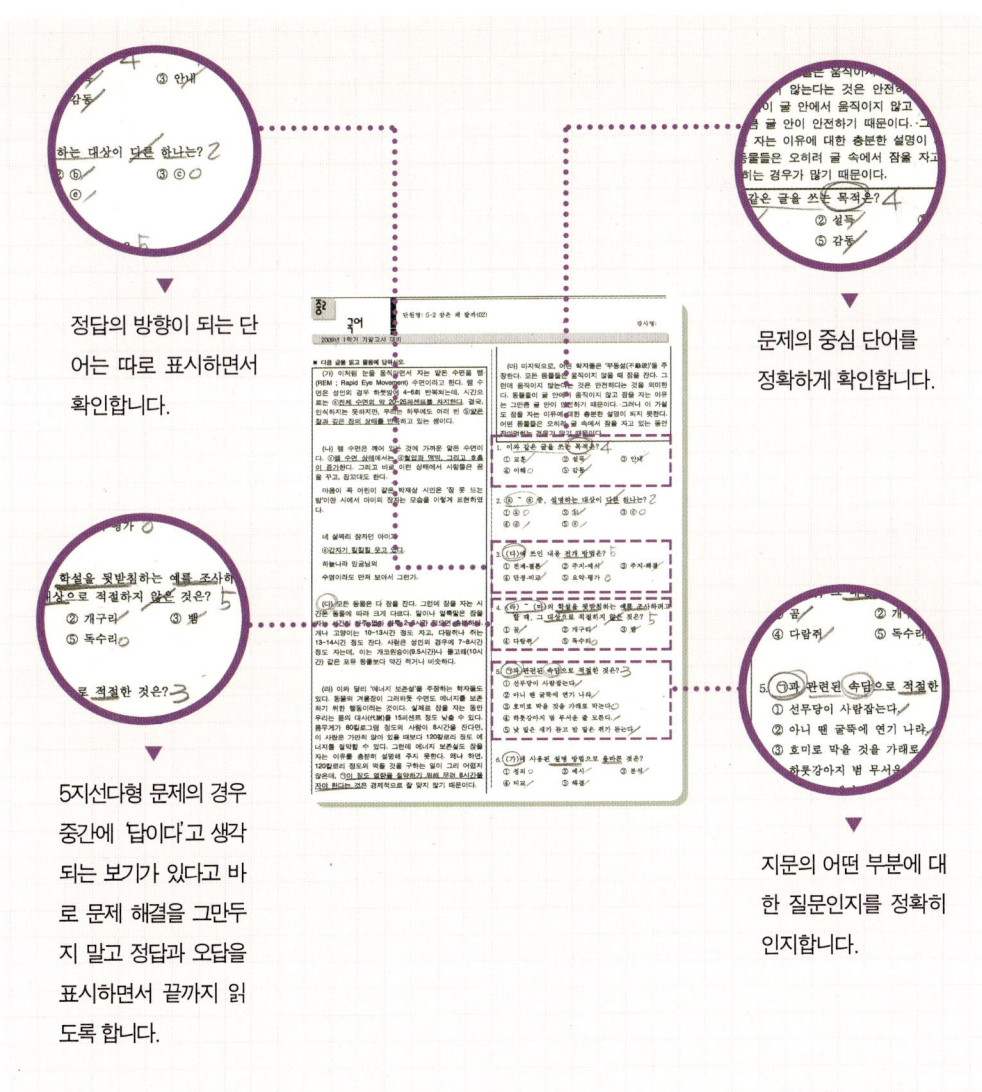

정답의 방향이 되는 단어는 따로 표시하면서 확인합니다.

문제의 중심 단어를 정확하게 확인합니다.

5지선다형 문제의 경우 중간에 '답이다'고 생각되는 보기가 있다고 바로 문제 해결을 그만두지 말고 정답과 오답을 표시하면서 끝까지 읽도록 합니다.

지문의 어떤 부분에 대한 질문인지를 정확히 인지합니다.

:: 수학은 깨끗하게

수학 문제를 풀 때는 깨끗하게 풀어야 합니다. 물론 시간이 부족해서 빨리 풀다 보면 지저분하게 되겠지만, 기본적으로는 깨끗하게 풀어야 합니다. 지저분한 풀이와 깨끗한 풀이의 시간 차이는 얼마 되지 않지만 깨끗하게 풀면 풀이 과정에서 실수를 줄일 수 있으며, 오답이 되었을 때 증명 과정 중 어떤 부분에서 오류가 나왔는지를 쉽게 알 수 있기 때문입니다. 평상시 따로 연습장을 사용해 문제를 풀고 있다면, 시험 직전에는 연습장을 사용하지 말고 문제지에 푸는 연습을 하세요. 넓은 공간에서 문제를 풀다가 시험 때 시험지의 빈 공간만을 활용해 문제를 풀다 보면 생각의 폭이 좁아지고 실수가 많아지게 됩니다.

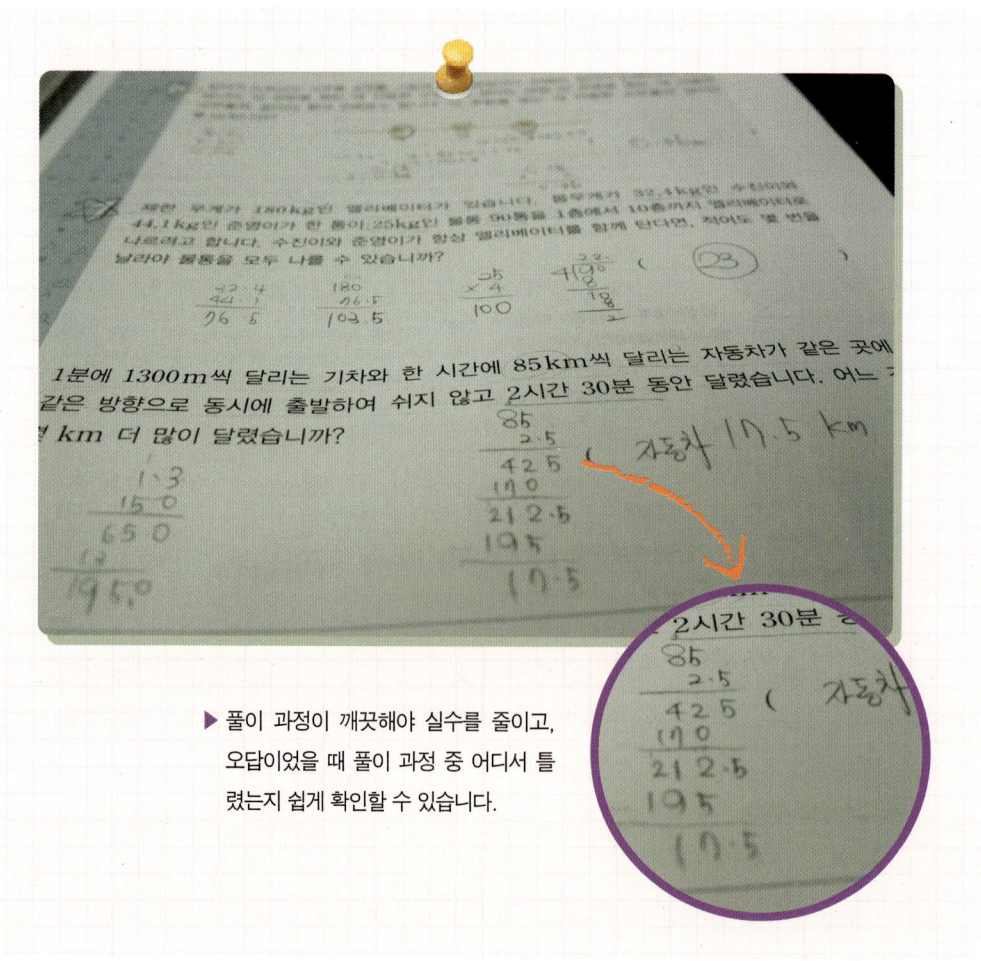

▶ 풀이 과정이 깨끗해야 실수를 줄이고,
오답이었을 때 풀이 과정 중 어디서 틀렸는지 쉽게 확인할 수 있습니다.

2 : 단기 목표를 가지고 문제 풀기

'수학 40문제 풀기'와 '수학 40문제를 40분에 풀기'. 두 가지 목표 중 좀 더 집중하면서 빨리 문제를 풀 수 있는 것은 무엇일까요?

분명 '수학 40문제를 40분에 풀기'일 것입니다. 구체적인 공부 분량과 40분에 풀겠다는 시간 목표가 설정되어 있어 문제 풀이 과정에 집중할 가능성이 높기 때문입니다. 40분이라는 단기적인 목표를 설정하지 않았을 경우 몇 문제 풀다가 물 마시고 화장실을 가는 등 공부하는 자리를 이탈하거나 멍하게 앉아 있을 수도 있지만, 40분이라는 단기 목표를 설정했다면 그 시간 안에 꼭 문제를 풀겠다는 생각으로 약간 긴장된 상태에서 문제 풀이에 집중하게 됩니다. 학교 시험에서도 정해진 시간 안에 문제를 풀기 때문에 평상시에 단기적인 시간을 정해 두고 문제를 푼다면 시험 때 긴장감은 훨씬 덜 느끼게 되고, 이로 인해 정확한 판단으로 학업 성취도를 높일 수 있습니다.

목표한 시간 안에 문제를 해결할 수 없을 수도 있지만 실망하지 마세요. 단기적인 목표를 설정하면 예전과 달리 집중에서 차이가 난다는 사실을 분명히 느끼게 될 것입니다. 문제의 분량을 파악하고, 단기적인 풀이 시간을 정하는 데 소요되는 시간은 불과 몇 초 되지 않지만, 이러한 작은 생각이 여러분의 문제 풀이 시간을 2배 이상 단축시켜 줄 것입니다.

목표 시간은 기본적인 시간의 형태이며, 자신의 능력에 따라 변경하여 목표를 설정합니다.

수학, 국어, 과학의 물리 부분의 문제 풀이는 문항 수와 시간을 같게 합니다(30문항이면 30분의 시간을 설정). 초등학생과 중학생의 국어 경우에는 3분의 2를 설정합니다(30문항이면 20분). 기타 나머지 과목은 문항 수의 절반 정도를 단기적인 목표로 설정합니다(사회 40문항이면 20분, 도덕 30문항이면 15분).

▶ 문제를 풀 단원이나 기출 문제의 전체 문항 수를 확인하고 언제까지 풀 것인지 단기적인 목표를 설정하여 마지막 문제 하단 부분에 적습니다.

▶ 4시 35분까지 문제 풀이를 마치겠다는 단기적인 목표로 설정했습니다.

▶ 4시 35분까지 문제 풀이를 마치겠다는 단기적인 목표를 설정했지만, 4분이 느린 39분에 문제 풀이를 마쳤습니다. 만약 목표를 설정하지 않았다면 39분을 넘어 5시가 되어도 문제를 못 풀 수 있습니다. 이렇게 단기적인 목표를 설정하면 문제 풀이의 속도와 집중력이 훨씬 향상됩니다.

3 : 채점은 내가 한다

"당연한 이야기 아니야?", "다들 그러지 않아?"라고 할 수 있지만 실제로는 많은 학생들이 이 부분에서 취약합니다.

초등학교 시절에 부모님이나 학원 선생님이 채점을 해주었기 때문에 자신이 직접 채점을 하지 않아도 된다는 잘못된 생각을 하고 있는 학생들이 많습니다. 또 문제만 열심히 풀고 채점도 하지 않은 채 시험을 마치는 학생들도 있습니다. 도대체 왜 문제를 풀었는지 모르는 답답한 학생들도 있습니다.

채점은 꼭 자신이 하세요. 채점하는 과정에서 자주 틀리는 문제 유형을 분석할 수 있고, 풀이 결과가 좋은 단원과 나쁜 단원을 구별하여 어떤 단원을 집중적으로 공부를 해야 하는지 알 수 있기 때문입니다.

:: 틀린 문제에는 답을 달지 않는다

현재 틀린 문제에 답을 달지 않고 있는 학생이 있다면 앞으로 성적 향상이 기대되는 학생입니다. 문제를 다 풀고 난 후 채점하는 과정에서 틀린 문제에 대해서는 어떠한 표시도 하지 않으며 채점을 진행합니다. 채점이 다 끝난 후 풀이된 내용을 지우개로 지우고 나서 다시 한 번 풀고 채점을 합니다. 이때 채점하는 기호는 'O'가 아닌 '△'여야 합니다. 한 번에 정확히 정답이 된 문제와 두 번 풀어서 정답이 된 문제를 구별하기 위해 채점 기호를 다르게 표시합니다. 답을 맞혔으면 좋겠지만 또 오답이 될 수도 있습니다. 이런 문제는 다시 생각을 해봐도 모르는 문제이기 때문에 채점 후 오답에 대한 해결책을 세워야 합니다.

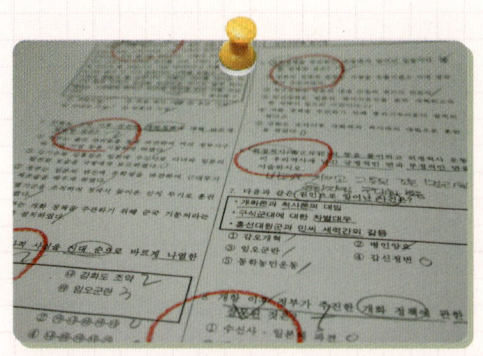

▶ 알고 있는 지식을 총동원해 문제를 풀었지만 지식을 인출하는 방향이나 문제 의도를 제대로 파악하지 못했거나 알지 못해서 오답이 생길 수 있습니다. 이런 경우 그 문제는 채점하지 마세요.

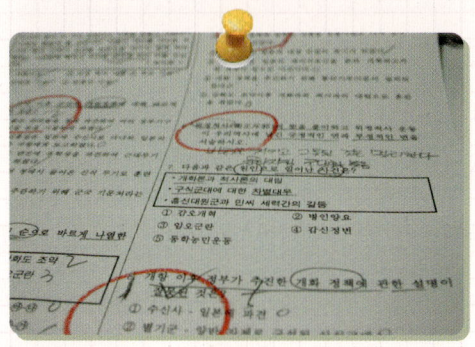

▶ 전 문항의 채점을 마친 후 틀린 문제 풀이의 흔적을 깨끗하게 지우세요. 처음과 같은 상태로 돌아가 갖고 있던 지식을 다시 한 번 끌어올리려는 것입니다. 지우개로 지운 후에 문제를 다시 푸세요.

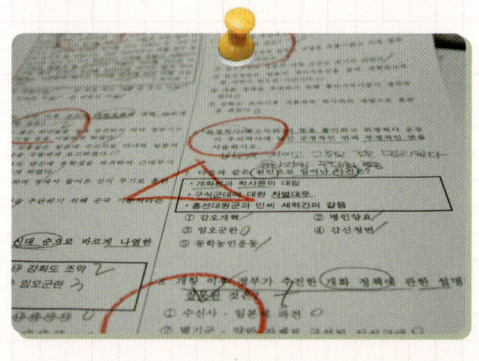

▶ 다시 풀어서 정답이 되면 '△'로 표시합니다. 한 번에 정답이 된 문제들과 다르게 표시하면, 다음 단원의 문제 풀기 전이나 시험 전에 더 주의를 기울여서 확인할 수 있는 기호가 됩니다.

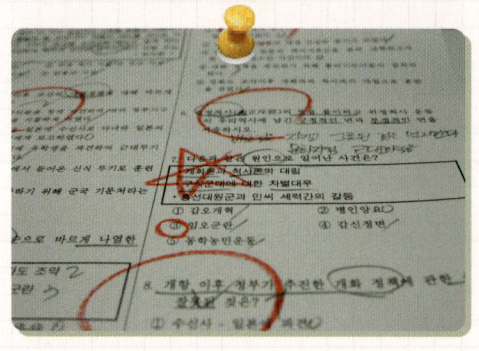

▶ 다시 풀었지만 또다시 오답이 되었습니다. 이는 기본적인 지식이 부족해서 틀리는 경우가 대부분이므로 오답에 대한 해결책을 세우세요.

:: 수학에서 틀린 문제는 적어도 3일까지는 기다려라

수학에서는 다른 과목과 달리 한 번의 생각 차이로 문제를 틀릴 경우가 많습니다. 아침에 풀리지 않던 문제가 저녁에는 풀리는 경우도 있고, 오늘 풀리지 않던 문제가 내일은 풀리는 경우도 있습니다. 이러한 경험은 여러분도 많이 해봤을 것입니다. 그러므로 한 번 풀어보고 틀렸다고 해서 바로 해설을 보거나 질문하지 마세요. 해설을 보거나 질문하지 않는 이유는 생각하는 능력과 응용력을 키우기 위해서입니다. 다른 문제들을 푸는 과정에서 틀린 문제를 풀 수 있는 힌트나 실력을 키울 수도 있고, 다른 개념을 알아가면서 또 다른 개념과 접목해 틀린 문제를 해결할 수 있는 능력이 생길 수도 있기 때문입니다.

오답이 된 문제의 대부분은 이러한 과정을 통해서 3일 이내에 풀리게 됩니다. 3일 동안이나 고민하고 또 고민했는데도 풀리지 않는다면 그때는 해설을 참고하거나 질문을 통해 해결합니다. 오랫동안 고민한 끝에 해결한 문제는 머릿속에 확실히 기억돼 이러한 유형의 문제가 또 출제되더라도 오답이 될 확률이 적어집니다.

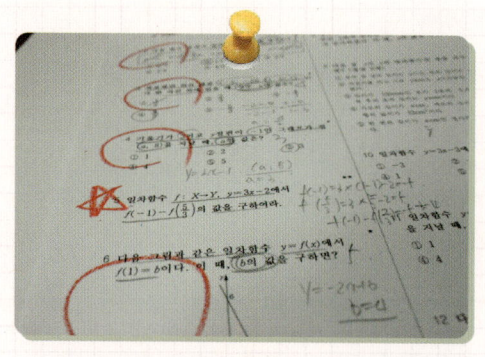

▶ 틀린 문제를 지우고 다시 풀었지만, 오답이 되었다면, 아쉽지만 '☆'를 남겨두고 편안한 마음으로 다른 문제를 푸세요. 한 번 풀어보고 채점한 뒤 바로 해설을 볼 수도 있지만, 이는 수학적 사고력의 향상을 가져올 수 없기 때문입니다.

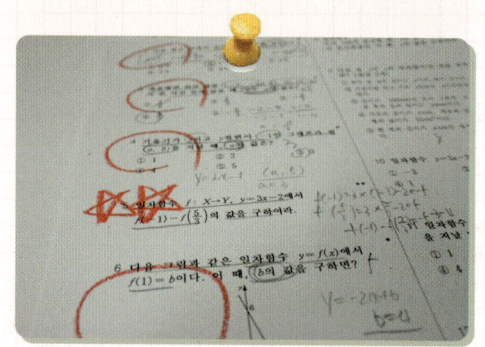

▶ 시간이 지나 또다시 풀었지만 다시 오답이 되었습니다. 실망하거나 자책하지 말고 '☆☆'로 표시하고 다른 문제에 더 집중합니다.

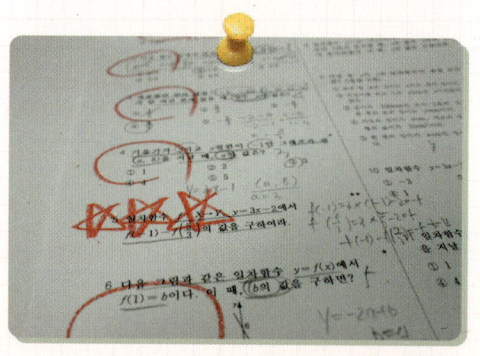

▶ 별표 두 개가 있는 상황에서 다른 문제들을 통해 응용력이 향상됐을 거라고 생각하고 문제를 풀었지만 또다시 오답이 될 경우 역시 '☆☆☆'로 표시하고 편안한 마음으로 다른 공부를 하세요.

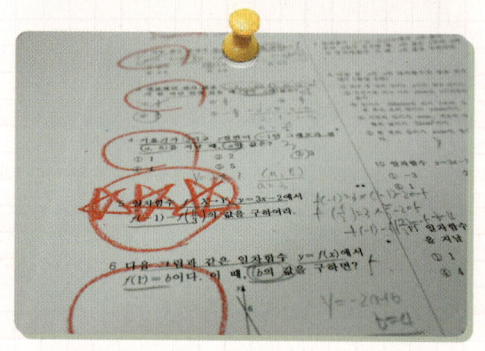

▶ 별표 세 개까지 된 상황에서 '마지막이다'라는 생각으로 풀어서 정답이 되었다면 사진과 같이 표시합니다. 이때의 기분은 정말 좋습니다. 그래도 틀린 경우에는 더 이상의 시간을 기다리지 말고 해설과 질문을 통해 해결합니다.

:: 오답이 많을 경우 문제를 그만 푼다

"같거나 비슷한 문제가 나올 거야."

"문제를 풀면서 공부하면 되지, 복잡하게 공부할 게 뭐 있어?"

"초등학교 때는 문제만 풀어도 성적이 좋았는데……."

문제 풀이 한 것을 공부한 거라고 착각하는 학생들이 많습니다. 이런 잘못된 생각과 습관은 초등학교 시절에 본능적으로 길들여진 것입니다. 평상시에는 학원만 다니면서 생활하다 시험 기간 2주 전 또는 1주 전에 총정리 문제만 열심히 풀었을 것입니다. 그래도 성적이 좋았기 때문에 중·고등학교 시절에도 그럴 것이라고 생각하면서 기출 문제나 예상 문제집만을 가지고 공부하지만 중·고등학교 성적은 형편없을 것입니다.

개념도, 내용도 알지 못하는 문제 풀이는 풀이 속도도 늦을뿐더러 자신이 알지 못하는 내용이 자꾸 출제되니 문제 풀이 자체가 힘들고, 지루하고, 지겨워집니다. 사실 문제만 푸는 학생들은 공부 시간을 오래 갖지 못하고 금방 지쳐버립니다.

단호하게 결정해야 합니다. 문제를 풀었는데 10개 중 5개 이상 틀렸다면 더 이상의 문제를 푸는 것은 아무런 의미가 없습니다. 당장 문제 풀이를 그만두고 그 단원에 대해 집중적으로 공부를 한 후 문제를 풀어야 합니다.

"아픈 곳이 있는데 치료하지 않고 방치하면 나중에는 몸 전체가 망가지게 된다."

4 : 100문제 푸는 것보다 오답 1문제가 낫다

어떤 사람은 '오답 노트를 작성하지 말아야 한다.'고 하기도 하고, 또 어떤 사람은 '오답 노트를 작성해야 한다.'고 이야기합니다. 하지만 대부분의 선생님들과 학생들은 오답 노트를 작성해야 한다고 생각합니다.

오답 노트를 작성하는 이유는 문제 풀이 과정에서 오답이 된 문제를 붙이거나 작성하면 자신이 왜 틀렸는지 점검하는 시간을 가질 수 있고, 출제 난이도 이상의 보충 설명을 추가로 작성해 변별력 있는 문제까지도 해결할 수 있는 능력을 키울 수 있기 때문입니다. 그리고 틀린 문제를 한곳에 모아두었기 때문에 언제든지 쉽게 오답이 된 문제 유형을 반복하여 학습할 수 있습니다.

좋은 장점을 가지고 있는 오답 노트이기는 하지만 모든 과목에 대해 오답 노트를 작성한다는 것은, 어쩌면 시간적인 손해를 볼 수 있습니다. 자신이 오답 노트를 정리해야 할 과목과 그렇지 않을 과목을 구분해야 합니다.

:: 수학과 과학(물리 또는 화학)은 오답 노트를 만든다

수학이나 과학(물리·화학)은 문제풀이 후 오답이 된 문제를 분석하여 정리하는 것이 좋습니다. 생각 없이 노트에 정리하는 것이 아니라 개념과 지식이 부족했는지, 사고 과정이 잘못되었는지 아니면 단순한 풀이 실수였는지를 구분하며 노트에 기록합니다. 개념과 지식을 잘못 알았거나 완전히 이해·기억하지 못해서 틀린 문제는 오답 내용과 함께 보충 설명을 같이 정리하도록 하며, 사고 과정에서 틀린 문제는 새롭게 재정립하지 않게 되면 또다시 틀리게 되므로, 틀린 문제나 중요한 문제는 오답 노트를 만들어 반복 학습을 해야 합니다.

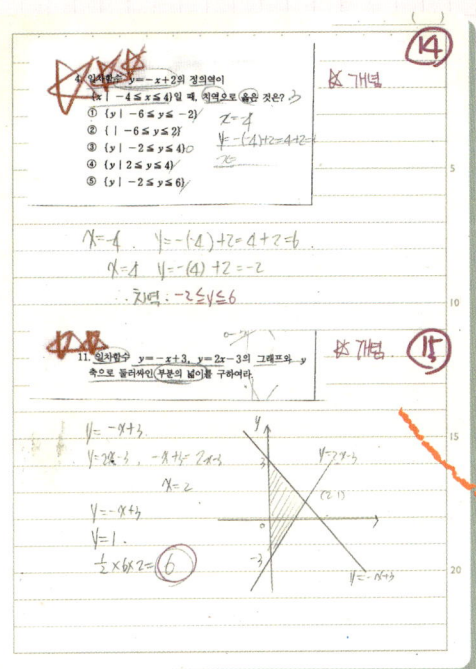

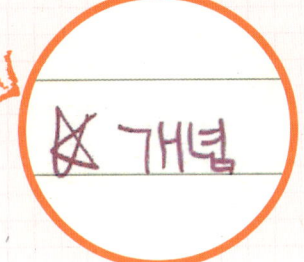

▶ 시중에 팔고 있는 오답 노트가 아니어도 괜찮습니다. 예쁘고 비싼 노트가 중요한 것이 아니라 약점 개념, 약점 문제, 약점 습관을 해결할 수 있도록 주의해야 할 부분을 잘 기록하는 것이 더욱 중요합니다.

▶ 시간을 두고 문제를 해결하려고 했지만 별표가 세 개가 되도록 해결하지 못한 원인이 개념 부족에 있었다고 생각하고, 문제 옆에 '개념'이라고 적고 오답 정리를 하였습니다.

▶ 자신이 틀린 문제에 대해 다시는 틀리지 않겠다는 각오로 작성한 오답 노트입니다. 문제도 직접 적고 도형까지 깔끔하게 정리했으며, Key Point를 추가하여 비슷한 유형 문제는 얼마든지 해결할 수 있도록 작성하였습니다.

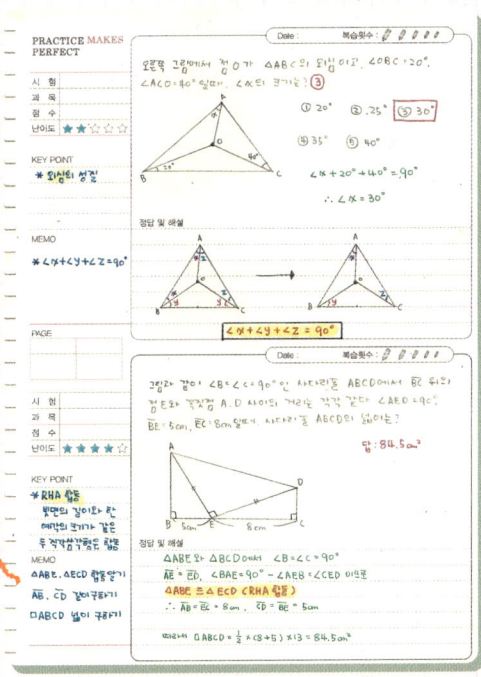

:: **오답 색칠법으로 부족한 부분을 채운다**

수학과 과학(물리·화학)을 제외한 나머지 모든 과목에 대해서는 '오답 색칠법'을 활용해 보세요. '오답 색칠법'이란 틀린 문제를 색칠하는 것이 아니라 '오답이 된 문제에 대한 내용이 있는 곳을 다시 한 번 읽으면서 색칠을 하는 방법'입니다. 채점 후 왜 틀렸는지, 무엇 때문에 틀렸는지, 무엇을 몰라서 틀렸는지를 확인하기 위해 가장 중점(교과서·노트·참고서 등)을 두고 공부한 내용을 확인하는 것입니다. 확인하면서 그냥 읽고 끝나는 것이 아니라 그 부분 전체를 색연필을 사용하여 색칠하는 방법입니다. 이렇게 색칠한 부분은 틀린 부분이었다는 표시이기 때문에 반복 학습을 하거나 시험 직전에 이 부분만 확인해도 성적 향상을 이끌어 낼 수 있습니다.

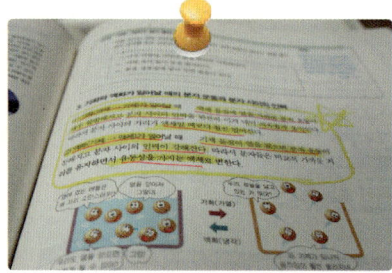

▶ 가장 중점을 두고 학습했던 내용을 확인하면서 그 부분 전체를 자신이 정한 색으로 색칠합니다. 반복 학습을 할 때와 시험 시작 전 시간이 없을 때 색칠한 부분만 확인해도 됩니다.

:: **포스트잇을 붙여 내용을 보충하자**

따로 정리하기도 싫고 색칠하기도 싫을 경우 포스트잇을 붙여 추가적인 내용을 적습니다. 문제집이나 문제의 빈 공간에 붙이기 때문에 정확한 문제의 내용을 확인할 수 있어 좋지만, 오답 노트를 따로 작성하지 않았기 때문에 시험 전 문제집의 전체 내용을 보아야 한다는 단점이 있습니다.

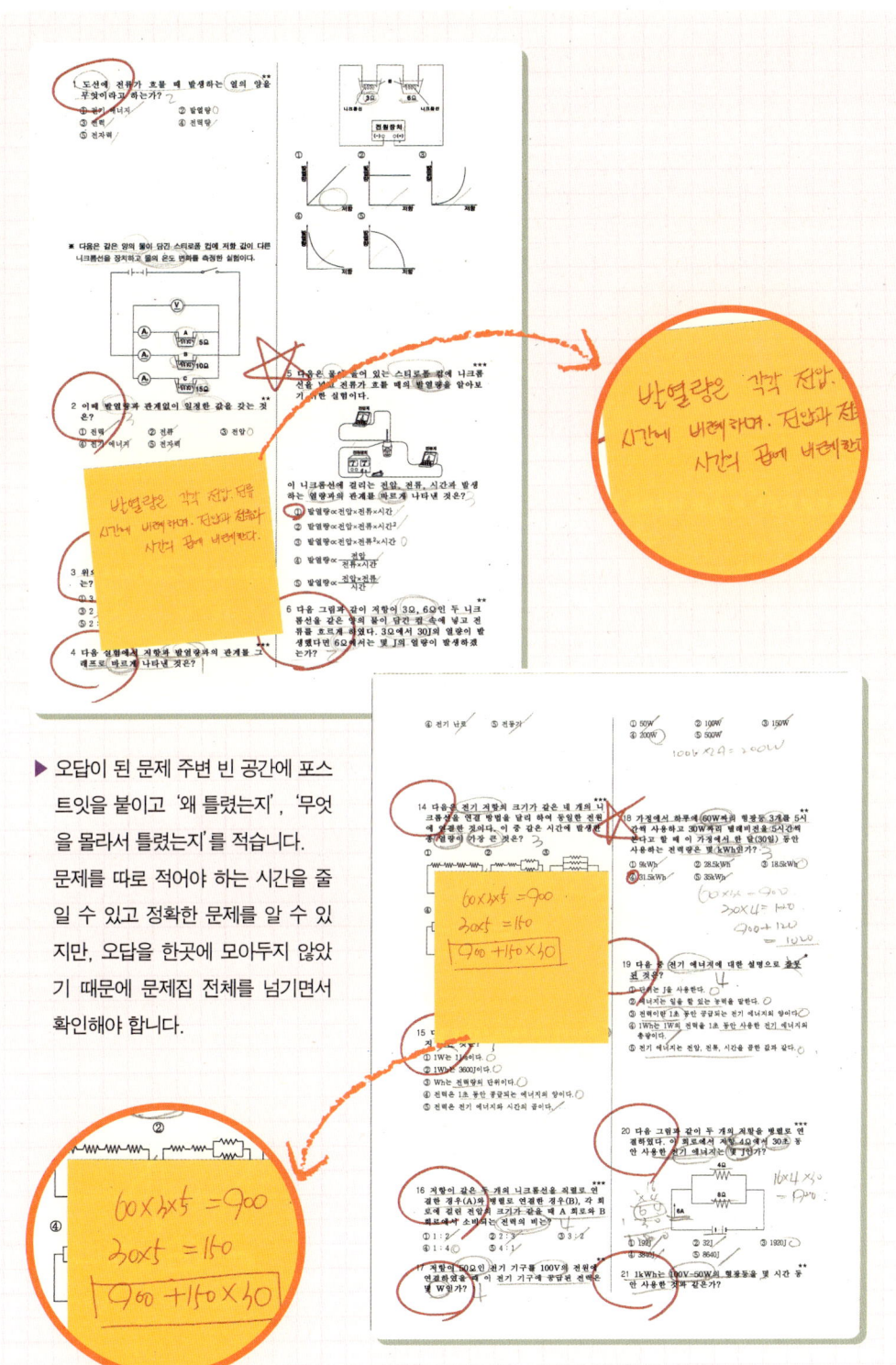

▶ 오답이 된 문제 주변 빈 공간에 포스트잇을 붙이고 '왜 틀렸는지', '무엇을 몰라서 틀렸는지'를 적습니다.
문제를 따로 적어야 하는 시간을 줄일 수 있고 정확한 문제를 알 수 있지만, 오답을 한곳에 모아두지 않았기 때문에 문제집 전체를 넘기면서 확인해야 합니다.

STEP 9

시험 작전을 실행하다

자메이카의 육상 선수 '우사인 볼트'는 지구상에 존재하는 인간 중에서 가장 빠른 사람입니다. 그가 100m를 달리는 과정에서 가장 빠른 구간은 출발하는 시점이 아닌 60~80m 구간이며, 80m를 넘어서는 시점에서는 100m를 달린다는 생각이 아닌 110m 이상을 달린다는 생각으로 감속률을 적게 하여 마지막까지 스피드를 유지하면서 전력 질주를 합니다.

시험 기간에 하는 공부도 100m 달리기와 비슷합니다.

예·복습은 공부의 가속도를 높여주기 위한 것이며, 전력 질주를 할 수 있는 능력을 만들어 줍니다. 110m를 달린다는 생각은 시험 출제 난이도 이상을 공부해서 변별력 있는 문제를 해결할 수 있도록 실력을 키운다는 것입니다.

TV를 통해 100m 달리기 경기를 시청하다 보면, 처음 등수는 비슷비슷하지만 60m를 넘어서면서 등수가 갈리게 됩니다. 예·복습을 꾸준히 진행하다가 가속도가 붙는 전력 질주 구간에서 어떻게 공부하느냐에 따라 여러분의 시험 성적이 결정된다는 것입니다. 이러한 시험 가속도 구간을 효과적으로 활용하기 위해 '시험 계획표'를 작성하는 것입니다.

'적을 알고 나를 알면 백전백승'이라는 말이 있듯이, 나의 능력을 알고, 선생님의 출제 경향을 분석하여 이에 대비할 수 있는 시험 계획을 세운다면 아무리 어려운 시험이라도 기대 이상의 성적을 거둘 수 있습니다.

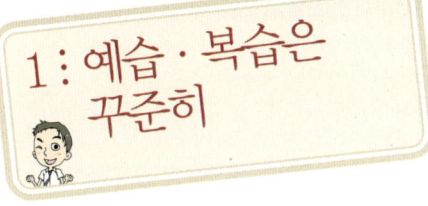

1 : 예습·복습은 꾸준히

평상시 예·복습을 꾸준히 진행해 온 학생이더라도 시험 기간이 되면 예·복습을 중단하고 시험 공부에만 매달리는 경우가 많습니다. 하지만 이는 하나는 알고 둘은 모르는 정말 좋지 못한 공부 방법입니다.

"오늘의 수업 내용도 시험 범위이고, 복습 역시 시험 공부이다."

오늘 수업한 내용이 다음 시험에 해당하는 내용입니까?

아닙니다. 오늘 수업 역시 시험 범위에 해당하는 내용이므로, 복습 역시 시험 공부에 해당합니다. 수업을 듣는 당일이 가장 이해와 기억이 잘되는 시점이라는 사실을 잊지 말아야 합니다.

급한 마음에서 오늘 할 복습을 무시하고 다른 과목의 시험 준비에 많은 시간을 보낸다면, 오늘 수업 내용은 복습을 하지 못해서 시험 공부를 할 때는 더 많은 시간 동안 어렵게 공부해야 할 것입니다.

2 : 국·영·수가 먼저다

국어와 영어, 수학을 언제 마무리 짓는가에 따라 시험 결과가 결정됩니다. 시험 4일 전에 수학 과목을 집중적으로 공부한다고 3시간 동안 수학 학원에서 시간을 보냈다면, 과연 시험 결과가 좋을까요? 물론 수학 성적은 좋을 수 있지만, 다른 과목 성적은 자신이 생각했던 목표에 미치지 못할 것입니다.

학원과 과외를 다니는 학생이라면 영어와 수학은 거의 매일 또는 주 2일은 공부하고 있을 것입니다. 자기 스스로 학습하는 학생들도 매일 일정 시간 영어와 수학에 많은 시간을 투자하고 있을 것입니다. 시험 기간이 아닐 때도 이들 과목 공부에 많은 시간을 투자하는 이유는 가장 중요한 과목이라는 것도 있지만, 중요한 과목을 빨리 끝내고 다른 과목에 더 많은 시간을 배분하기 위해서입니다.

최소한 아무리 늦어도 시험 1주일 전까지는 국어·영어·수학의 공부는 마무리해 놓고 있어야 합니다. 학원과 과외를 다니는 학생이라면 국·영·수는 일주일 전까지 끝내달라고 선생님께 부탁을 하고, 인터넷 강의를 통해 학습하는 학생이라면 최소 1주일 전까지 강의 내용이 마무리될 수 있도록 계획을 잡아 실천해야 합니다.

3 : 자신 없는 과목 챙기기

대부분의 학생들은 자신이 좋아하는 과목에 시간을 많이 투자하고 부족한 과목일수록 늦게 준비합니다. 이렇게 되면 부족한 과목은 문제 풀이 위주로 시험을 준비하게 될 가능성이 높고, 제대로 준비하지 못한 상태에서 시험을 보게 되어 좋지 못한 결과를 가져오게 됩니다. 처음 계획을 세울 때 내가 부족한 과목이 무엇인지 확실하게 파악한 다음 이를 채울 수 있도록 충분한 시간을 확보해야 합니다.

4 : 출제 경향 알아보기

시험범위가 많다면 보편적인 내용이 시험 문제로 나올 가능성이 높습니다. 범위가 많기 때문에 학생들이 반드시 알아야 할 문제만으로도 충분하기 때문입니다. 반대로 시험 범위가 적다면 시험 문제는 아주 어려워질 가능성이 높습니다. 적은 범위에서 많은 내용을 출제하다 보니 상세한 내용까지 다룰 가능성이 높은 것입니다.

5 : 구체적으로 계획하기

사회 과목의 '민주시민의 생활'에 대한 내용을 공부하기로 했다면, 교과서 어디서부터 어디까지이고, 어떤 내용을 중심으로 공부하고, 관련된 문제집의 문제는 어디서부터 어디까지 풀 것인지 구체적으로 계획합니다. 만약에 '사회 2시간' 이렇게 계획을 세웠다면, 목표한 시간 동안 사회 공부를 마치지 못할 경우 계획 전체가 흔들리거나 무산될 수 있기 때문입니다.

"오늘 계획한 공부가 끝나기 전에는 잠도 미루라."는 말이 있습니다. 평상시에는 계획한 공부를 마치지 못했다면 주말을 이용하여 보충할 수 있지만, 시험 기간에는 주말에도 공부 계획으로 가득하기 때문에 반드시 그날 할 공부는 그날 마칠 수 있어야 계획이 흔들림 없이 진행될 수 있습니다.

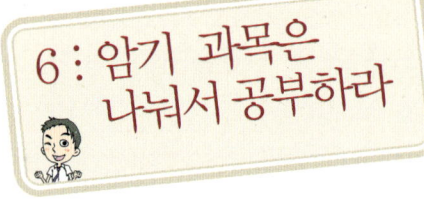

6 : 암기 과목은 나눠서 공부하라

기억해야 할 내용이 많을 경우 한 번에 기억하려고 하지 말고 분산 반복할 수 있도록 계획을 설정합니다.

이번 기말 시험에서 한문의 시험 범위가 1강에서 12강이라면, 많은 범위의 암기는 한두 번의 계획으로 해결할 수 없습니다. 어렵고 힘들 뿐만 아니라 다른 과목의 공부 시간마저 뺏겨버리게 됩니다.

절대적으로 암기가 많은 내용은 나눠서 기억하세요. 4주 계획표를 작성한다면 12강의 내용을 한 주에 3강 정도 계획하면 됩니다. 3강 정도의 학습 분량은 적절하게 시간을 활용하면 어려운 내용을 쉽게 학습할 수 있게 됩니다.

7 : 시험 일정과 반대로 계획 잡기

시험 계획표를 작성할 경우, 시험 전 2~3일 칸은 비워둡니다. 중간고사라면 시험 보기 2일전, 기말 고사라면 시험 보기 3일 전을 비워둡니다. 시험 일정이 발표되었다면 시험 일수와는 반대로 공부 계획을 잡습니다.

다음은 어느 한 중학교의 지필 평가 계획입니다.

가 : 일시 : 2010. 4. 8(목)~4.9(금)　　나 : 과목별 시간표

	1	2	3	4
4. 8(목)	영어	과학	기술 · 가정	
4. 9(금)	사회	국어	수학	도덕

D-4	D-3	D-2	D-1	시험 첫날	시험 둘째 날
		사회	영어	영어	사회
		국어	과학	과학	국어
		수학	기술·가정	기술·가정	수학
		도덕			도덕

시험 2일 전 계획

시험 보기 2일 전에 과목별로 학습의 중심을 잡아주고, 밀도 있는 학습을 진행함으로써 전체적인 학습의 마무리가 잘될 수 있도록 이끌어줍니다.

하루를 시험 계획에 투자하면 3주 또는 4주의
시간을 효과적으로 보낼 수 있게 된다.

시험 계획표를 만들어 볼까요?

:: 시험 준비를 잘하기 위한 4주 동안의 계획표를 만들어 보세요. 대략의 시험 준비 과정에 대한 계획이며, 세부적인 사항은 일일 계획표에 작성합니다.

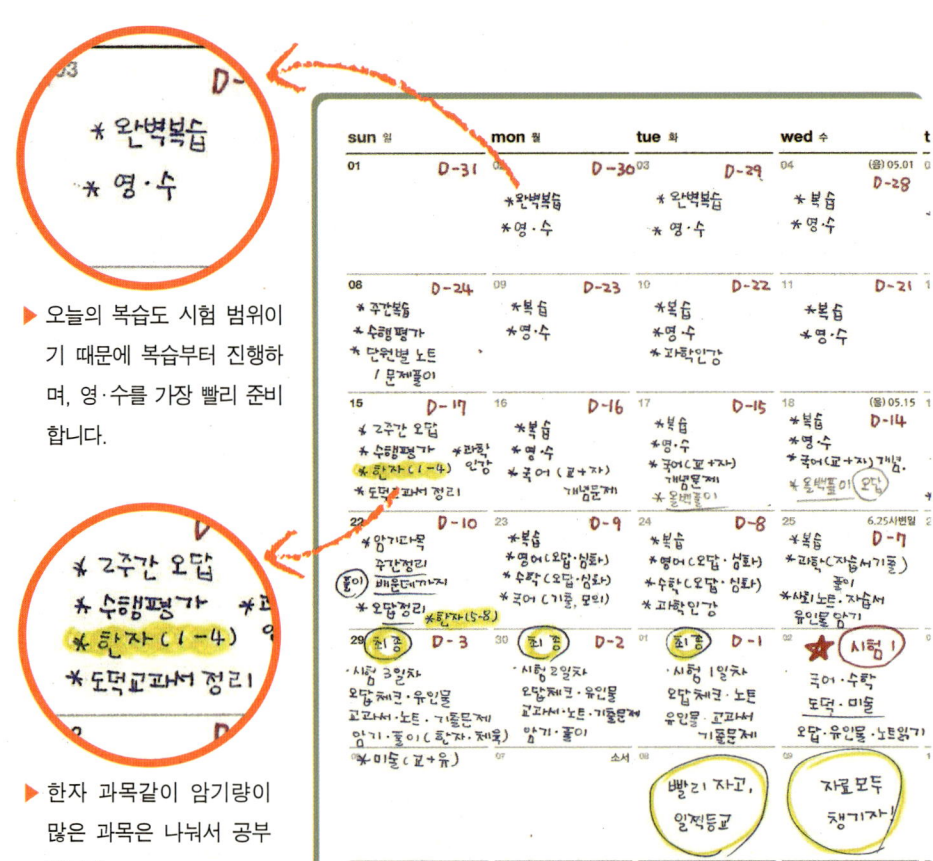

▶ 오늘의 복습도 시험 범위이기 때문에 복습부터 진행하며, 영·수를 가장 빨리 준비합니다.

▶ 한자 과목같이 암기량이 많은 과목은 나눠서 공부합니다.

▶ 시험 계획표이지만 매일 복습을 원칙으로 합니다. 오늘 배운 내용 역시 시험 범위이기 때문입니다.

▶ 시험 초반과 중반은 영어, 수학, 국어에 집중합니다. 시험 1주일 전까지 세 과목을 먼저 끝내고 다른 과목은 시험 전 1주일에 집중 공부합니다.

▶ 주말에는 시간적 여유가 있기 때문에 한 주간의 암기 과목과 심화 학습을 합니다.
단, 암기 과목의 복습과 반복 학습은 수업이 진행된 단원까지 완벽하게 공부합니다.

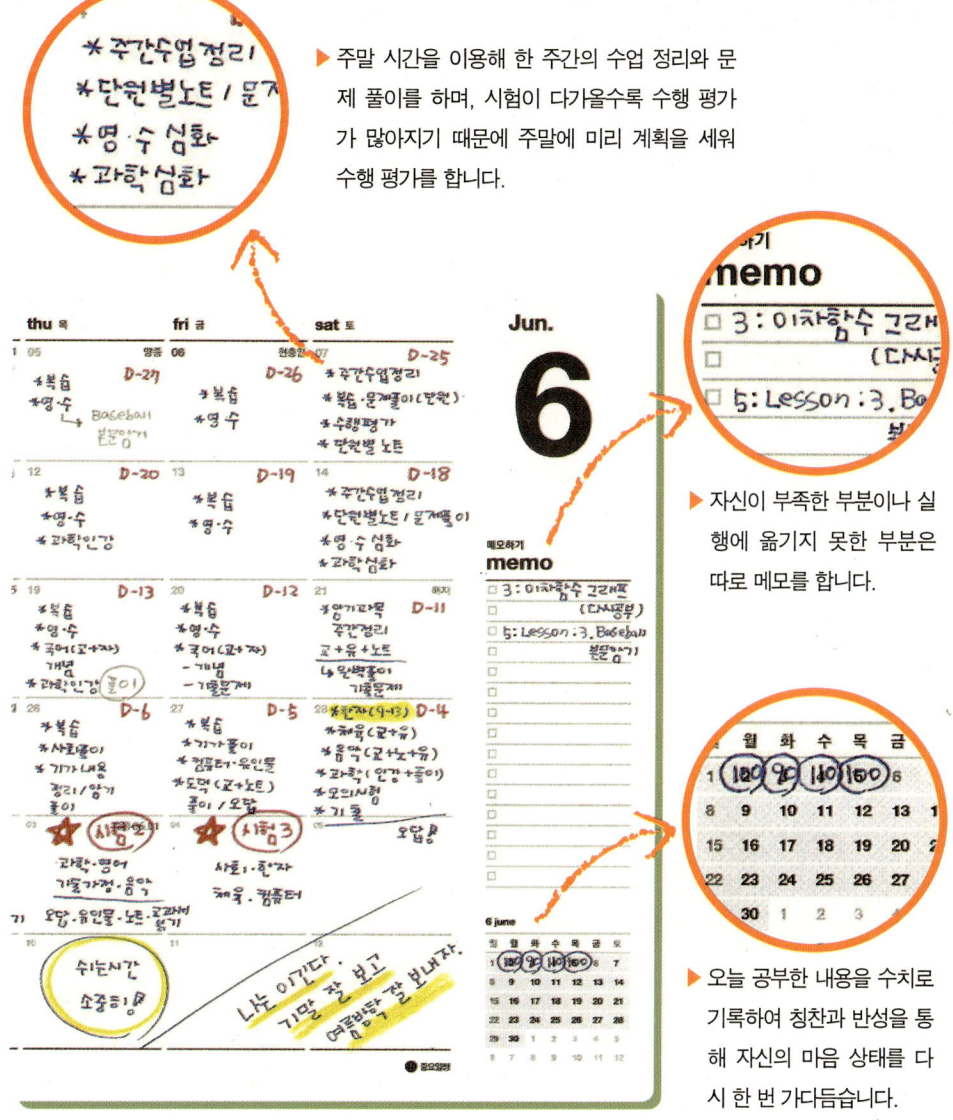

▶ 주말 시간을 이용해 한 주의 수업 정리와 문제 풀이를 하며, 시험이 다가올수록 수행 평가가 많아지기 때문에 주말에 미리 계획을 세워 수행 평가를 합니다.

▶ 자신이 부족한 부분이나 실행에 옮기지 못한 부분은 따로 메모를 합니다.

▶ 오늘 공부한 내용을 수치로 기록하여 칭찬과 반성을 통해 자신의 마음 상태를 다시 한 번 가다듬습니다.

▶ 자신이 취약하다고 생각하는 과목인 과학은 틈틈이 인터넷 강의 시청을 계획에 포함시켰습니다.

▶ 예체능 과목은 선생님의 유인물이 시험에 임박했을 때 나오기 때문에 마지막 1주일에 공부 계획을 작성했습니다.

▶ 시험 보기 3일 전부터는 시험 일정과 역순으로 과목에 대한 공부 계획을 세웁니다.

▶ 마지막으로 계획표 여백에 이번 시험의 각오를 적습니다.

시험 보기

매년 수능시험 날 갑자기 몸이 아파서 시험을 보지 못했거나, 병원에서 시험을 보았다는 뉴스를 접하게 됩니다. 고등학교 3년 내내 준비한 시험인데 다양한 이유로 시험을 보지 못했다면 자신이 노력한 만큼 좋은 결과를 맺지 못하고, 또다시 1년이라는 시간을 허비해야 하는 결과를 초래할 것입니다.

여러분의 시험도 마찬가지입니다. 많은 기간 동안 최선을 다해 준비한 시험이 당일의 생각과 행동에 따라 성적이 결정됩니다.

1 : 필요한 자료는 모두 챙기기

시험을 보기 전 갑자기 '그 책이나 자료가 있었으면 좋겠다.' 또는 '그 부분은 다시 한 번 봐야 하는데'라는 생각이 들 때가 있습니다. 자신이 공부한 내용을 쭉 한 번 훑어보면서 기억을 되살리고, 더 좋은 기억을 만들기 위해서는 오늘 시험 보는 과목의 공부했던 모든 자료를 챙기는 게 좋습니다.

교과서부터 시작하여 지금까지 풀었던 모든 문제집, 선생님의 유인물, 노트,

오답 노트 등을 하나도 빠짐없이 모두 챙겨서 학교에 등교합니다. '친구들이 공부한 내용을 보면 되지', '내 머릿속에 모든 것이 다 들어 있다.'라는 생각은 버리고 반드시 챙기세요.

2 : 일찍 학교 가기

시험을 보는 당일은 평소보다 일찍 일어나서 20~30분 정도 일찍 등교하도록 합니다. 일찍 등교를 하게 되면 우선 마음을 편안하게 유지할 수 있을 뿐만 아니라, 친구들과 시험에 대한 정보도 교환할 수 있습니다. 그리고 무엇보다도 중요한 것은 시험 전의 집중력과 공부의 질이 지금까지 공부했던 어느 시간보다 높게 나타납니다. 이런 시간을 좀 더 효과적으로 활용하기 위해서 평상시보다 빨리 등교하는 것이 좋습니다.

3 : 자신감 갖기

많은 운동선수들이 시합 전에 긴장을 하면 자신이 노력한 만큼 성적을 올리지 못한다고 합니다. 약간의 긴장은 집중력을 향상시켜 주지만, 긴장이 불안감으로 바뀌기 시작하면 문제를 정확하게 인지하지 못할 수도 있으며 판단의 실수를 가져올 수도 있습니다.

모든 것은 마음에서부터 시작해야 합니다. '나는 오늘 시험을 잘 볼 수 있을 거야!', '내가 공부했던 내용이 바로 문제일 거야!', '끝까지 최선을 다해 부모님을 기쁘게 해드려야지!' 와 같은 긍정적인 생각으로 시험에 임하세요.

자신 있다!

4 : 쉬는 시간 이용하기

시험 때는 쉬는 시간을 잘 활용해야 합니다. 많은 학생들이 시험을 보고 나서 쉬는 시간에 곧바로 정답을 맞추어 보는 경향이 있는데 절대로 그렇게 하지 마세요. '야! 33번의 답이 뭐지?'라고 질문을 했다면, 자신이 33번의 문제를 잘 모르기 때문에 질문을 하는 것입니다. 이런 질문의 대부분은 오답이 될 가능성이 높습니다. 자신이 정답을 맞혀서 성적이 좋으면 상관이 없지만, 만약 성적이 좋지 못했다면 다음 시험에 심리적으로 영향을 받을 수밖에 없습니다. 또 다음 시험을 보기 전의 10분은 평상시의 1시간보다 질이 높은 학습이 진행되는 시간이며, 그때 확인했던 내용들이 시험에 나올 가능성이 높습니다. 이런 시간을 잘 활용하는 사람일수록 노력한 만큼의 결과를 만들 수 있는 사람입니다.

미래를 준비하다!

남들이 지나간 시간을 생각할 때
여러분은 미래를 준비합니다.

5 : 시험 후 마무리는 필수

시험이 끝났다고 해서 모든 공부가 마무리된 것은 아닙니다. 시험이 끝나서 마음은 후련할 것이고, 시험지를 보기 싫을 수도 있지만 아직 해야 할 일이 남아 있습니다.

가장 먼저 시험에 나왔던 문제를 교과서나 노트에 표시합니다. 이를 통해 선생님의 출제 경향을 분석할 수 있으며, 만약에 틀린 문제라면 자신의 시험 준비 과정을 점검할 수 있는 계기가 될 것입니다. 다음으로 틀린 문제에 대해서는 오답 노트를 작성합니다. 이 과정을 통해 '다음 시험은 어떻게 준비해야겠다.'라는 계획과 목표가 형성됩니다. 그리고 마지막으로 시험지를 파일에 보관해 두기를 바랍니다. 시험을 보고 나서 휴지통에 버리거나 가방에 구겨서 넣고 다니면 잃어버리기도 하는데 절대로 그러지 마세요. 시험지는 그 어떠한 문제집보다도 중요한 내용들로 가득하기 때문입니다.

THEME 2

야무지게
기억하기

기억 잘하기!

기억은 학습을 하는 데 있어서 절대적으로 필요합니다. 그런데 그 기억이 이해가 동반되지 않는다면 아무 의미가 없습니다. 무의미한 기억, 이해가 되지 않은 기억은 좋은 기억이 될 수 없습니다.

1 : 이해는 기억의 첫걸음

공부를 잘하는 학생과 못하는 학생을 살펴보면 공부를 잘하는 학생은 그 대상의 학습물을 이해하려고 노력하는 반면, 공부를 못하는 학생은 이해 과정을 생략하고 바로 기억하려고 한다는 것입니다. 문제는 좋은 기억은 이해가 동반되지 않으면 안 된다는 것입니다.

중학교 2학년인 소율이는 사회 과목을 싫어하는 편입니다. 그 이유는 단순 암기를 많이 해야 하기 때문입니다. 어느 날 소율이는 초등학교 5학년인 동생이 사회 공부를 힘들게 하고 있는 모습을 보게 됩니다. 옆에서 가만히 지켜보던 소율이는 동생을 향해 "이것도 몰라? 이렇게 하면 쉽잖아."라며 동생을 윽박지릅니다.

초등학교 5학년의 사회 과목은 쉽게 기억하는데 중학교 2학년 사회 과목은 어려워하는 소율이의 문제는 무엇일까요? 분명 소율이도 초등학교 5학년 때에는 사회 과목을 힘들어했을 것입니다. 하지만 지금은 초등학교 5학년 이상의 정보와 지식을 가지고 있기 때문에 충분히 이해가 되며, 그 이해를 바탕으로 기억을 쉽게 할 수 있는 것입니다.

기억은 기존에 가지고 있던 정보와 새로운 정보를 지식의 네트워크에 연결해 안착시키는 활동입니다. 그러므로 이해가 되지 않은 무의미한 정보는 기억되지 않습니다. 좋은 기억은 절대적으로 이해 후에 시작됩니다. 이러한 사항을 전문적으로 연구한 콜린스(Collins)와 퀼리안(Quillian)은 1969년에 '위계적 망 모형'을 발표했습니다.

'위계적 망 모형'이란 사람은 어떤 지식을 기억할 때 기존의 정보와 지식이 연관을 통해서 기억을 한다는 것입니다. 기존의 정보와 지식을 연관 짓는 활동을 이해라고 하며, 기존의 정보와 지식 네트워크를 형성하는 활동을 기억이라고 합니다. 즉, 기존의 정보와 지식을 연관 지어 이해하는 과정을 무시하면 절대로 기억을 잘할 수 없다는 것입니다.

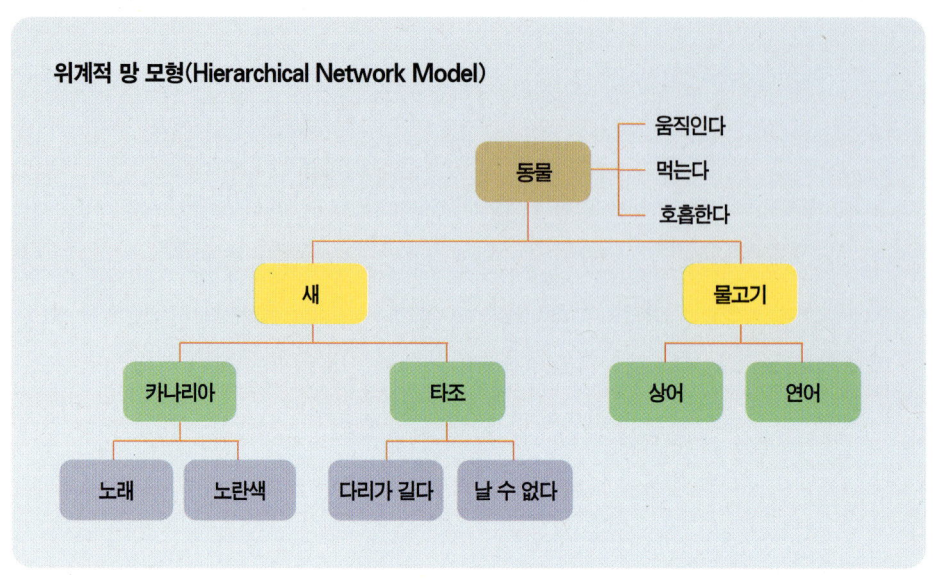

위계적 망 모형(Hierarchical Network Model)

　　공부를 잘하는 학생들, 기억력이 좋은 학생들, 공부하는 속도가 빠른 학생들 대부분은 이해를 하는 데 정보가 중요하다는 것을 본능적으로 알고 있습니다. 그래서 이해를 하기 위해서 다양한 보충 자료를 찾아보기도 하고, 선생님을 찾아가 다시 설명을 듣는 것입니다. 우리들이 틀린 문제에 대해 해설을 찾아보는 이유는 그 해설을 기억하기 위해서 보는 것은 아닐 것입니다. 해설을 통해서 문제에 대한 이해의 폭을 넓혀 다시는 그와 유사한 문제를 틀리지 않기 위해 보는 것입니다. 기억의 첫걸음은 이해를 잘하는 것, 이해를 하기 위해 노력하는 것입니다.

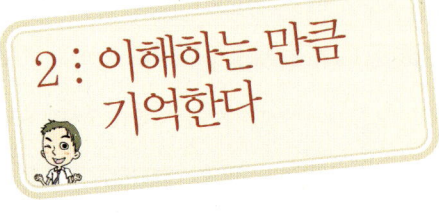

2 : 이해하는 만큼 기억한다

　　공부를 잘하는 학생과 못하는 학생이 공부하는 모습을 보면, 잘하는 학생은 진도가 빠르게 진행되는 반면 못하는 학생은 시간이 지나도 진도의 변화가 없습니다. 여러 가지 원인이 있을 수 있지만 이해를 하기 위한 활동(예습·수업·보충 자료 찾기 등)에 충실하지 않았기 때문에 기억할 대상이 너무 많다는 것입니다. 기억할 분량이 많으니 힘이 들고, 이해가 되지 않는 무의미한 정보이기 때문에 기억이 오랫동안 지속되지 않습니다. 이럴 때 아이들 대부분은 "선생님, 전 머리가 나쁜가 봐요. 금방 기억했는데 생각이 나지 않아요."라고 말합니다. 힘들게, 어렵게 기억했는데 생각이 나지 않으니 당연히 공부에 대한 의지가 떨어지거나 포기하게 됩니다.

그렇다면 공부를 잘하는 학생들은 어떨까요? 이해를 하기 위한 활동이 충분하게 진행되어 기억할 대상이 적어졌기 때문에 진도가 빠르게 진행되는 것입니다.

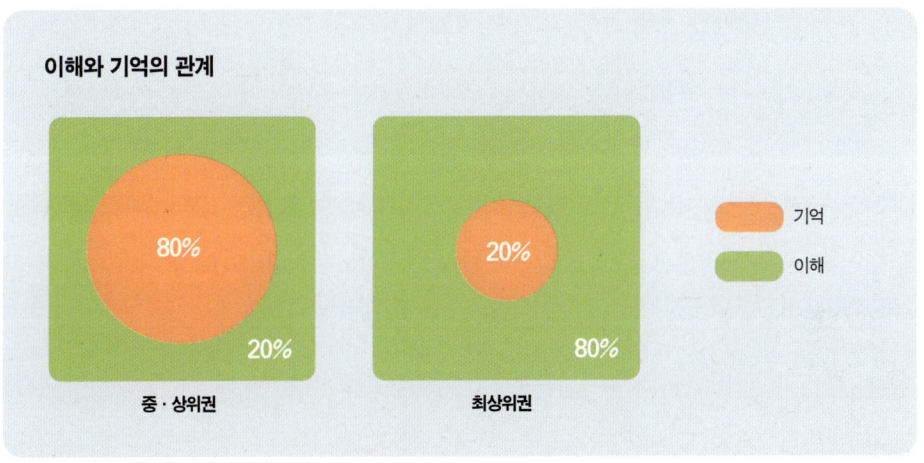

위의 그림에서 보는 것과 같이 중·상위권 학생은 20%를 이해하고, 80%를 기억하는 학습을 하고 있습니다. 문제는 이해가 충분하지 않았기 때문에 80%의 기억이 좋은 기억은 아니라는 것입니다. 반면에 최상위권 학생들은 20%를 기억하고, 80%를 이해하는 학습을 진행합니다. 80%를 이해하기 때문에 기억할 분량은 적고, 좋은 기억을 할 수 있어 학습 능률도 올라 질이 높은 학습을 진행할 수 있습니다.

서울의 어느 중학교 1학년 사회 시간입니다. 오늘의 학습 내용은 제주도의 자연환경과 생활입니다. 영수는 서울에서 성장한 학생이며, 소율이는 제주도에서 전학 온 학생입니다. 둘은 똑같은 상황에서 같은 수업을 받지만 영수는 힘들어하는 눈치이고, 소율이는 싱글벙글입니다.

위의 원인은 무엇일까요? 영수는 제주도에 가본 적이 없기 때문에 제주도에 대한 학습물이 이해가 잘되지 않는 데다가 기억해야 할 양이 많습니다. 그러나 소율이는 제주도에서 성장을 했기 때문에 대부분 내용이 이해가 되고, 기억해야 할 양도 적기 때문에 수업 내용을 빠르게 흡수할 수 있었습니다.

아래는 이런 상황을 예로 만든 그래프입니다.

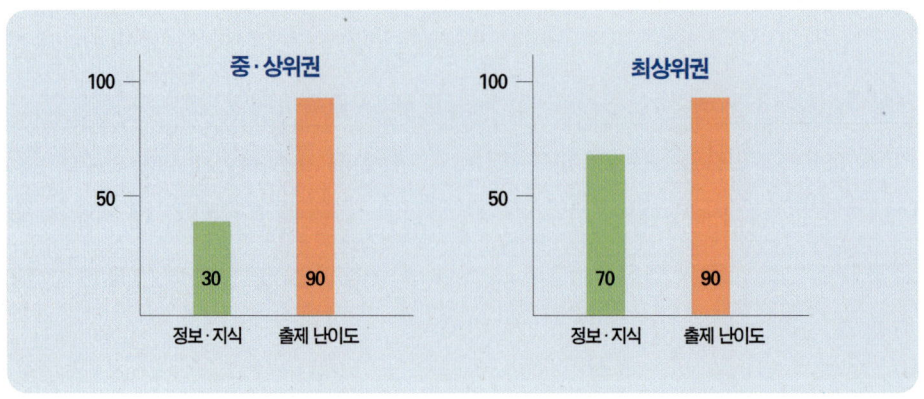

기본적인 지식과 정보가 중요합니다. 중·상위권 학생들의 기본적인 정보와 지식이 30이기 때문에 출제 난이도까지 학습을 하려면 60을 공부해야 합니다. 자신이 가지고 있는 지식과 정보의 분량을 훨씬 뛰어넘는 학습을 해야 하기 때문에 매우 힘든 기억의 과정이 진행될 것입니다. 반면에 최상위권 학생들은 기본적인 지식과 정보가 70이기 때문에 20이라는 학습을 쉽게 진행할 것이며, 인간적인 여유와 이해의 폭이 깊은 상황에서 출제 난이도 90을 넘는 120, 150을 공부하여 변별력 있는 문제까지 잡아낼 수 있는 능력을 보일 것입니다.

공부를 하는 데 있어서 가장 중요한 것은 <mark>수업 내용과 관련된 정보와 지식을 많이 쌓는 것이고</mark>, 충분한 이해를 통해 좋은 기억이 될 수 있도록 노력하는 것입니다.

4 : 분류해서 기억하기

기억 대상이 많을 때 어떤 학생은 시작과 동시에 동그라미나 밑줄을 치면서 바로 외우는 학생이 있고, 어떤 학생은 깊게 생각한 다음 기억을 시작합니다. 결과는 언제나 깊게 생각하고 기억하는 학생이 좋게 나타나게 됩니다. 그렇다면 깊게 생각하는 과정에서 어떤 현상이 진행되는 것일까요?

> 예제
>
> 콜라 삼각김밥 사이다 새우깡 물티슈 햄버거 빼빼로 손톱깎기 샌드위치 고래밥
> 공CD 치약 로션 이온음료 오렌지주스 컵라면 우유감자 스낵 샴푸 머리빗

좋은 기억을 하기 위해서는 우선 기억해야 할 대상이 되는 학습물의 개수를 줄여야 합니다. 하나씩 기억하게 되면 20개를 기억해야 하지만, 분류해서 기억하게 되면 4개로 기억할 수 있습니다.

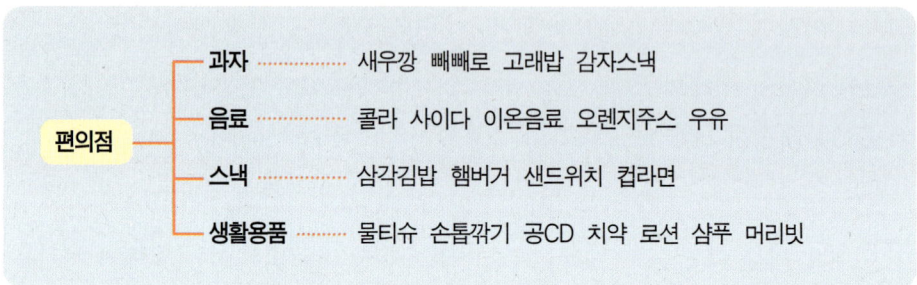

이렇게 같은 내용끼리 분류해서 기억하면 훨씬 많은 기억 분량을 쉽게 기억할 수 있는데, 대부분의 학생들은 20개의 단어를 한꺼번에 기억하려고 하기 때문에 기억을 잘할 수 없는 것입니다. 모든 학습물을 기억하기 시작할 때 어떻게 기억하면 좀 더 좋은 기억이 될 수 있을까? 고민하는 학생들은 분명 자신의 목표를 달성할 가능성이 높은 학생입니다.

STEP 2

기억법

여러분이 공부를 하거나 어떤 특정한 사항을 기억하는 기술은 수없이 많을 것입니다. 이 모든 것을 기억법이라고 할 수 있습니다. 하지만 여기서는 기억법에 대한 학문적 이론이 아니라 체계적이고 과학적인 방법으로 접근하여 학습에 직접적으로 접목할 수 있는 내용을 다루고자 합니다.

1 : 기억법이란?

도대체 기억법이 무엇일까요?

가끔 언론 매체에 등장하여 놀라운 기억 능력을 보이는 사람들이 있습니다. 이들이 놀라운 기억력을 발휘하는 것은 자신만의 독특한 기억 방법, 즉 기억법을 알고 있고 활용하기 때문입니다. 어떤 특수한 능력을 가진 사람들의 전유물처럼 생각될 수도 있지만 기억법의 정의는 기억을 하는 다양한 방법을 의미합니다.

기억을 하는 데 있어서 다양한 방법을 사용하지만, 세 가지의 조건을 충족시킬 수 있어야 좋은 기억법이라 할 수 있습니다.

첫 번째, 빨리 기억한다.

두 번째, 오랫동안 잊지 않고 기억한다.

세 번째, 필요할 때는 언제든지 정확히 회상해 낼 수 있어야 한다.

이러한 기억법을 활용한 공부를 진행한다면 질이 높은 공부를 할 수 있고, 공부를 하는 데 있어서 분명 '비밀 병기'가 될 것입니다.

2 : 기억법의 세 가지 방법

기억법을 잘 활용할 수 있는 원리는 세 가지입니다. 첫 번째는 '오토바이' 하면 '가죽 옷'이 떠오르듯이 하나의 생각이 다른 생각을 불러내는 연상이며, 두 번째는 추상적이고 기억하기 어려운 학습물을 쉬운 말로 바꾸어 기억하는 형상화(Image화), 마지막으로 기억된 정보를 회상할 수 있게 근거가 되는 인출 단서가 있습니다.

① 연상 결합

여러분은 생활하면서 많은 두뇌 연상 활동을 하고 있습니다. '화장실' 하면 변기, 화장지, 세면대 등이 떠오르듯이 자연스러운 연상이 되는 내용이 있지만, 지렁이와 야구 방망이와 같이 서로 연관성이 없는 단어들은 연상이 잘 되지 않습니다. 이렇게 연상이 잘 되지 않을 때 '지렁이가 야구 방망

이를 감고 있다.' 와 같이 강제적으로 결합하는 방법을 연상 결합이라고 합니다.

여러분이 어릴 적 기억을 회상해 보면 밋밋하거나 일상적인 내용은 잘 회상되지 않습니다. 졸업식, 상 받았던 날, 사고났던 날 등 일상적인 내용보다는 조금은 특별한 내용이 회상됩니다. 이렇게 연상 결합은 강제로 결합하는 내용이 많기 때문에 다음에 제시된 연상 결합 법칙을 적용하여 연습하도록 하고, 연습이 지속되면 나중에는 무의식 속에서도 좋은 기억을 할 수 있습니다.

연상 결합은 이렇게

:: 과장되게 결합합니다

우리가 알고 있는 사실을 지나치게 부풀려 결합하면 인상이 강하게 남아 오랫동안 기억할 수 있습니다.

슈퍼맨 : 아기

아기가 슈퍼맨을 눕혀 놓고 암바를 하고 있다. (○)

슈퍼맨과 아기가 나란히 걸어가고 있다. (×)

:: 특징을 관찰하여 결합합니다

자신이 알고 있는 모든 사물과 학습물의 특징을 살려서 결합합니다.

송곳 : 거북이

날카로운 송곳으로 딱딱한 거북이 등을 찌른다. (○)

송곳을 거북이가 물고 있다. (×)

:: 오감을 통해 느낌으로 결합합니다

오감(시각, 청각, 후각, 미각, 촉각)을 육체와 정신적인 모든 감정과 느낌을 통하여 결합합니다.

지렁이 : 손

끈적이고 미끌거리는 갈색 지렁이가 손을 감고 있다. (○)

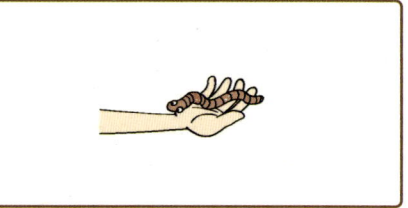

지렁이가 내 손에 있다. (×)

:: **웃기게 상상하여 결합합니다**

일상적인 이야기보다는 재미있고, 신나고, 황당한 이야기가 훨씬 기억이 잘 날 것입니다. 밋밋한 결합보다는 웃긴 결합이 기억을 강하게 만듭니다.

할아버지 : 스타킹

할아버지가 찢어진 스타킹을 신고 춤을 추고 있다. (○)　할아버지가 스타킹을 밟고 있다. (x)

:: **계속해서 움직이게 결합합니다**

연상하는 과정에서 멈춰 있는 영상보다는 움직이는 영상이 두뇌에 더 많은 자극을 주어 좋은 기억이 됩니다.

에어컨 : 아이스크림

에어컨 바람을 타고 아이스크림이 계속 흘러내리고 있다. (○)　에어컨에 아이스크림이 묻어 깨끗이 닦았다. (x)

:: **색상을 넣어 컬러로 결합합니다**

색은 두뇌에 리듬을 주어 기억을 더 선명하게 합니다. 공부를 할 때 여러 색상의 펜을 사용하는 것도 이런 이유입니다.

자동차 : 풍선

빨간색 자동차에 노란 풍선이 떨어지면서 계속 터지고 있다. (○)　자동차 안에 풍선이 가득하다. (x)

② 이미지화

기억법의 기본 원리는 연상 결합하여 기억하는 것입니다. 연상 결합을 하기 위해서는 결합하려고 하는 대상 이미지가 분명해야 하는데, 학습물의 대부분은 추상 명사입니다. 이러한 ==추상 명사를 그림이 떠오르는 상태로 바꾸거나, 기억하기 어려운 단어나 학습 내용을 우리들이 알기 쉬운 익숙한 단어로 바꾸는 과정==을 통틀어 이미지화라고 합니다. 이미지화에는 크게 유사 음법과 유사 의미법이 있습니다.

:: 유사 음법

유사 음법은 발음 소리가 비슷한 추상 명사를 형상이 있는 단어나 문장으로 바꾸는 방법입니다. 세부적인 방법으로는 단어나 문장으로 바꾸는 단어 확장법, 음을 줄여서 기억하는 단어 축약법, 첫 글자를 따서 노래에 적용하는 음률법, 첫 글자를 따서 하나의 이야기를 만드는 이야기법이 있습니다.

:: 유사 의미법

기억해야 할 어려운 학습물을 의미가 같거나, 비슷한 형상으로 바꾸어 기억하는 방법입니다. 유사 음법과 달리 유사 의미법은 지식과 경험에 따라 개인마다 달라질 수 있습니다.

- **제주도** : 돌하르방
- **평화** : 비둘기
- **사랑** : 하트
- **대한민국** : 태극기
- **이순신 장군** : 거북선

- **슬픔** : 눈물
- **아름다움** : 꽃
- **전쟁** : 총
- **여름** : 해수욕장
- **가을** : 낙엽

유사 음법 –확장법과 축약법은 이렇게

:: **단어 확장법**

발음 소리가 비슷한 음을 가지고 있는 추상 명사를 형상이 있는 단어나 문장으로 바꾸는 것으로, 본래의 음 절보다 개수가 늘어나지만 이미지는 하나입니다. 기억법에서 가장 많이 사용되는 방법입니다. 변환하는 과 정에서 한자(漢字)와 영어를 같이 사용해도 됩니다. 다만 자신에게 익숙한 단어여야 하고, 이미지화하여 연상 결합된 학습물이 본래의 학습 내용으로 반드시 회상될 수 있어야 합니다.

> :: **광개토대왕** : 미친(狂)개가 토를 한다.
>
> :: **국자감** : 국자에 감이 있다.
>
> :: **거란군** : 거대한 계란
>
> :: **옥타비아누스** : 옥탑방에 누었다.

:: **단어 축약법**

학습물을 기억하기 쉽도록 음을 줄여서 기억하는 방법입니다. 단시간에 많은 내용을 기억할 수 있어 효과 적입니다. 확실히 터득하여 완전한 내 것이 될 수 있도록 노력합니다. 축약되어 기억한 학습물이 본래의 학 습 내용으로 반드시 회상될 수 있어야 합니다. 축약된 내용은 기억이 나는데 본래 학습 내용이 회상되지 않 는다면 기억법의 의미는 없을 것입니다. 단어 축약법은 다음에 제시된 다양한 형태로 사용합니다.

> :: **태양계의 행성** : 수, 금, 지, 화, 목, 토, 천, 해
>
> :: **조선 27대 왕** : 태, 정, 태, 세, 문, 단, 세…
>
> :: **삼국 동맹의 나라는 독일, 오스트리아, 이탈리아이다** : 독, 오, 이

유사 음법 – 음률법은 이렇게

:: 기억해야 할 학습물의 첫 글자를 따서 우리들이 알고 있는 노래(동요·가요) 등의 음률에 적용하는 방법입니다.

유럽
:: **북부 유럽** : 덴마크, 노르웨이, 스웨덴, 핀란드
:: **서부 유럽** : 영국, 독일, 프랑스, 오스트리아, 스위스
:: **남부 유럽** : 에스파냐, 포르투갈, 이탈리아, 그리스
:: **동부 유럽** : 헝가리, 폴란드, 체코, 러시아

:: 각 나라의 첫 글자를 적어봅시다.

유럽
:: **북** : 덴, 노, 스, 핀
:: **서** : 영, 독, 프, 오, 스
:: **남** : 에, 포, 이, 그
:: **동** : 헝, 폴, 체, 러

:: 첫 글자의 내용과 가장 잘 어울릴 것 같은 노래를 선정해 적용합니다. 노래와 어울릴 수 있도록 글자의 위치를 변경해도 됩니다. 사람마다 적용하는 노래는 다를 수 있는데 필자는 '곰 세 마리'에 적용했습니다.

곰 세 마 리 가	한 집 에 있 어	아 빠 곰	엄 마 곰
북 덴 노 스 핀	서 영 독 프 오 스	남 에 포 이 그	동 헝 폴 체 러

▶ 17개 나라의 이름과 위치를 분류하여 기억하기란 쉬운 일이 아닙니다. 배경 지식과 경험이 충분하다면 기억의 대상이 다소 줄어들어 잘 기억할 수 있지만, 전부 기억해야 한다면 쉽지 않은 학습 내용입니다.
이럴 경우 단어 축약법의 음률법을 적절히 활용하면 효과적인 기억을 할 수 있습니다. 사고하는 과정에서 여러분의 기억은 더욱더 견고하게 될 뿐만 아니라 좋은 기억(장기 기억)이 됩니다.

유사 음법 – 이야기법은 이렇게

:: 기억해야 할 학습물의 첫 글자를 따서 하나의 이야기를 만들어 기억합니다.

● 이야기 하나

:: **먼저 학습물을 충분히 이해하세요.**

성곽의 종류

도성, 장성, 산성, 읍성, 나성, 옹성

:: **성곽 종류의 첫 글자를 적습니다.**

성, 도, 장, 산, 읍, 나, 옹

:: **자신이 생각하는 이야기와 맞게 학습물의 첫 글자의 위치를 변경하여 기억합니다.**

성이 있는 산에서 도장을 만들어 읍내에 나가 옹기그릇과 교환했다.

● 이야기 둘

:: **먼저 학습물을 충분히 이해하세요.**

식물이 자라는 데 필요한 10대 영양소

탄소, 수소, 산소, 질소, 황, 인, 칼슘, 칼륨, 마그네슘, 철

:: **영양소의 첫 글자를 적습니다.**

탄, 수, 산, 질, 황, 인, 칼, 칼륨, 마, 철

:: **자신이 생각하는 이야기와 맞게 학습물의 첫 글자의 위치를 변경하여 기억합니다.**

식물이 탄 수산시장에 질이 나쁜 황색 인간이 철로 된 칼을 들고 골륨을 마구 때린다.

▶ 이렇게 이미지화하는 과정이 '귀찮다', '힘들다', '그냥 외우면 되지'라고 생각한다면 단기 기억이 되어 나중에 다시 공부해야 할지 모릅니다. 공부는 장기 기억입니다. 처음의 기억이 중요합니다.

▶ 이미지화가 되어야 연상 결합이 됩니다. 처음부터 잘되는 사람이 있는가 반면, 힘들어하는 사람도 있을 것입니다. 이미지화라는 생각보다는 창의적인 생각으로 쉽고 재미있게 익숙한 단어로 변환하여 기억한다면 더 좋은 결과를 만들 수 있습니다.

▶ 그리고 연상 결합한 내용을 글로만 생각하지 마세요. 결합 내용을 여러분의 머릿속에 이미지로 떠올리는 과정이 중요합니다. 황당하고 엉뚱한 내용이라도 이미지로 떠올리면 좋은 기억이 될 것입니다.

③ 인출 단서

쉽게 말하면 기억하고자 하는 학습의 제목과도 같은 것입니다. 어떤 사람을 떠올리기 위해서는 이름부터 생각이 나고 세부적인 모습이 떠오르듯이, 학습물을 기억하는 데 있어서 그 학습물을 회상할 수 있는 단서가 꼭 필요합니다. 우리들이 공부를 하거나 문제를 풀 때 "어? 기억했는데, 뭐지?" 하면서 생각이 잘 나지 않는 학습물의 대부분은 인출 단서가 잘못되었기 때문입니다. 이럴 때 옆에 있던 친구가 약간의 힌트만 주어도 바로 생각이 나듯이, 기억을 하는 데 있어서 가장 중요하고 먼저 기억해야 할 대상이 인출 단서입니다.

> **제목 :** [   ]
>
> 동그란 모양의 쇠나 구멍이 뚫린 엽전을 종이나 헝겊으로 감싼 뒤 잡아매고, 그 끝을 갈래갈래 찢어서 만든다. 지금은 종이나 헝겊보다는 비닐을 많이 사용하고 있다.

위의 글이 이해가 잘되나요? 무슨 내용인지는 알겠는데, 도대체 뭘 말하는지 감이 잘 오지 않을 것입니다. 그러면 제목에 '제기'라고 적어보고 다시 한 번 읽어보세요. 느낌이 어떤가요? 훨씬 이해가 잘되고 기억이 잘될 것입니다.

공부를 할 때 반드시 알아야 할 사항은 내가 지금 어느 부분의 무엇을 공부하고 있는지를 먼저 아는 것입니다. 기억하는 과정에서 내용에 대한 기억이 반드시 우선은 아닙니다. 기억하고자 하는 학습물의 제목(인출 단서)을 먼저 기억하고, 세부적인 내용을 기억하는 것이 중요합니다.

숫자 변환 기억법

공부를 할 때 숫자는 떼려야 뗄 수 없는 관계입니다. 그러나 몇 개 정도의 숫자나 연도는 기억할 수 있지만, 많은 분량의 숫자를 기억한다는 것은 공부하는 데 부담이 될 수 있습니다. 전부 기억했다고 생각한 숫자는 어느 정도 시간이 흐르면 단어나 문장보다도 빠르게 망각되어 버립니다. 주입식으로 외우기만 했고 기억하기 힘든 숫자를 '숫자 변환 기억법'을 이용하면 쉽고 빠르게 기억할 수 있습니다.

1 : 숫자 변환 기억법 이란?

숫자 변환 기억법은 의미가 없는 숫자를 문자나 이미지로 변환하여 기억하는 방법입니다. 생활에 필요한 비밀번호, 전화번호, 어렵게 생각되는 연도나 공식 등의 숫자를 의미가 있는 단어와 이미지로 변환함으로써 오랫동안 기억할 수 있는 방법입니다.

2 : 숫자 변환 기억법의 방법

① 음 변환법

사실 음 변환법은 이미 사람들이 알고 있는 방법입니다. 의미가 없는 숫자를 자신이 알고 있는 지식과 연결하여 기억하는 방법입니다. 이미지화의 유사 음법과 같이 발음상 비슷한 음을 의미가 있는 단어나 이미지로 변환하여 기억합니다.

:: **5292(오이구이)** : 오리구이 전문점의 전화번호

:: **2482(이사팔이)** : 이삿짐센터의 전화번호

:: **5185(오일팔오)** : 주유소의 전화번호

:: **8219(팔이일구)** : 독서나 속독학원의 전화번호

여러분도 많이 변환하여 기억해 본 경험이 있을 것입니다. 기억해야 할 대상의 숫자를 발음해 보고 의미가 형성될 수 있는 단어와 조합이 가능하다면 음 변환법을 활용하여 기억해 보세요.

② 자음 변환법

생소한 방법이라고 생각될 수도 있지만 숫자를 아주 재미있게 장기 기억할 수 있는 방법으로, '0'부터 '9'를 자음 순서에 따라 단어나 이미지로 변환하여 기억하는 방법입니다.

자음 변환법은 숫자를 문자로 변환하려는 생각과 노력하는 자세가 중요합니다. 이런 과정이 지속될수록 여러분의 변환 능력은 빠르게 발전할 수 있을 것입니다. 자음 변환법을 알았다고 해서 모든 숫자를 변환하라는 것은 아닙니다. 알고 있던 기억법에 또 다른 기억법이 생긴 것이므로 공부할 때 다양하게 적용해 보세요.

숫자 변환 기억법은 이렇게!

:: 다음 표를 보고 각각의 숫자와 연계된 자음을 확인하세요.

● 자음 변환표

숫자	0	1	2	3	4	5	6	7	8	9
자음	ㅊ	ㄱ ㄲ ㅋ	ㄴ	ㄷ ㄸ ㅌ	ㅎ ㄹ	ㅁ	ㅂ ㅃ ㅍ	ㅅ ㅆ	ㅇ	ㅈ ㅉ

▶ 자음 변환표를 살펴보면 '1~9'까지는 자음 순서대로 되어 있습니다.

▶ '4' 번은 'ㄹ,ㅎ' 자음 두 개가 같이 있다는 사실을 꼭 기억하세요.

▶ '9' 번에서 'ㅈ,ㅉ,ㅊ'이 될 것 같지만 'ㅊ'은 '0'과 연계됩니다.

● 이렇게 변환이 됩니다

숫자	자음	낱말	숫자	자음	낱말
13	ㄱ, ㄷ	구두	163	ㄱ, ㅍ, ㅌ	컴퓨터
25	ㄴ, ㅁ	나무	849	ㅇ, ㄹ(ㅎ), ㅈ	오렌지
63	ㅂ, ㄷ	바다	761	ㅅ, ㅍ, ㄱ	선풍기
18	ㄱ, ㅇ	게임	930	ㅈ, ㄷ, ㅊ	자동차
74	ㅅ, ㄹ(ㅎ)	사람	971	ㅈ, ㅅ, ㄱ	정수기

▶ 조금은 복잡하다고 느낄 수 있지만 뒤쪽에 나오는 '축구선수의 장'을 기억하면 고민은 쉽게 해결됩니다.

:: 그림을 살펴보면 자음 변환표를 여러분이 기억하기 쉽도록 이미지로 상황을 표현해 놓았습니다.

자음 변환표는 기억하기 어렵지만 '축구선수의 장'은 기억하기 쉬울 것입니다.

상	① 구름	④ 허리	⑦ 산
중	② 나무	⑤ 무릎	⑧ 음료수
하	③ 돌	⑥ 발	⑨ 잔디

▶ '1번'은 구름이므로 첫 번째 자음이 'ㄱ'이기 때문에 'ㄱ, ㄲ, ㅋ'을 기억합니다.

▶ 나머지의 자음도 이와 같은 방법으로 기억하면 되지만, '4번' '허리'는 'ㅎ, ㄹ'을 구별하여 기억하세요.

숫자 변환 기억법은 이렇게 2

:: 각각의 숫자를 자음으로 변환합니다.
:: 자음을 바탕으로 형태가 있는 낱말로 변환하는 것이 가장 좋지만, 자신에게 익숙한 단어로 변환해도 됩니다.
:: 세 자리 이상의 숫자를 변환할 때는 조사(을, 를, 이, 가 등)를 활용해서 변환해도 됩니다.

194	ㄱ.ㅈ.ㄹ(ㅎ)	위만 고조선 왕이 됨.	→ 고질라를 타고 온 위만이 고조선의 왕이 됐다.
372	ㄷ.ㅅ.ㄴ	고구려 불교 전래, 태학 설치	→ 도사님이 고구려에 불교를 전래하고 태학을 설치했다.
520	ㅁ.ㄴ.ㅊ	신라, 율령 반포	→ 마늘차를 마신 신라인이 율령을 반포했다.
645	ㅂ.ㄹ(ㅎ).ㅁ	고구려, 안시성 싸움 승리	→ 보호막을 치고 고구려가 안시성에서 승리했다.
771	ㅅ.ㅅ.ㄱ	성덕대왕신종	→ 수수깡을 들고 성덕대왕신종을 친다.
828	ㅇ.ㄴ.ㅇ	장보고, 청해진 설치	→ 오누이와 장보고가 청해진을 설치했다
888	ㅇ.ㅇ.ㅇ	신라, 삼대목 편찬	→ 일요일에 신라인들이 삼대목을 편찬했다.
1009	ㄱ.ㅊ.ㅊ.ㅈ	강조의 정변	→ 고추축제의 날에 강조가 정변을 일으켰다.
1102	ㄱ.ㄱ.ㅊ.ㄴ	해동통보 주조	→ 큰 기차는 해동통보를 싣고 간다.
1145	ㄱ.ㄱ.ㄹ.ㅁ	김부식 삼국사기 편찬	→ 고기라면을 먹은 김부식이 삼국사기를 편찬했다.
1019	ㄱ.ㅊ.ㄱ.ㅈ	강감찬 귀주대첩	→ 큰 축구장에서 강감찬이 귀주대첩을 세웠다.
1860	ㄱ.ㅇ.ㅂ.ㅊ	최재우 동학 창시	→ 큰아빠 차를 타고 최재우가 동학을 창시했다.
661	ㅂ.ㅂ.ㄱ	이슬람제국, 옴미아드왕조 성립	→ 바보가 이슬람제국의 옴미아드왕조를 성립했다.
862	ㅇ.ㅂ.ㄴ	노브고로드공국 건국	→ 아빠는 노브고로드공국을 건국했다.
911	ㅈ.ㄱ.ㄱ	노르망디공국 건국	→ 짠고기를 먹고 노르망디공국을 건국했다.
1037	ㄱ.ㅊ.ㄷ.ㅅ	셀주크투르크 건국	→ 고추도사가 셀주크투르크를 건국했다.
1603	ㄱ.ㅂ.ㅊ.ㄷ	일본 에도막부 성립	→ 큰 부채를 들고 일본인이 에도막부를 성립했다.
1852	ㄱ.ㅇ.ㅁ.ㄴ	프랑스 제2제정	→ 큰어머니가 프랑스 제2제정을 이끌었다.

숫자 변환 기억법은 이렇게 3

:: 수업 시작 전 교과서를 읽어보면서 '연도' 를 미리 변환하여 교과서에 적고, 학습 내용과 연상 결합하여 기억해 보세요. 연상 결합하게 되면 오랫동안 기억할 수 있고 나중에 교과서를 다시 정독할 때 '연도' 보다는 이미지가 떠오르기 때문에 쉽게 복습할 수 있습니다.

장수왕의 업적

광개토대왕의 맏아들로 태어났으며, 어려서부터 재주가 뛰어났으며, 의지와 기개가 호탕하였다. 그리고 413년 고구려 제20대 왕으로 즉위했으며, 414년에 광개토왕비를 건립했다. (하구둑) (완고래)

장수왕은 중국의 여러 나라와 사신을 교환하며 친하게 지내려는 노력을 하였습니다. 그 중에서도 고구려와 가까운 거리에 있는 북위에 특히 많은 정성을 기울였는데, 북위가 세력을 키워 중국 북쪽을 차지하자 두 차례에 걸쳐 사신을 파견하였습니다.

또한, 466년에는 북위가 장수왕의 딸을 보내줄 것을 요구했으나 거절하여, 갈등상태에 있기도 했으나 지속적으로 우호관계를 유지합니다. (호박밭)

장수왕은 왕권을 안정시키기 위해서 427년에 국내성에서 평양성으로 수도를 옮겼습니다. 평양성은 나라를 다스리는 데에 알맞은 수도였으며, 이때부터 장수왕은 백제와 신라를 공격하여 남쪽 영토를 넓혀 나가기 시작했습니다. (하늘색)

● 장수왕의 업적에 대하여 알아보도록 합니다.

북위
중국 화북지역에 세운 북조 최초의 왕조(386~534)

, 어려서
고 413년 고 (하구둑)
를 건립했다.

하구둑에서 20대 장수왕의 취임식이 열렸다.

적으로
서 427년에 (하늘색)
를 다스리는

하늘색의 평양성

STEP 4

기초 결합법

하나의 방법만으로 다양한 형태의 학습물을 기억하는 데는 한계가 있습니다. 기억해야 할 내용도 다양하듯이 기억하는 데 쓸 '무기'가 다양할수록 공부에서 승리할 수 있습니다.

1 : 기초 결합법이란?

기초 결합법은 <mark>기억해야 할 학습 내용과 우리가 이미 알고 있는 사물에 연상 결합하는</mark> 방법입니다.

TV 프로그램에서 '기억의 신동', '기억의 달인'이 등장하여 100개의 단어를 보여주거나 불러주면 순서대로 정확히 기억해 내는 모습을 본 적이 있죠?

"어떻게 100개를 다 외울 수 있을까?", "정말 머리가 좋은 사람인가 보다." 라고 생각하는데, 대부분의 달인과 신동들은 기초 결합법을 사용합니다.

우선, 달인과 신동은 100개의 기초(사물)를 순서대로 기억하고 있습니다. 그런 다음 기억해야 할 100개의 단어를 이미 기억하고 있는 기초(사물)와 연상 결합합니다. 그리고 회상을 할 때 이미 기억하고 있던 기초(사물)를 떠올리면 그곳에 연상 결합이 된 단어가 자연스럽게 떠오르는 것입니다.

기초 결합법이 학습에 적용되는 경우는 많지 않습니다. 하지만 우뇌의 연상 능력을 높이는 데 아주 좋고, '원소 주기율표'와 같이 기억해야 할 대상이 많거나 용어나 지명 등을 기억할 때 사용할 수 있습니다.

2 : 기초 결합 방법

기초 결합법은 이미 알고 있는 장소에 기억의 개수를 파악하여 기초를 정하고 그 기초에 연상 결합하여 기억하는 방법입니다. 기억의 개수와 기초의 개수는 항상 같아야 합니다.

:: **방법**

1 | 기억해야 할 학습물과 연관성이 있는 장면이나 사물을 선정합니다.

2 | 기억해야 할 학습물의 개수를 파악하고, 선정된 사물에 학습물의 개수만큼 기초를 정합니다.

3 | 정해진 기초와 학습물을 서로 연상 결합합니다.

4 | 연상 결합 후 기억이 잘되었는지 회상합니다.

기초를 정확하고 확실하게 기억한 상태에서 기억해야 할 단어와 연상 결합이 되었다면, 언제든지 정확하게 떠올릴 수 있는 방법이 기초 결합입니다. 물론 기초 결합이 복잡하다고 느끼는 사람도 있겠지만, 여러분이 학습물을 기억할 때에는 위의 모든 과정이 두뇌 속에서 빠르게 진행되고 기억되기 때문에 오랫동안 기억을 할 수 있게 됩니다.

기초 결합법은 이렇게!

오늘 여러분은 마트에 '우유, 수박, 양말, 우산, 형광등, 쓰레기 봉투, 옥수수, 라면, 색연필'을 사러 갑니다. 9가지 정도는 기억할 수 있다면서 그냥 길을 나서는 사람들도 있을 것이고, 메모지에 기록해 가 하나하나 체크하며 구매하는 사람들도 있을 것입니다. 만약 구매할 물건이 20개나 된다면 메모해야 되겠죠?

:: **기억해야 할 내용의 개수를 파악합니다.**

우유, 수박, 양말, 우산, 형광등, 쓰레기 봉투, 옥수수, 라면, 색연필

:: **기억해야 할 내용과 연관성이 있는 장면이나 사물을 떠올립니다.**

위의 사항에서는 마트에서 장을 보는 것이기 때문에 '카트'를 떠올립니다.

:: **'카트'의 좌에서 우로, 위에서 아래로 9개의 위치를 정합니다.**
   (기억해야 할 학습 내용의 개수에 따라 달라집니다.)

❶ 동전 투입구   **❹** 손잡이   **❼** 쇠창살
❷ 열쇠   **❺** 유아용 의자   **❽** 바닥
❸ 뒷바퀴   **❻** 지지대   **❾** 앞바퀴

:: **정해진 위치에 기억해야 할 내용을 연상 결합합니다.**

- 동전 투입구 – 우유 ┅▶ 동전 투입구에서 하얀색 우유가 계속 흘러나온다.
- 열쇠 – 수박 ┅▶ 열쇠로 수박을 계속해서 찔러 자른다.
- 뒷바퀴 – 양말 ┅▶ 뒷바퀴에 빨간색 양말이 끼어 있다.
- 손잡이 – 우산 ┅▶ 손잡이 버튼을 누르자 우산이 펼쳐진다.
- 유아용 의자 – 형광등 ┅▶ 유아용 의자 주변은 안전을 위해 형광등이 비추고 있다.
- 지지대 – 쓰레기 봉투 ┅▶ 지지대가 더러워 쓰레기 봉투로 감고 있다.
- 쇠창살 – 옥수수 ┅▶ 쇠창살에 옥수수를 끼우고 있다.
- 바닥 – 라면 ┅▶ 바닥에 라면 면발이 널려 있다.
- 앞바퀴 – 색연필 ┅▶ 앞바퀴가 돌아가면서 색연필을 박살내고 있다.

기초 결합법은 이렇게 2

현미경의 명칭을 기억해 봅시다. 현미경의 모양과 명칭의 위치는 알고 있으므로, 명칭을 이미지화하여 연상 결합합니다. 학습물을 기억할 때에는 머릿속으로 연상을 하고, 필요할 때는 그림을 그려도 좋습니다.

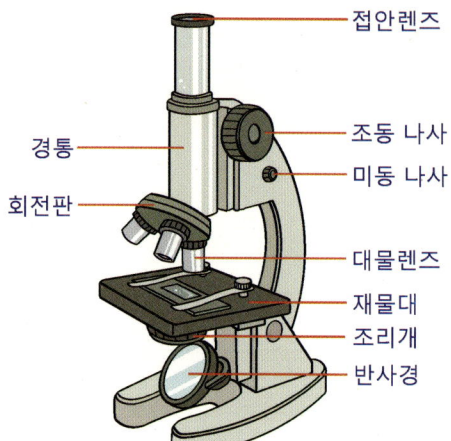

:: **접안렌즈** : 접는 안경
:: **경통** : 경유통
:: **회전판** : 회전하는 다트판
:: **대물렌즈** : 대나무로 만든 렌즈
:: **재물대** : 재물
:: **조동 나사** : 조그마한 동전
:: **미동 나사** : 아름다운(美) 나사
:: **조리개** : 주방 조리 기구
:: **반사경** : 반쪽 사과

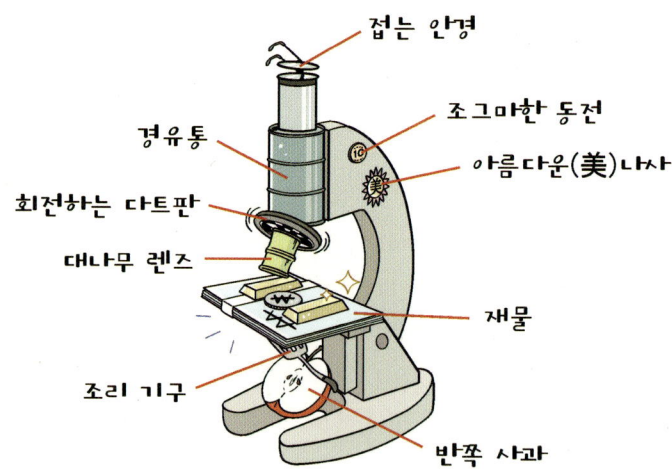

▶ 여러분의 이해를 돕기 위해 그린 그림입니다. 여러분은 이러한 학습물을 기억할 때 머릿속으로 연상하세요. 필요할 때는 직접 그림을 그려도 괜찮습니다.

기초 결합법은 이렇게 3

지도(기초)를 보고 나라 이름을 이미지화하여 연상한 후, 동남아 및 남부아시아의 나라 이름을 기억해 봅시다. 나라 이름을 기억하기 쉽게 재미있는 말로 이미지화하여 기억하면 공부가 재미있어집니다.

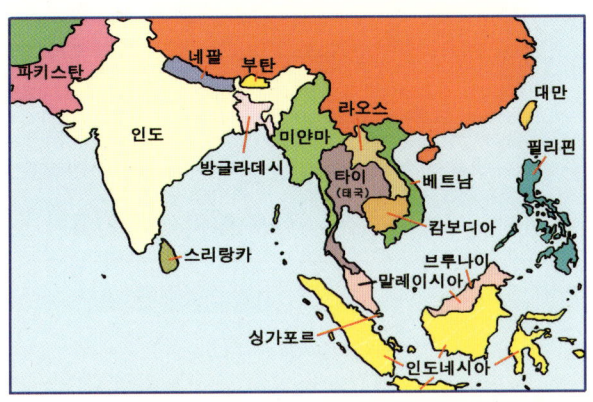

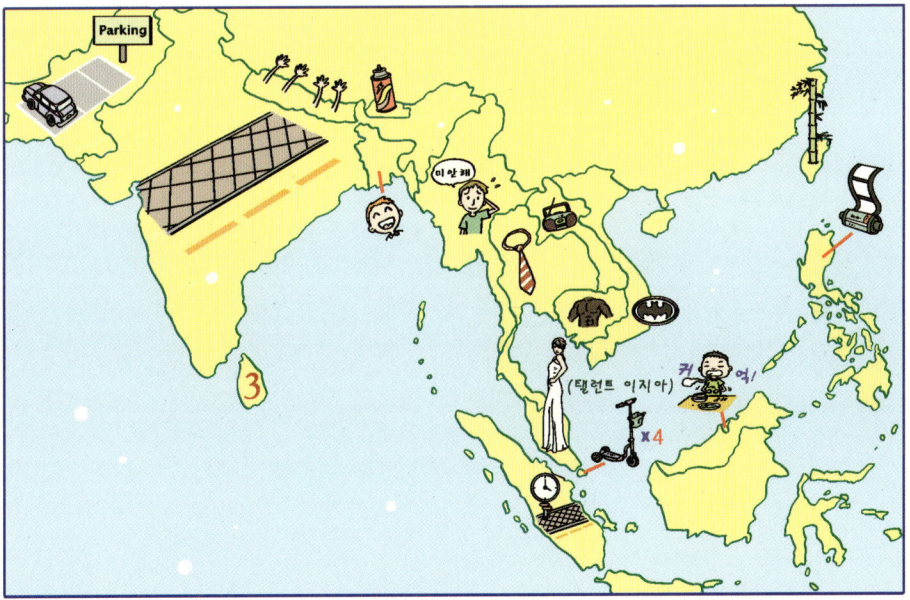

:: **파키스탄** : 파킹(Parking)

:: **인도** : 인도(사람이 다니는 길)

:: **스리랑카** : 3(three)

:: **네팔** : 네 개의 팔

:: **부탄** : 부탄가스

:: **방글라데시** : 방글방글

:: **미얀마** : 미안해

:: **타이** : 넥타이

:: **라오스** : 라디오

:: **캄보디아** : 까만 보디(body)

:: **베트남** : 베트맨

:: **말레이시아** : 마른 이지아(탤런트)

:: **싱가포르** : 싱싱카 4개

:: **인도네시아** : 인도의 시계는 4시

:: **필리핀** : 필름

:: **브루나이** : 배부른 아이

:: **대만** : 대나무

앞의 예제와 같이 여러분이 기억해야 할 학습 내용을 기초 결합하여 보고, 연상된 장면을 머릿속에 회상해 봅시다. 이렇게 기억된 내용은 일주일, 한 달이 지나더라도 인출 단서만 보면 자연스럽게 학습 내용이 생각이 날 것입니다.

기억하는 과정이 학습 내용과 연관 있는 기초를 먼저 생각하고, 그 기초에 이미지화된 학습 내용을 연상 결합해야 하는 번거로움은 있을 수 있지만, 꼭 기억해야 하고 오랫동안 기억해야 할 내용은 기초 결합을 적용해 보세요.

그리고 이러한 기초 결합을 학습 내용이 아닌 일상생활에도 접목해 보세요. 구입해야 할 품목, 준비물, 약속 시간, 숙제를 기초 결합하여 기억하게 되면 보다 보람찬 하루를 보낼 수 있을 것입니다.

연속 결합법

기억해야 할 내용 중에 제일 까다로운 것이 순서대로 기억하는 것입니다. 내용을 기억하고, 기억한 내용을 순서에 맞게 나열해야 할 때 우리들은 많은 부담을 느낍니다.

이럴 때는 개수를 줄여서 기억합니다. 10개를 기억하는 것보다는 5개를 기억하는 것이 훨씬 공부하는 데 도움이 되겠죠.

연속 결합법은 순서대로 기억해야 하는데 내용이 많아 부담이 되는 경우 개수를 줄여 효과적으로 기억하는 방법입니다.

1 : 연속 결합법이란?

연속 결합법은 ==기억해야 할 학습물을 연속해서 연상 결합하여 기억하는 방법입== 니다. 쉽게 말하면, 기억 대상을 이야기 형식으로 연결하여 기억합니다.

연속 결합법은 기억법 중 가장 빠르고, 재미있는 이야기 형식으로 연상 기억하기 때문에 오랫동안 기억을 유지할 수 있습니다.

2 : 연속 결합 방법

어릴 적 부르던 노래 중에 "원숭이 엉덩이는 빨개– 빨가면 사과– 사과는 맛있어– 맛있는 건 바나나– 바나나는 길어– 길으면 기차……"라는 노래를 알고 있을 것입니다. 이 노래가 연속 결합의 가장 기본적인 원리입니다. 바로 학습 내용을 기억하기보다는 다음에 나오는 단어를 기억 훈련을 통해서 확실한 연속 결합의 개념을 파악하도록 합니다.

다음은 연속 결합 방법을 익히는 과정입니다. 이 방법은 여러분의 평생 학습에 적용할 수 있습니다. 빠르게 진행하는 것도 좋지만 기본적인 원리들을 정확히 익히고 학습물에 적용하는 훈련을 진행하도록 합니다.

다음에 제시된 10개의 단어를 연속 결합하여 기억해 보세요.

예제

야구공 선풍기 비행기 병아리 악어 휴대폰 달력 성냥 의사 고속도로

연속 결합하기

야구공이 날아와 선풍기를 박살내고 있다. ➡ 선풍기를 달고 비행기가 날아가고 있다. ➡ 비행기에서 노란 병아리들이 떨어지고 있다. ➡ 병아리가 악어 눈을 쪼고 있다. ➡ 악어가 하얀색 휴대폰을 들고 즐겁게 통화하고 있다. ➡ 멋진 하얀색 휴대폰 사진이 달력에 있다. ➡ 달력에 성냥으로 불을 붙이고 있다. ➡ 성냥으로 의사가 치아를 이리저리 쑤시고 있다. ➡ 의사가 가운을 입고 고속도로에서 '바바리맨'처럼 서 있다.

연속 결합된 내용을 읽으면서 그 장면과 상황을 연상합니다. 그리고 눈을 감고 기억된 단어들을 회상해 보세요. 분명 야구공 하면 선풍기, 선풍기 하면 비행기가 차례로 생각날 것입니다.

　연속 결합법은 기초 결합법과 달리 기억해야 할 대상끼리 직접 연상 결합되기 때문에 기억의 속도가 매우 빠르지만, 기초 결합법보다는 연상력이 좀 더 강해야 합니다. 예를 들어 휴대폰까지는 기억이 나는데 달력이 생각나지 않는다면, 달력부터 고속도로까지는 전부 회상되지 않기 때문입니다.

　빨리 기억할 수 있는 장점을 최대한 활용하기 위해서는 쇠사슬처럼 튼튼하고 깊은 연상 결합 능력이 필요합니다.

연속 결합법은 이렇게

:: **기억의 개수를 줄여서 기억한다**

10개를 기억하는 것보다는 5개를 기억하는 것이 공부의 질을 높일 수 있습니다. 또 비슷한 내용들을 기억하고 시간이 지나면 '이게 이것인지, 저게 저것인지' 서로 기억의 내용이 얽혀 있는 경우가 많습니다. 이런 학습 내용을 기억할 때 연속 결합을 적절히 적용하도록 합니다.

• **영산강 : 나주평야**

영구가 산에서 배를 먹는다.

• **낙동강 : 김해평야**

낙타가 똥을 김에 싼다.

• **한강 : 김포평야**

한강 유람선에 김을 말린다.

▶ 예제는 기억해야 할 대상은 6개이지만 연상 결합을 해 3개가 되었습니다. 연상 결합하지 않고 주입식으로 암기하면 시간이 지난 후 강과 평야가 정확히 연결되지 않아 섞여버리는 경우가 생깁니다. 실제 여러분이 공부를 하는데 이런 유사 학습 내용들이 많이 등장하므로 방법을 잘 터득하여 학습에 적용하세요.

:: 순서대로 기억한다

기억을 하는 데 가장 부담스러운 내용이 제작 과정, 전달 과정, 변화 과정 등 시간의 흐름에 따라 순서대로 기억해야 하는 것입니다. 이런 경우 이야기를 통해 순서대로 연상 결합하여 기억하면 빠른 시간에 장기 기억할 수 있습니다.

● 시각의 전달 경로

▶ 이미지화 방법을 적용하여 '시각 – 눈', '각막 – 각목', '망막 – 망사 스타킹' 등으로 변환하여 연상 결합합니다.

> **눈**에 **빗**이 꽂혔다. 빗을 **각목**으로 내리친다. 각목에는 **수정**이 박혀 있다. 수정은 **유리**로 떨어졌으며, 유리 밑에는 **망사 스타킹**을 신고 있는 **시신**이 **대변**을 보고 있다.

● 청각의 전달 경로

1. 음파 → 2. 귓바퀴 → 3. 귓구멍 → 4. 고막 → 5. 청소골 → 6. 달팽이 → 7. 청세포

→ 8. 청신경 → 9. 대뇌

> **귀**에 **음악**을 들으면서 **바퀴**를 타고 **구멍**으로 들어간다. 구멍 속에서 **고막**을 먹고, **청소**를 한 **달팽이**는 **청색신**을 신고 **대변**을 본다.

▶ 학습 내용 중 어려운 단어나 이미지가 불분명한 단어는 이미지화 후 연상해야 합니다. 연상 결합을 할 때 중요 사항은 단어만 생각하지 말고, 이야기의 내용과 상황을 머릿속에 그림으로 떠올려야 한다는 것입니다. 그림이나 상황으로 기억된 내용은 더욱더 오래 기억할 수 있습니다.

:: 문단을 기억한다

사회나 국사 공부를 할 때에는 하나의 문단에 기억해야 할 내용이 너무 많은 경우가 있습니다. 주입식으로 암기해도 괜찮지만, 비슷한 학습 내용 여러 개를 기억해야 할 때에는 기억하는 과정에서 문제가 생기게 됩니다. 이럴 때에는 연속 결합법을 적절히 활용합니다.

진안고원은 전라북도 고원으로 소백산맥과 노령산맥 사이의 무주, 장수, 진안의 세 개 군에 걸쳐 있다. 평균 고도 500m 내외이며, 기후와 토양 조건이 인삼 재배에 적합하여 인삼이 대표적인 특산물이다.

▶ '진안고원'에 대해 설명을 다룬 하나의 문단입니다. 기억해야 할 단어는 아래와 같이 8개 정도가 됩니다.

진안고원, 소백산맥, 노령산맥, 무주, 장수, 진안, 500m, 인삼

➡ 진한 맛의 노란색 소고기를 무진장 먹은 후 미친차에 인삼을 가득 실었다.

:: 중요 단어를 결합하여 전체를 기억한다

글의 최소 단위는 문장입니다. 문장이 모이면 문단이 되고 문단이 모이면 글이 됩니다. 대부분 문단의 첫 번째 문장과 맨 마지막 문장에 소주제문이 있으며, 나머지는 뒷받침하는 문장들로 구성이 됩니다.

연속 결합을 통해 글의 전체를 기억하기 위해서는 뒷받침하는 문장들을 완벽하게 이해해야 합니다. 그리고 제목과 소주제문 속에 있는 중요 단어를 연상 결합합니다.

제목

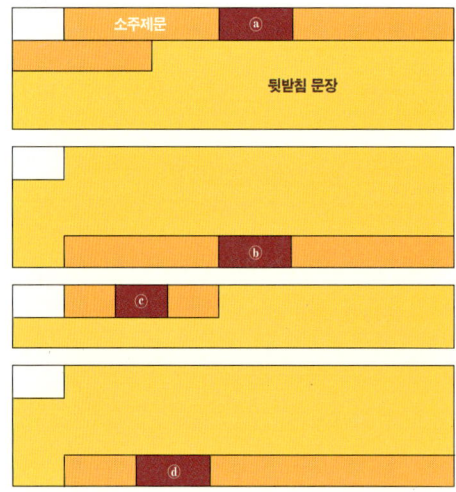

▶ 문단 전체를 충분히 이해한 상태이기 때문에 중요 단어를 연결하여 연상 결합하면 글의 내용을 충분히 기억할 수 있습니다. 글의 제목과 ⓐ를 결합하고, ⓐ와 ⓑ를, 그리고 ⓑ와 ⓒ를, 마지막으로 ⓒ와 ⓓ를 연상 결합하여 글의 전체를 기억하고 기억한 내용을 회상하도록 합니다.

여러분도 방법은 알고 있습니다. 어떻게 하는지도 알고 있습니다. 공부를 하면서 연속 결합 방법을 다양하게 적용해 보고, 적용을 통해서 자신만의 또 다른 방법을 만들어 낼 수 있도록 노력하세요.

STEP 6

핵심 결합법(영상화)

"공부할 내용이 만화처럼 되어 있다면 얼마나 좋을까?"

혹시 이런 상상을 해본 적이 있나요? 공부를 하면서 도표, 그래프, 지도 등 이미지가 있는 학습물의 기억은 빠르게 진행되지만, 단어나 문장만으로 된 학습물은 기억하는 과정이 쉽지는 않습니다. 기억하기 쉽지 않은 교과서, 참고서 등의 내용을 우뇌를 활용해서 장면 이미지로 떠올려 장기 기억하는 방법을 핵심 결합법이라고 합니다.

1 : 핵심 결합법이란?

핵심 결합법은 기억해야 할 학습물의 인출 단서에 중요한 내용을 연상 결합하여 하나의 장면으로 기억하는 방법으로, 기억 대상을 만화의 장면처럼 기억하는 방법입니다. 핵심 결합법은 기억법 중에서 가장 쉽고 모든 기억의 대상에 접목할 수 있으며, 노트 필기나 마인드맵에서 아주 잘 활용할 수 있습니다.

2 : 핵심 결합 방법

핵심 결합의 장점은 여러 개를 기억해야 하는 공부 내용을 하나의 덩어리로 기억할 수 있다는 것입니다. 9개를 기억하는 것이 좋을까요? 1개를 기억하는 것이 좋을까요? 누구든지 기억의 대상이 되는 내용을 적게 기억하고 싶을 것입니다. 이럴 때 핵심 결합법은 아주 효과적인 능력을 발휘합니다.

:: **이미지화해서 연상한다**

1 | 기억해야 할 내용을 충분히 이해합니다.

중국으로 수출하는 품목

자동차, 반도체, 선박, 무선 통신기, 컴퓨터, 냉장고, 드럼 세탁기

2 | 우리나라에서 중국으로 수출하는 것이므로 가장 먼저 지도를 생각하세요.

3 | 기억해야 할 대상 중에서 가장 중요한 내용을 인출 단서로 선정합니다.

4 | 위 학습물에서는 '선박'이 가장 적절한 대상입니다.

5 | '선박'에 나머지 기억의 대상을 연상 결합하여 장면을 떠올립니다.

앞의 두 가지 방법 중에 빠르고, 오랫동안 기억할 수 있는 방법은 무엇일까요? 여러분 모두 그림으로 기억하는 것이 빠르게 기억되고 오랫동안 기억할 수 있다고 생각할 것입니다. 그러나 대부분의 사람들은 자동차, 선박, 반도체……라고 계속해서 되뇌면서 기억을 하려고 합니다. 이렇게 기억하면 힘이 들고, 기억했더라도 시간이 흐르면 금방 잊혀지게 됩니다.

핵심 결합법(영상화)은 이렇게!

:: 공부할 내용의 대부분은 이미지가 없습니다. 이런 경우 반드시 이미지화를 통해 인출 단서에 연상 결합합니다. 단, 핵심 결합은 순서가 상관이 없는 학습 내용에 적용하는 것이 좋습니다.
아래의 학습 내용과 같은 경우에 핵심 결합은 아주 잘 적용됩니다.

플라스틱의 특징

① 유리나 금속에 비하여 가볍다.
② 금속에 비교할 만큼 강도가 큰 것도 있다.
③ 전기를 통하지 않는 성질이 있다.
④ 고무와 같이 탄성을 가지고 있는 것도 있다.
⑤ 빛을 잘 통과시키는 것도 있다.
⑥ 화학 약품에 의해 부식되지 않는다.
⑦ 열을 차단하는 성질이 우수하다.
⑧ 외부의 힘이나 충격을 흡수하는 성질이 있다.

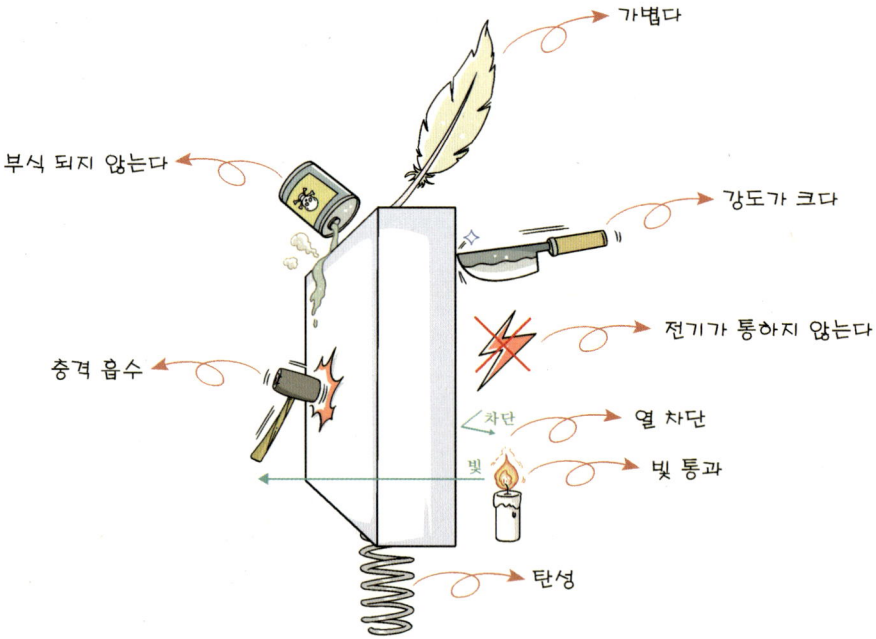

▶ 기억을 한 후에는 꼭 다시 한 번 회상을 해보는 과정을 거쳐야 합니다.
눈을 감고 '플라스틱 특성'에 대한 내용을 떠올려 보세요. 글의 내용이 더 선명하게 생각납니까? 아니면 연상된 이미지가 생각납니까?

◀▷ 대기권

대기는 지구를 둘러싸고 있는 공기를 말하며, 질소〉산소〉아르곤〉이산
화탄소 등으로 이루어진 혼합기체이다. 우리가 호흡을 할 수 있으며, 바
람이 불고, 하늘이 푸른 것은 모두 대기에 의한 현상이다.
대기는 우리가 생활에 필요한 다양한 역할을 담당하고 있다. 먼저 생물
이 호흡을 하는데 필요한 산소를 공급한다. 그리고 태양으로부터 오는
해로운 자외선을 막아주는 자외선 차단역할과 지표에서 방출되는 열을
흡수하여 지구를 따뜻하게 유지해주는 보온의 역할을 함께 해주며, 운석
의 충돌을 막아 지구를 보호해주는 역할도 함께하고 있다.

▶ 위 학습 내용에서 인출 단서는 대기권이 됩니다. 세부적인 내용으로는 ①지구를 둘러싸고 있는 공기 ②질
소 〉 산소 〉 아르곤 〉 이산화탄소 ③호흡 ④바람 ⑤하늘이 푸르다 ⑥산소 ⑦자외선 차단 ⑧보온 ⑨보호
로 총 9개의 세부적인 내용을 기억하세요.

핵심 결합의 가장 기본적인 원리입니다. 복잡하다고 느낄 수도 있습니다. 위의 내용은 여러분이 핵심 결합법
의 원리를 정확히 이해하고 적용할 수 있도록 자세한 설명을 곁들였기 때문에 복잡하다고 느끼겠지만, 여러
분이 학습할 때에는 이 모든 과정이 두뇌의 연상 작용에 의해서 순간적으로 이루어지게 됩니다.
한 번 연상된 이미지는 시간이 지나도 나머지 연상 결합된 학습 내용을 정확히 회상할 수 있습니다. 빨리, 오
래 기억하는 핵심 결합법의 장점입니다.

:: 인출 단서에 모든 것을 적고 연상한다

공부를 진행하다 보면 이미지화가 쉽게 되는 것도 있지만 이미지화가 잘되지 않는 내용도 있습니다. 이미지화가 안 된다고 자책하지 말고, 학습 내용이 있는 그대로 인출 단서에 적습니다. 글자만 나열되어 있는 내용은 기억하기는 어렵지만, 인출 단서에 다른 이미지들과 같이 있는 중요 단어는 훨씬 기억하기도 쉽고 이미지와 같이 연결되어서 오랫동안 기억할 수 있습니다.

지리 과목은 기억해야 할 내용이 매우 많습니다. 배경 지식이 충분한 학생이라면 기억해야 할 내용이 적겠지만 대다수의 학생들은 표시된 내용을 모두 기억해야 합니다. 예를 들어 앞에서 제시한 내용에서 인출 단서인 '앵글로 아메리카' 지도를 노트에 그린 후, 세부적인 학습 내용을 이미지화하여 위치에 맞게 표시하거나 그리도록 합니다.

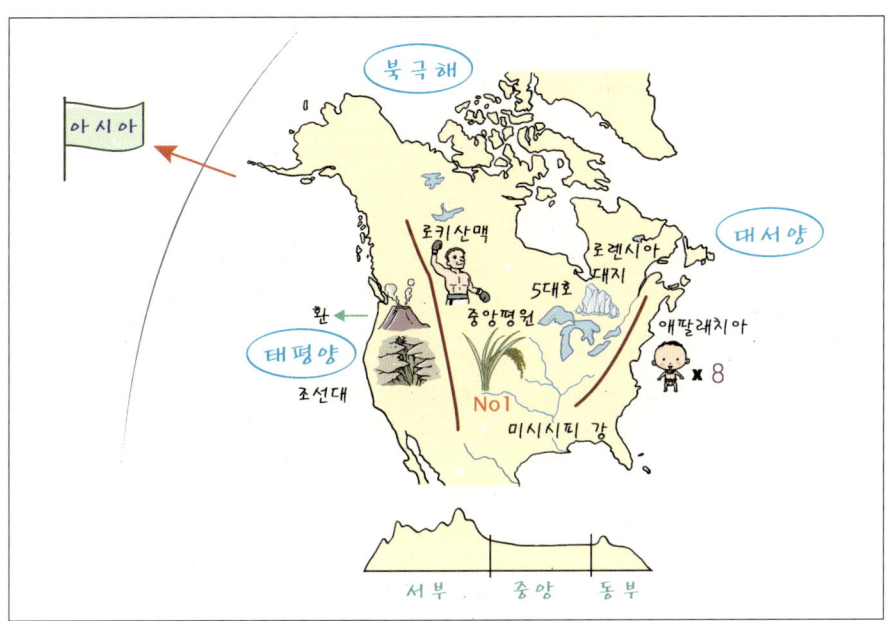

▲ 영상화된 앵글로 아메리카의 자연 환경

인출 단서에 기억해야 할 학습을 모두 적고 그렸기 때문에 정확히 이해하고 기억할 수 있습니다.

그리고 복습을 할 때는 그림(이미지)만 한 번 쓱 보면 생각나고 장기 기억이 될 수 있습니다.

이런 방법은 마인드맵과 노트 필기에서도 적용할 수 있습니다.

> 같은 '앵글로 아메리카의 자연 환경' 내용을 노트에 필기한 것입니다. 활자로 나열되어 있기 때문에 모두 암기해야 한다는 부담이 생기게 됩니다. 지형 위치까지 정확하게 기억하기 위해서는 많은 노력이 필요합니다.

:: **사건의 진행 순서에 따라 연상하고 표현한다**

인물의 업적, 사건 등 전체 내용을 이해하고 기억할 때에 핵심 단어를 찾아 암기하는 것보다

는 그 상황에 맞게 연상하거나 그려보는 것이 훨씬 효과가 있습니다.

:: 기억해야 할 내용을 충분히 이해합니다.
:: 기억해야 할 핵심 단어를 찾아 표시합니다.
:: 사건의 진행 순서와 흐름에 따라 이미지나 글로써 표현하거나 연상합니다.
:: 학습 후에는 꼭 다시 한 번 회상하면서 전체적으로 잘 기억이 되었는지 점검합니다.

역사 탐구

탐구 1 백제의 성장과 발전

담로: 백제가 지방에 대한 통제를 강화하기 위해 왕자나 왕족을 지방 주요 지역에 보내 다스리게 한 제도

4세기 중엽 근초고왕은 왕권을 강화했으며, 담로를 설치하여 지방을 직접 지배하기 시작했다. 국왕 중심의 정치 체제를 확립한 근초고왕은 남쪽으로는 마한의 나머지 세력을 통합해 호남 곡창 지역을 확보했다.

그 뒤, 5호 16국이라는 혼란기를 틈타 중국 요서와 산둥 지방까지 진출하였다. 북쪽으로는 고구려 평양성까지 진출하여 고국원왕을 전사시켰다. 또한 왕인과 아직기를 일본에 파견하여 유학을 전해주는 등 일본과 활발한 교류를 하였다.

그러나 5세기에 들어 백제는 고구려의 남하 정책으로 위축되어 갔다. 장수왕의 공격으로 수도인 한성을 비롯한 한강 유역을 빼앗겼으며, 개로왕이 사로잡혀 죽임을 당하였다. 475년 수도를 웅진성(지금의 공주)으로 옮긴 뒤 신라와 혼인 관계를 맺어 고구려의 침략에 대항하는 한편, 국력 회복에도 힘썼다. 그러나 동성왕이 귀족에게 피살당함으로써 정치적 혼란은 계속되었다.

6세기 성왕 때는 백제의 희망과 좌절을 함께 보여 준 시기였다. 결단력이 뛰어난 군주로 전해지는 성왕은 538년, 사비성(지금의 부여)으로 천도하여 왕권 강화를 꾀하려 귀족 세력을 약화시켰다. 성왕은 국왕 직속 관청인 22부를 중심으로 정치를 운영함으로써, 좌평 중심의 귀족 회의체를 약화시켰고, 인도에서 돌아온 겸익을 등용해 불교 진흥에도 힘썼다.

나라 안의 정치적 성공을 바탕으로 성왕은 고구려 장수왕에게 빼앗긴 한강 유역 회복에 나섰다. 그러나 동맹군이었던 신라 진흥왕의 배반으로 한강 유역을 빼앗기게 되면서 백제는 신라에 대한 보복전을 전개했고, 이 과정에서 성왕은 관산성(지금의 충북 옥천)에서 전사하였다. 중흥을 위한 성왕의 노력이 좌절된 후, 백제 국력은 급속히 약화되어 갔다.

탐구하기 4세기 근초고왕 때 백제는 해상 무역을 통해 대외 진출이 활발했습니다. 빈칸에 알맞은 말을 써 넣으세요.

백제는 남쪽으로는 (   )의 나머지 세력을 통합해 호남 곡창 지역을 확보한 뒤, 5호 16국이라는 혼란기를 틈타 중국의 (   )와 (   )까지 진출하였다. 북쪽으로는 고구려의 (   )까지 진출하여 고국원왕을 전사시켰다. 또한 왕인과 아직기를 (   )에 파견하여 유학을 전해주었다.

▶ 내용 출처 : 『살아 있는 역사 재미있는 논술, 일류 등장에서 삼국통일까지』 출판사 : 성안당

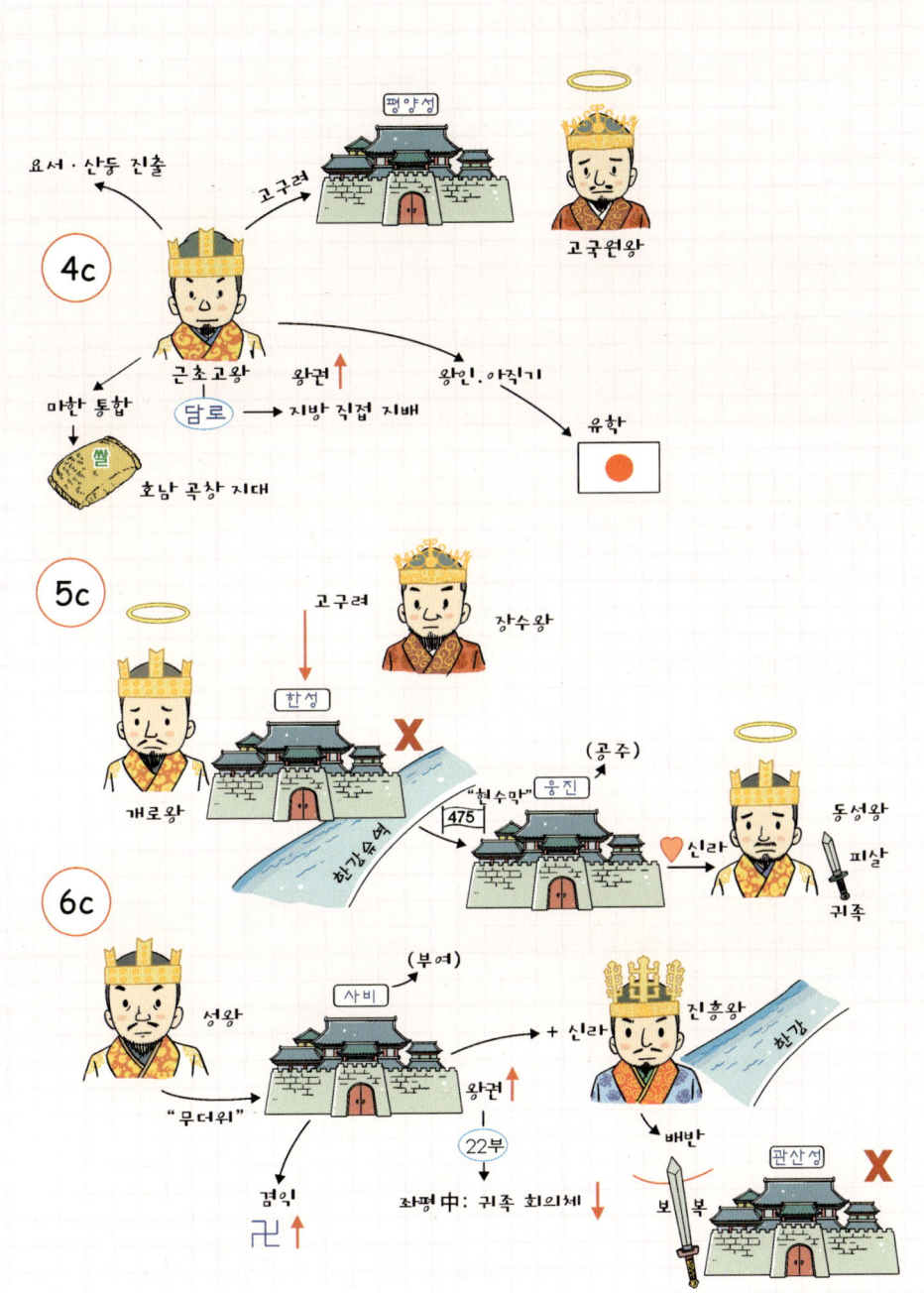

4c

요서·산동 진출

평양성

고구려

고국원왕

근초고왕 왕권↑ 왕인·아직기

담로 → 지방 직접 지배 유학

마한 통합

쌀

호남 곡창 지대

5c

고구려 장수왕

한성 ✕

개로왕 한강유역 "철수막" 웅진 (공주) 475 ♥신라 동성왕 피살 귀족

6c

(부여)

사비

성왕 + 신라 진흥왕 한강

왕권↑

"무더위" 22부 배반 관산성 ✕

겸익 좌평中: 귀족 회의체↓ 보복

권↑

핵심 결합법(영상화)은 이렇게 2

:: 하나의 제목(인출 단서)에 총 4개의 문단으로 구성된 내용입니다. 핵심 결합법을 통해 하나의 그림(이미지)으로 변환하여 기억하는 과정을 알아봅시다.

북부지방의 지형

북부 지방에는 북동부에 높고 험준한 산지가 많으며 서쪽에는 평야를 이루고 있다. 관서와 관북 지방의 경계가 되는 낭림산맥이 남북으로 뻗어 있으며, 그 북동쪽으로 우리나라의 지붕이라 불리는 개마고원이 넓게 펼쳐져 있다. 개마 고원에는 백두산(2744m)을 비롯하여 고도가 2000m를 넘는 산이 20여 개나 있으며, 용암대지와 침엽수림을 형성하고 있다.

관서 지방에는 낭림 산맥에서 강남 산맥, 적유령 산맥, 묘향 산맥, 언진 산맥, 멸악 산맥, 등이 뻗어 나오고 있다. 관북 지방에는 동해안을 따라 함경 산맥이 뻗어 있는데, 이 산맥은 동해쪽에 급경사를 이루고 있어 유역변경식 수력발전에 이용되고 있다.

북부 지방의 큰 하천은 두만강을 제외하면 대부분 황해로 흐르며, 평야도 해안을 따라 비교적 넓게 형성되어 있다.

동해안은 수심이 깊고, 해안선이 단조로우며 섬이 적다. 황해안은 수심이 얕고 조차가 커서 갯벌이 발달 하였다.

● 북부지장의 지형적 특색에 대하여 알아보도록 합니다.

넘~사랑해

백두산
우리나라 최고봉이며, 정상에는 천지(칼데라) 가 있다. 압록강과 두만강의 발원지이다.

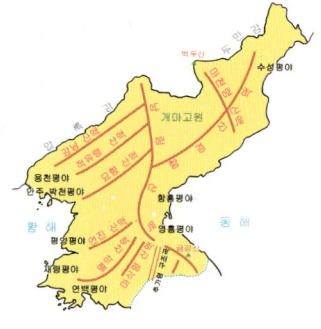

▶ 교과서의 내용을 분석하여 정리한 내용이지만 여전히 기억할 내용이 많으며, 지형의 정확한 위치를 파악하기 어렵습니다. 이러한 학습 내용일수록 핵심 결합법을 적절히 활용하면 장기 기억이 되고, 복습도 빠르게 할 수 있습니다. "나는 그림을 못 그려요." 하면서 핵심 결합을 부담스러워하는 학생들도 있는데, 그림이 '좋다, 나쁘다'를 떠나 자신만 알아볼 수 있게 자연스럽게 그려서 연상을 하면 됩니다.

1. 북부지방 지형
(1) 산지
- ① 북동부 높고 험준, 서쪽평야
- ② 낭림산맥 = 관서, 관북 경계
- ③ 개마고원 ┌ 우리나라 지붕, 용암대지, 침엽수림
            └ 백두산 (2744m), 천지 (칼데라)

            압록강, 두만강 발원지
(2) 지방
- ① 관서 : 강남, 적유령, 묘향, 언진, 멸악
- ② 관북 : 함경산맥 → 동해 급경사 (유역변경식 수력발전)
(3) 하천
- ① 대부분 황해로 흐름 (두만강 X)
- ② 평야 : 황해안 따라 넓게 형성
(4) 해안
- ① 동해안 : 수심깊다. 단조로운 해안선 .섬 적다.
- ② 황해안 : 수심얕다. 갯벌발달.

:: 인출 단서와 총 4개의 문단이 하나의 이미지로 연상되는 과정을 문단별로 진행할 것입니다.

● **첫째 문단**

북부지방의 지형

　북부 지방에는 북동부에 높고 험준한 산지기 많으며 서쪽에는 평야를 이루고 있다. 관서와 관북 지방의 경계가 되는 낭림산맥이 남북으로 뻗어 있으며, 그 북동쪽으로 우리나라의 지붕이라 불리는 개마고원이 넓게 펼쳐져 있다. 개마 고원에는 백두산(2744m)을 비롯하여 고도가 2000m를 넘는 산이 20여 개나 있으며, 용암대지와 침엽수림을 형성하고 있다.

험준한 산지가 많으
. 관서와 관북 지방의 경
으로 뻗어 있으며, 그 북동
 불리는 개마고원이 넓게
백두산(2744m)을 비롯
 20여 개나 있으

▼

북동부 높고 험준하다,
서쪽 평야 개마고원,
우리나라 지붕 침엽수림,
용암대지,
백두산,
2744m 칼데라
낭림산맥,
관북,
관서

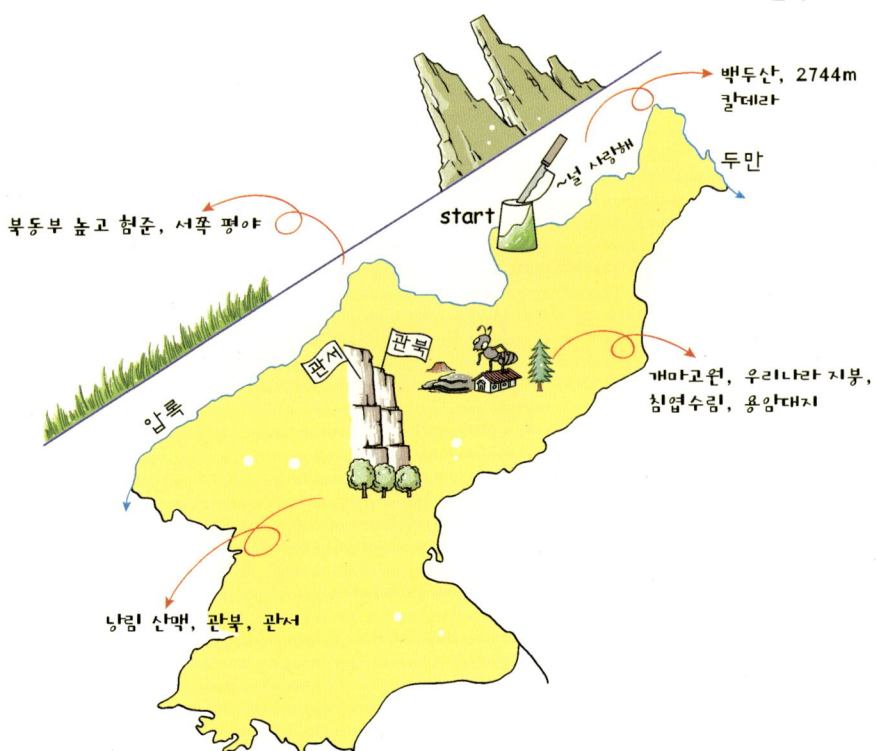

백두산, 2744m
칼데라

두만

북동부 높고 험준, 서쪽 평야

start

널 사랑해

관서 관북

압록

개마고원, 우리나라 지붕,
침엽수림, 용암대지

낭림 산맥, 관북, 관서

● 둘째 문단

관서 지방에는 낭림 산맥에서 강남 산맥, 적유령 산맥, 묘향 산맥, 언진 산맥, 멸악 산맥, 등이 뻗어 나오고 있다. 관북 지방에는 동해안을 따라 함경 산맥이 뻗어 있는데, 이 산맥은 동해쪽에 급경사를 이루고 있어 유역변경식 수력발전에 이용되고 있다.

관서 지방에는 낭림 산맥, 묘향 산맥, 언진 산맥고 있다. 관북 지방에는 어 있는데, 이 산맥은 동유역변경식 수력발전

▶ 둘째 문단에서는 이미지화 후 연상해야 하는 내용이 많습니다.

강남(강낭콩), 적유령(적색유령), 묘향(묘에서향),

언진(언진주), 멸악(멸치가 악쓴다)

이렇게 이미지화한 내용을 인출 단서에

연상 결합하여 기억합니다.

강남 산맥 | 적유령 산맥 | 묘향 산맥

언진 산맥 | 멸악 산맥

함경 산맥 동해 쪽 급경사 유역 변경식 수력 발전

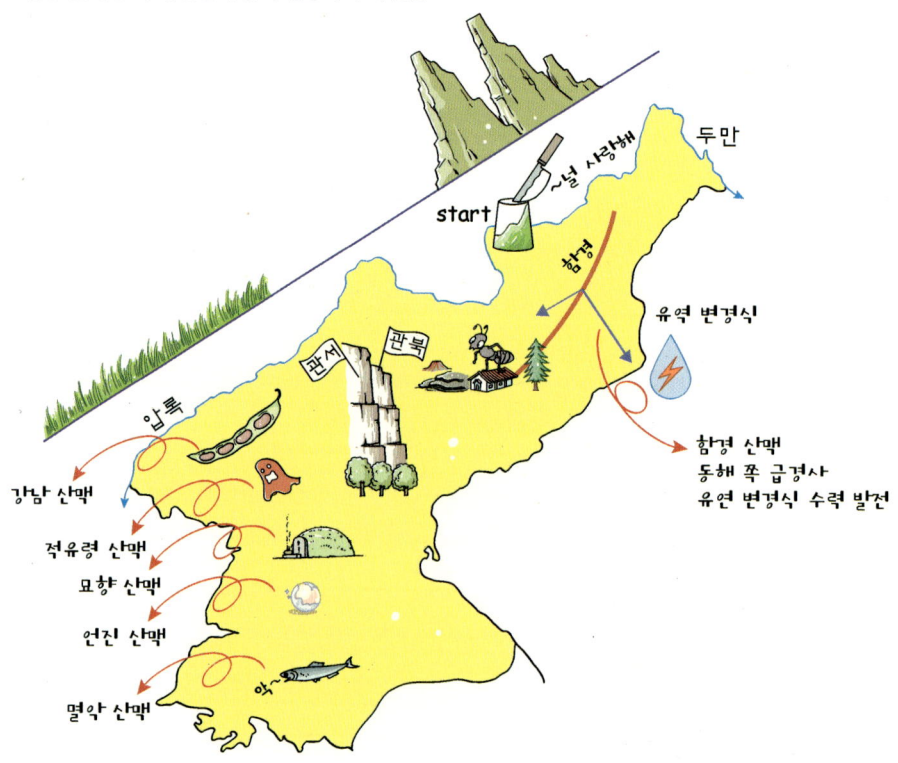

● 셋째 문단

● 셋째 문단

　　북부 지방의 큰 (하천)은 두만강을 제외하면 대부분 황
해로 흐르며, 평야도 해안을 따라 비교적 넓게 형성되
어 있다.
　　동해안은 수심이 깊고, 해안선이 단조로우며 섬이 적
다. 황해안은 수심이 얕고 조차가 커서 갯벌이 발달 하
였다.

부 지방의 큰 하천은 두만
해로 흐르며, 평야도 해안을 따
어 있다.
　동해안은 수심이 깊고, 해안선
. 황해안은 수심이 얕고 조차

황해로 흐름
평야
갯벌
단조로운 해안선
수심이 깊고,
섬이 적다.

두만

start

~널 사랑해

함경

유역 변경식

관서 　관북

압록

적다

황해로 흐름

갯벌

평야

악~

단조로운 해안선
수심이 깊고, 섬이 적다

▶ 글의 전체 내용이 하나의 이미지로 완성이 됩니다. 그럼 눈을 감고 '북부지방의 지형'의 내용을 떠올려보
　 세요. 노트 내용이 생각납니까? 연상된 이미지가 생각납니까?

머릿속으로 연상하여도 좋고 노트에 직접 그려도 좋습니다. 노트에 그림으로 그릴 때는 너무 예쁘게 그리려
고 하지 마세요. 나중에 복습할 때 알아볼 수 있을 정도면 됩니다. 추가해야 할 내용(선생님 설명, 참고서 내
용, 오답 등)이 있으면 빈 공간에 적거나 그리면서 연상하게 되면 완벽한 학습이 진행됩니다.

핵심 결합법(영상화)은 이렇게 3

● 이야기 하나

'장미 전쟁'에 대한 내용입니다. 읽고 이해한 후 핵심 결합(영상화)을 해보세요.

탐구 3 **장미 전쟁**

랭커스터가 문장   요크가 문장   튜더가 문장

    장미 전쟁은 1455년부터 1485년까지 30년 동안 왕위를 놓고 영국 귀족인 랭커스터 가문과 요크 가문이 싸운 전쟁이다. 장미 전쟁이라는 이름은 랭커스터 가문이 붉은 장미, 요크 가문이 흰 장미를 각각 문장으로 삼았기 때문이다.

    양쪽 가문은 에드워드 3세 아들들 후손이라서 왕위를 이을 정통성을 가지고 있었다. 하지만 랭커스터 가문인 헨리 6세가 왕위를 차지하자, 불만을 품은 요크 가문이 랭커스터 가문을 향해 전쟁을 일으켰다. 영국 귀족 가운데 가장 큰 두 가문이 싸움을 시작하자 다른 귀족들도 어느 한편을 들지 않을 수 없었다. 그래서 모든 귀족들은 두 패로 갈라져 전쟁을 하게 되었다.

    30년에 걸친 장미 전쟁을 승리로 이끈 사람은 랭커스터 가문인 헨리 튜더였다. 그는 헨리 7세가 되어 왕위에 오름으로써 튜더 왕조를 세웠다. 헨리 7세는 두 가문에게 화해할 것을 권하고 앞장서서 요크 가문 딸인 엘리자베스를 아내로 맞아들임으로써 장미 전쟁은 끝이 났다. 빨간 장미와 백장미를 합친 튜더 왕조 왕기는 오늘날 영국 왕실 문장으로 이어졌다.

    장미 전쟁은 정권을 잡으려고 귀족들끼리 벌인 싸움이라 국민들은 전혀 관심이 없는 전쟁이었다. 장미 전쟁이 벌어지기 전에 영국은 프랑스와 백년 전쟁을 벌였기 때문에 백성들은 더 이상 전쟁을 원하지 않았다. 그래서 싸움을 중단시킬 힘센 왕이 나타나기를 바라게 되었다. 장미 전쟁으로 귀족들 수가 반으로 줄어들자, 힘도 약해졌다. 그만큼 왕권은 커져서 헨리 7세는 귀족이 간섭하는 데서 벗어나 왕권 중심으로 정치를 펼 수 있게 되었고, 중앙 집권 국가로 발전할 수 있었다.

> 탐구하기   장미 전쟁 이후 영국 사회는 어떻게 변화했나요?

살아있는 세계사 재미있는 논술

 그 무렵 우리나라에서는   **계유정난이 일어나다**

    1450년 세종이 세상을 떠나고, 2년 뒤에 문종이 세상을 떠나자, 12살 나이에 단종이 왕위에 올랐다. 1453년 정치적 야심을 가졌던 수양대군은 나이 어린 조카인 단종을 보필하던 김종서, 황보인 등을 죽이고 정권을 차지하였다. 이 정변이 계유년에 일어났으므로 계유정난이라 한다. 정권을 잡은 수양대군은 단종까지 몰아내고 왕위에 올라 세조가 되었다.

106

▶ 내용 출처 : 『살아있는 세계사 재미있는 논술, 중세편(게르만족 이동에서 중세시대 몰락까지)2』 출판사: 성안당

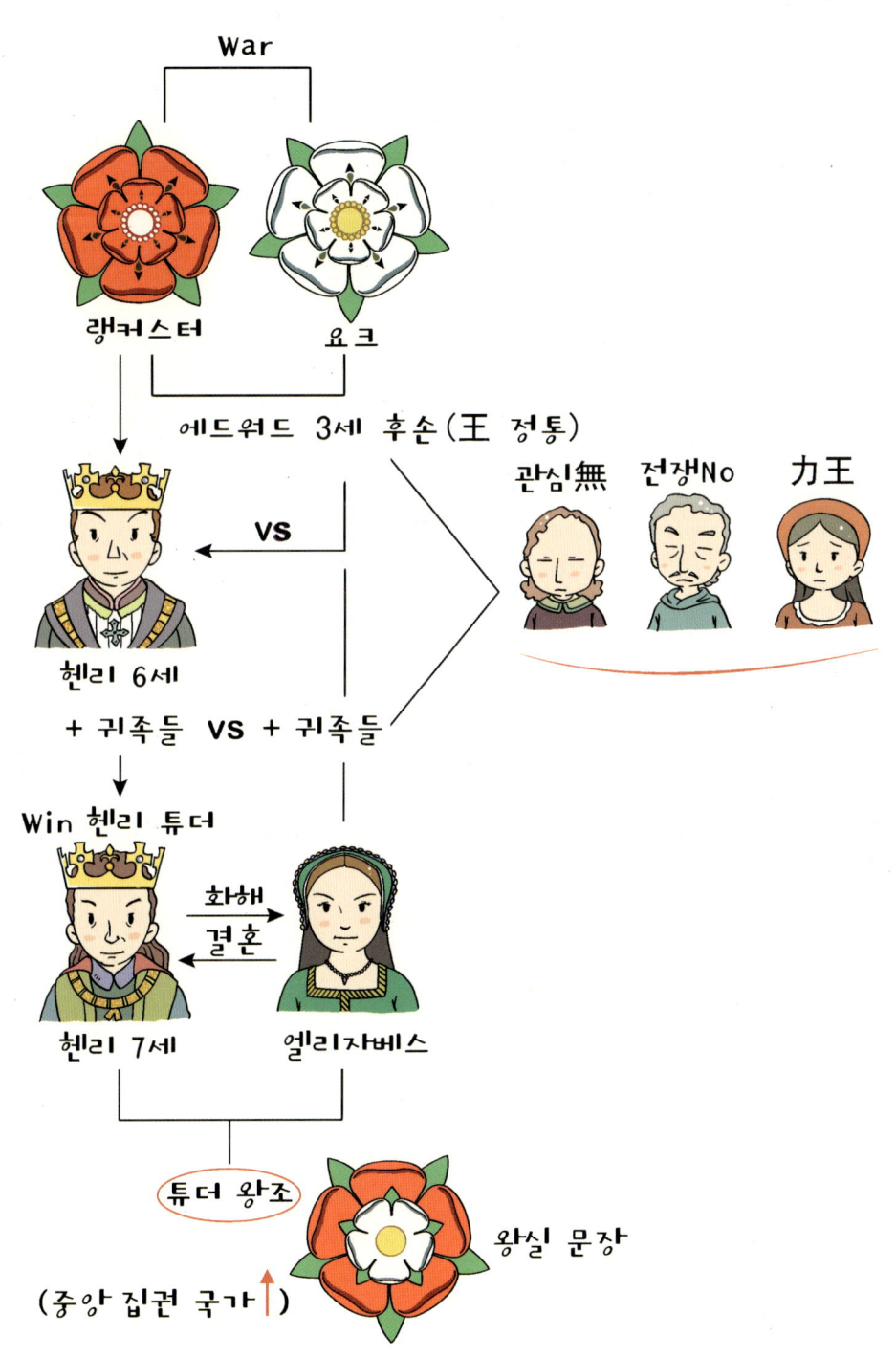

사건의 흐름에 따라 연상하거나 노트에 표현했다면 그 내용으로 선생님이 된 것처럼 수업을 하듯이 설명해 보세요. 설명을 잘할 수 있으면 학습 내용을 정확히 잘 이해하고 기억한 것이고, 설명이 막히는 부분은 이해와 기억이 덜 된 것이라고 생각하면 됩니다. 어려운 단어나 내용은 자신만의 언어로 바꿔서 설명하면 더 좋은 결과를 만들 수 있습니다.

:: 나만의 언어로 나에게 설명해 보자

장미 전쟁
빨간 장미 '랭커스터'와 하얀 장미 '요크'가 30년 동안 싸웠다.
둘 다 '에드워드 3세' 아들 후손이라 왕이 될 수 있었지만, '랭커스터'쪽의 '헨리 6세'가
왕이 되자, 배가 아픈 '요크'가 시비를 걸어 전쟁이 시작되었다.
둘 다 힘이 센 장미라 따르는 장미들이 많아 결국은 패싸움이 되었다.
하지만 국민들은 "모르는 일이야!", "제발, 그만 좀 해라.", "힘센 놈이 어서 나타나야지."
라며 생각만 하고 있었다.
그때 '헨리 튜더'가 등장해 다 죽인다.
'헨리 튜더'는 '헨리 7세'가 되어서 '튜더 왕조'를 세우고, 하얀 장미 '엘리자베스'와 결혼
하면서 자신의 빨간색과 '엘리자베스'의 하얀색을 합쳐 새로운 왕기를 만들었다.
이 왕기는 지금도 왕실 문장이다.
전쟁 중 따르던 장미들이 절반으로 줄어들어 힘이 없자, '헨리 7세'는 자신을 중심으로 하
는 '중앙집권국가'로 발전시켜 잘 살았다.

나만의 언어로 설명하는 과정에서 완벽한 반복 학습을 할 수 있습니다. 눈과 손으로 하는 답답하고 지루한 공부에서, 친밀감 있는 언어를 사용해 재미있게 설명하면 기억의 효과는 높아집니다.
지금 시작해 보세요! 오늘부터 공부가 즐겁고 재미있을 것입니다.

'갈릴레오 갈릴레이'에 대한 내용입니다. 읽고 이해한 후 핵심 결합(영상화)을 해보세요.

탐구 2 망원경으로 하늘을 보다

개반소개

1609년, 갈릴레오 갈릴레이는 천체 망원경을 만들어 별들을 관찰하는 데 많은 시간을 보냈다. 그러던 어느 날, 지구는 태양을 중심으로 운동한다는 사실을 알게 되었고, 믿어 왔던 '우주 중심이 지구'라는 천동설이 잘못되었다는 사실에 충격을 받았다. 갈릴레오는 천체 망원경으로 태양에 있는 흑점을 보았고, 달에도 산과 골짜기가 있다는 사실을 알아냈다. 그뿐만 아니라 금성이 달처럼 초승달, 반달, 보름달, 그리고 다시 반달, 그믐달 순서로 모양이 변하는 것도 알아냈다.

갈릴레이

흑점 태양 표면에 보이는 검은 반점

이것은 당시로서는 대단한 발견이었다. 천동설로는 금성 모양을 완전하게 설명하지 못했지만, 지동설로는 충분히 설명할 수 있었기 때문이다. 이것을 발견함으로써 갈릴레이는 지동설을 확신하게 믿을 수 있었다. 하지만 지동설을 주장하게 되면 성경이 틀렸다는 것을 인정하는 셈이 되고, 곧 이단으로 몰릴 것이 두려워 주장을 미루었다. 갈릴레이는 재치 있는 방법으로 친구에게 편지를 썼다.

"여보게, 자네는 미의 여신이 셀리나 흉내를 낸다는 사실을 알고 있는가?"

이 편지 속에 미의 여신은 비너스, 즉 금성이고 셀리나는 달을 의미하는 말이다. '금성이 달처럼 주기적으로 모양이 변한다.'는 사실을 담고 있다.

기반낭가 1623년 갈릴레이는 《프톨레마이오스－코페르니쿠스 두 개의 주요 우주 체계에 대한 대화》라는 책을 펴냈다. 하지만 지동설을 편드는 책이라며 재판소에서 심판을 받아야 했다. 70세인 갈릴레이는 늙고 병든 몸으로 재판관 앞에 섰다. 당시 유럽을 지배하던 가장 강력한 힘은 종교여서 성경에 있는 내용을 반박하는 것은 허용되지 않았다. 갈릴레이는 할 수 없이 자기 주장을 굽혀야 했다. 교황은 부기징역을 선고했다가 다시 죽을 때까지 가택연금을 시키는 것으로 형을 낮추었다. 목숨을 구하여 재판정을 나오며 갈릴레이는 아주 작은 목소리로 "그래도 지구는 돈다!'고 말했다고 전해 내려온다. 하지만 실제로 그런 말을 했다는 증거는 없다.

거지장면 1992년이 되어서야 교황청 의회는 바티칸이 잘못했다고 고백했고, 갈릴레이는 명예를 회복했다. 갈릴레이가 죽은 지 350년이 지난 뒤였다.

탐구하기 갈릴레이가 종교 재판을 받게 된 까닭은 무엇인가요?

45

▶ 내용 출처 : 『살아있는 세계사 재미있는 논술, 근대편(르네상스에서 독일 통일까지)3』 출판사 : 성안당

▶ 그림을 보면서 나만의 언어로 설명해 보세요.

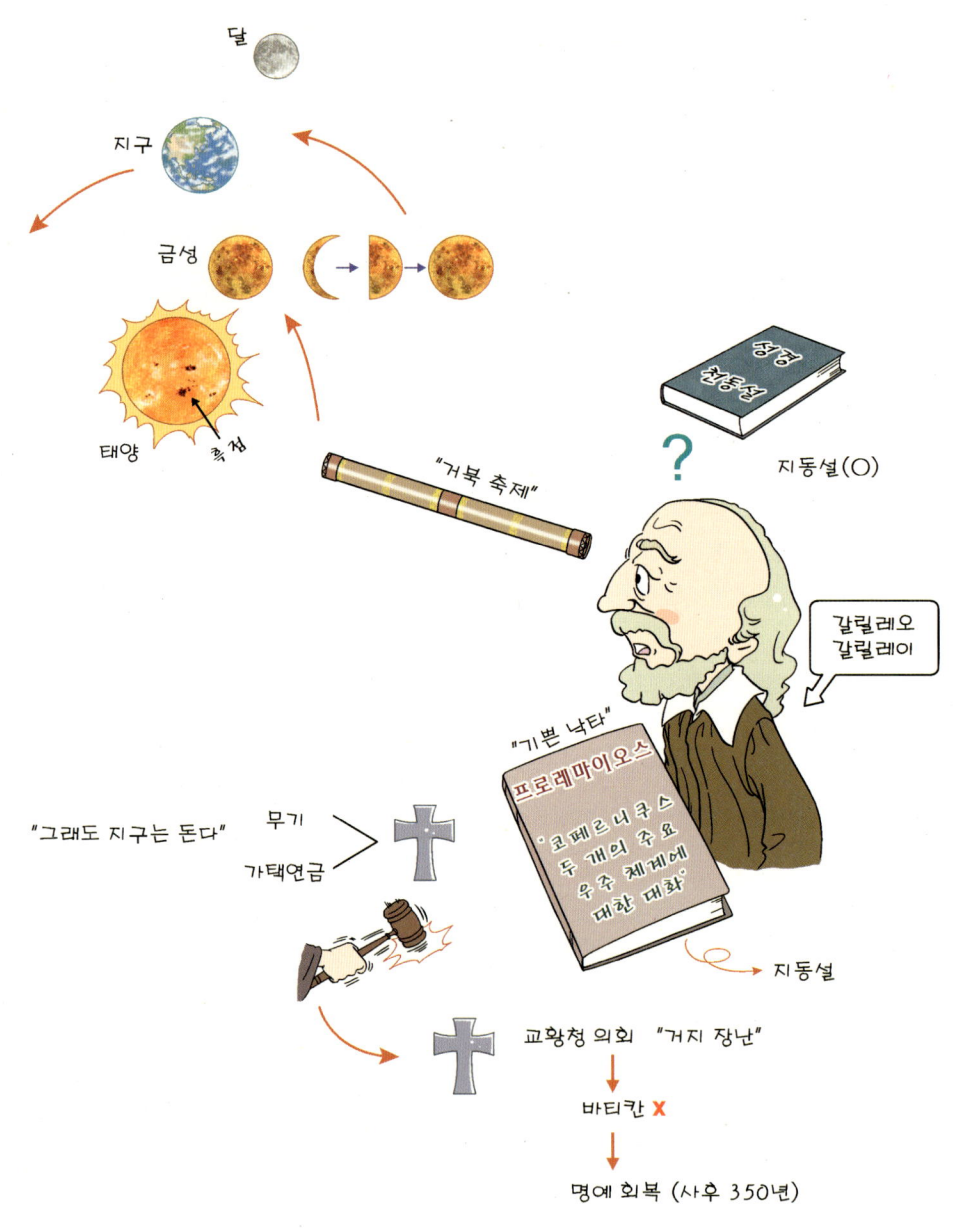

핵심 결합법(영상화)은 이렇게 4

학기마다 여러 번 등장해서 여러분의 기억을 힘들게 하는 내용이 시(詩)입니다. 하지만 시에 관한 수행 평가가 있기 때문에 이를 잘 보기 위해서는 반드시 시를 외워야 합니다.

매번 기억하는 데 어려움이 있었거나 힘들어서 기억하기를 포기했다면, 이제는 걱정하지 마세요! 지금까지 훈련한 핵심 결합법을 잘 활용하면 이러한 고민은 해결할 수 있습니다.

시에는 시를 읽을 때 느껴지는 말의 리듬인 운율과, 마음속으로 떠오르는 느낌이나 모습인 심상(이미지)이 있습니다. 심상(이미지)에는 시각적, 청각적, 후각적, 미각적, 촉각적, 공감각적 이미지가 있습니다. 즉, 시를 읽거나 들으면서 마음속에 그려지는 사물의 모양, 색깔, 소리, 맛, 촉감 등의 감각적인 느낌이나 이미지가 있다는 것입니다. 이러한 시 속의 심상(이미지)을 떠올려 기억을 하게 되면 활자를 연속해서 암기하는 것보다 훨씬 좋은 기억이 됩니다.

:: 기억해야 할 시(詩)를 여러 번 읽으세요.
:: 표현 방법과 함께 '시어'를 정확히 이해합니다.
:: '시행'으로 연상할 것인지, '연'으로 연상할 것인지를 정하고, 가장 중심이 되는 '시어'를 선택합니다.
:: 중심이 되는 '시어'와 함께 나머지의 내용을 심상(이미지)으로 떠올려 연상합니다.
:: 연상이 다 된 후에는 반드시 눈을 감고 회상하고, 잘못 기억된 '시어'는 없는지 다시 한 번 점검하고 연상합니다.
:: 머릿속에 심상(이미지)을 떠올려 연상해도 되고, 노트나 연습장에 장면을 그리면서 연상해도 됩니다.

별 헤는 밤

계절이 지나가는 하늘에는
가을로 가득 차 있습니다.

나는 아무 걱정도 없이
가을 속의 별들을 다 헤일 듯합니다.

가슴속에 하나, 둘 새겨지는 별을
이제 다 못 헤는 것은 쉬이 아침이 오는 까닭이요
내일 밤이 남은 까닭이요
아직 나의 청춘이 다하지 않은 까닭입니다.

별 하나에 추억과
별 하나에 사랑과
별 하나에 쓸쓸함과
별 하나에 동경과
별 하나에 시와
별 하나에 어머니, 어머니

어머님, 나는 별 하나에 아름다운 말 한마디씩 불러봅니다.
소학교 때 책상을 같이했던 아이들의 이름과
패, 경, 옥, 이런 이국 소녀들의 이름과
벌써 아기 어머니 된 계집애들의 이름과
가난한 이웃 사람들의 이름과
비둘기, 강아지, 토끼, 노새, 노루,
'프랑시스 잠', '라이너 마리아 릴케'
이런 시인의 이름을 불러봅니다.

이네들은 너무나 멀리 있습니다.
별이 아스라이 멀듯이

어머님
그리고 당신은 멀리 북간도에 계십니다.

나는 무엇인지 그리워
이 많은 별빛이 내린 언덕 위에 내 이름자를 써보고
흙으로 덮어 버리었습니다.

딴은, 밤을 새워 우는 벌레는
부끄러운 이름을 슬퍼하는 까닭입니다.

그러나 겨울이 지나고 나의 별에도 봄이 오면
무덤 위에 파란 잔디가 피어나듯이
내 이름자 묻힌 언덕 위에도
자랑처럼 풀이 무성할 거외다.

(윤동주: 1917.12.30~1945.2.16)

제목 : 별헤는 밤 (윤동주)

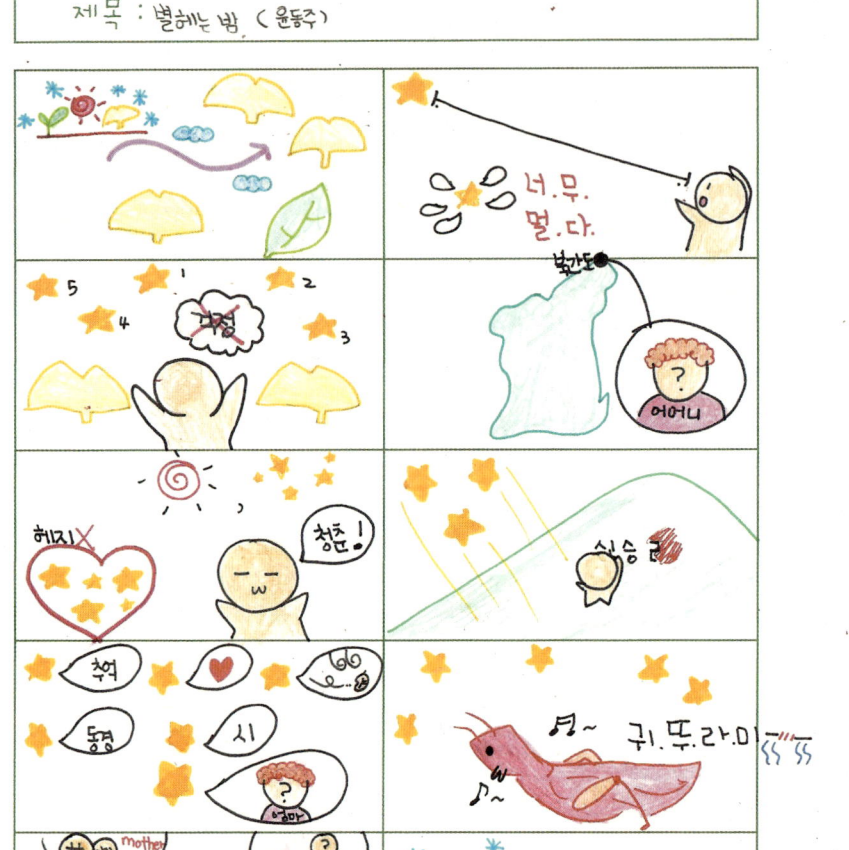

▶ 연상된 내용은 개인마다 차이가 날 수 있지만, 공통적인 사항은 글을 외우는 것보다 이미지를 떠올려 연상하게 되면 더 정확하게 기억할 수 있습니다.

THEME 3

마인드맵
그리기

STEP 1

마인드맵

"공부할 내용의 개념과 개념 사이의 관계들을 A4 용지 한 장에 표현하고 완벽하게 기억할 수 있으면 얼마나 좋을까?"

"핵심 내용만 뽑아서 창의적으로 공부할 수 있는 방법은 없을까?"

"기억한 내용을 장기 기억하고, 반복 학습을 효과적으로 할 수 있는 방법은 없을까?"

이런 고민을 했던 학생들이라면 '마인드맵' 학습법이 정답이 될 것입니다.

1 : 마인드맵이란?

마인드맵은 베스트셀러 작가이면서 방송인이기도 한 토니 부잔(Tony Buzan)이 개발한 두뇌 활동을 극대화하는 학습 방법으로, 읽고 생각하고 기억해야 할 모든 내용을 마음속에 지도를 그리듯이 표현하는 방법입니다. 즉 핵심 단어, 색, 부호, 이미지를 사용하여 방사형으로 펼쳐나가면서 좌·우뇌의 기능을 유기적으로 연결하여 두뇌 활동을 극대화하는 창의력·사고력 중심의 학습법입니다.

마인드맵은 좌뇌의 논리력과 분석력, 우뇌의 연상력과 창의력을 효율적으로 사용해 짧은 시간에 많은 내용을 이해하고 장기 기억할 수 있는 장점이 있습니다. 또 교과서 한 권의 분량이나 한 단원의 분량을 한 장의 종이에 정리함으로써 시간이 절약되며, 질이 높은 학습과 반복 학습을 효과적으로 진행할 수 있습니다.

2 : 마인드맵을 그릴 때 필요한 도구

마인드맵을 그리기 위해서는 준비해야 할 도구가 많을 것 같지만 여러분이 평상시에 들고 다니는 필기 도구와 별로 차이가 없습니다. 기본적인 필기 도구와 색연필, 사인펜 그리고 생각과 이해, 기억을 담당하는 뇌만 있으면 충분합니다.

마인드맵은 크게 두 가지로 활용됩니다. 첫 번째는 편지·일기·글쓰기·계획·회의 등 자신의 생각을 정리하는 '생각 노트'이고, 두 번째는 책·수업·인터넷 강의 등을 통해서 자신이 알게 된 내용과 중요 내용을 정리하는 '학습 노트'입니다.

마인드맵은 종이 한 장에 모든 생각과 학습 내용이 정리되기 때문에 한 번 쓱~ 보는 것만으로도 내용을 알 수 있는 장점이 있습니다. 두뇌는 글로 기억하기보다는 색과 그림을 더 좋아합니다. 마인드맵은 생각과 학습 내용을 이미지화하여 정리하기 때문에 이해와 기억에 효과적입니다.

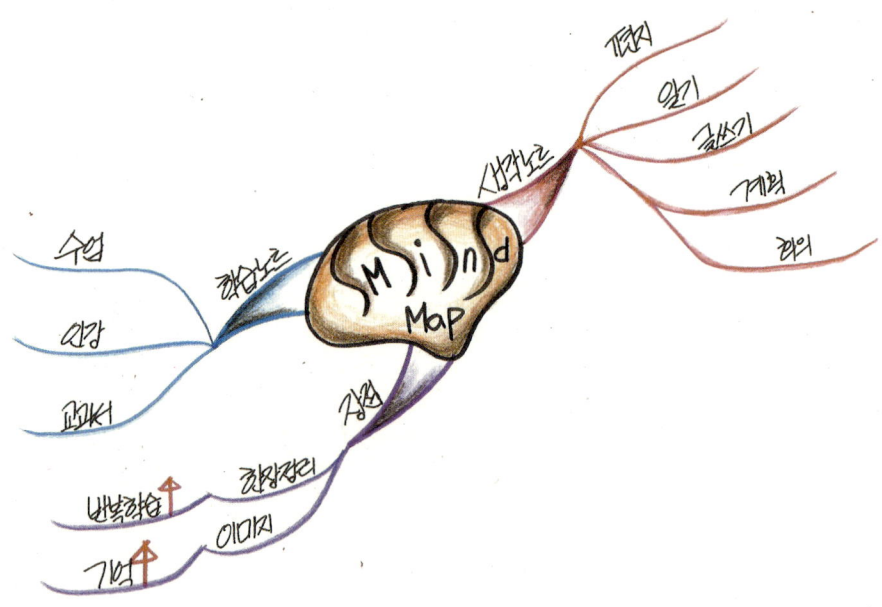

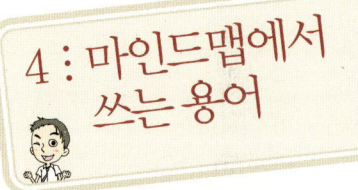

4 : 마인드맵에서 쓰는 용어

공부를 할 때나 새로운 일을 배워나갈 때 가장 먼저 알아야 하는 것은 용어입니다. 마인드맵에서도 여러분이 처음 듣는 용어들이 등장하는데, 어떤 상황에서 쓰이고 어떻게 활용될까요?

① 중심 이미지

중심 이미지는 여러분이 공부하고자 하는 제목과 생각하고자 하는 주제를 요약하여 그린 그림으로 종이의 중앙에 그립니다.

② 주 가지

중심 이미지에서 굵게 뻗어 나온 가지로, 중심 이미지와 관련된 문단의 중심 내용을 단어나 이미지를 이용하여 표현한 것입니다. 주 가지를 그릴 때에는 반드시 중심 이미지와 연결되어야 하며, 처음에는 굵었다가 점점 얇아지는 모양으로 그립니다.

③ 부 가지

주 가지에서 뻗어나가는 가지로, 주 가지의 하위 내용을 작성하거나 그리는 가지입니다. 가는 곡선의 형태로 그리고, 가지의 끝과 끝이 반드시 연결되어야 합니다. 그리고 단어나 이미지의 크기가 비슷해야 합니다.

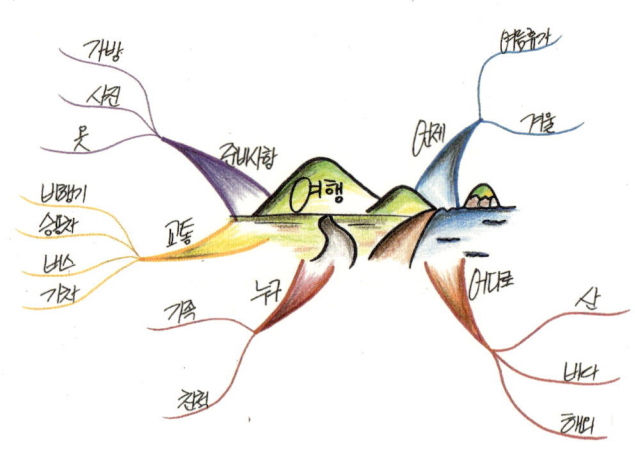

④ 세부 가지

부 가지에서 뻗어나가는 가지로, 부 가지의 하위 내용을 작성하거나 그리는 가지입니다.

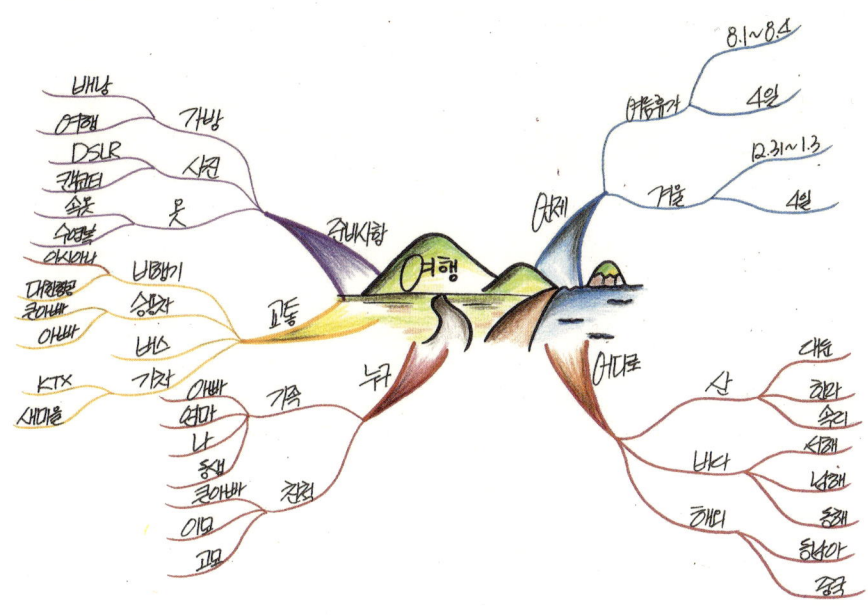

5 : 기호와 그림으로 표현하기

마인드맵을 그릴 때 기호를 사용하면 기억해야 할 많은 내용을 함축적으로 표시할 수 있으며, 기호에 따른 강조와 우뇌의 능력을 통해 더 좋은 기억을 할 수 있다는 장점이 있습니다. 아래에 있는 기호는 일반적인 기호이지만 여러분은 자신만의 독특한 기호와 아이콘을 많이 만들어 활용하기를 바랍니다.

예 우리나라 지도, 사람(남자, 여자, 왕), 건물, 산, 과일, 동물 등

중요	매우 중요	강조	왕강조
시험 출제 부분	의문 사항	의문 사항 해결	높다 낮다
같다 다르다	그래서	아니다	주의

우리의 두뇌는 <mark>단어나 문장보다는 그림으로 기억하기를 좋아하고, 오랫동안 기억을 합니다.</mark> 지금까지의 마인드맵에서는 색과 간단한 기호는 사용했지만, 그림과 기억법은 적용되지 않았습니다. 먼저, 아래의 제시된 내용을 확인하고, 어떤 방법이 더 효과적인지 살펴보세요.

편의점

| 콜라 | 새우깡 | 삼각김밥 | CD | 건전지 | 샌드위치 |
| 사이다 | 오렌지주스 | 빼빼로 | 고래밥 | 햄버거 | 화장지 |

위의 내용을 분류하면 다음과 같습니다.

1 | **중심 이미지** : 편의점

2 | **주 가지** : 음료, 과자, 간식, 잡지

3 | **부 가지**

  • **음료** : 콜라, 사이다, 오렌지주스

  • **과자** : 새우깡, 빼빼로, 고래밥

• **간식** : 삼각김밥, 샌드위치, 햄버거

• **생활용품** : CD, 건전지, 화장지

이 내용을 가지고 세 가지 형태의 맵을 작성할 것입니다. 자신의 생각과 방법에 가장 적합하고 효과적인 방법을 찾아보세요.

"나는 그림을 잘 못 그리는데?"

이런 생각은 하지 마세요. 자신만 알아볼 수 있으면 됩니다. 예를 들어 '이병헌'이라는 영화배우를 맵에 표시해야 할 경우 '졸라맨'을 그려놓고 머릿속으로는 '이병헌'을 떠올려도 됩니다. 왜? 나는 그림을 잘 못 그리니까!

또한 중심 단어만으로 맵을 작성해야겠다는 생각은 버리고, 다양한 여러 가지 방법을 접목해 보세요.

① 단어만으로 그린 마인드맵

중심 단어만으로 그린 마인드맵입니다. 처음 내용에는 종목별로 분류가 되었다는 장점은 있지만 기억력을 많이 발휘해야 합니다.

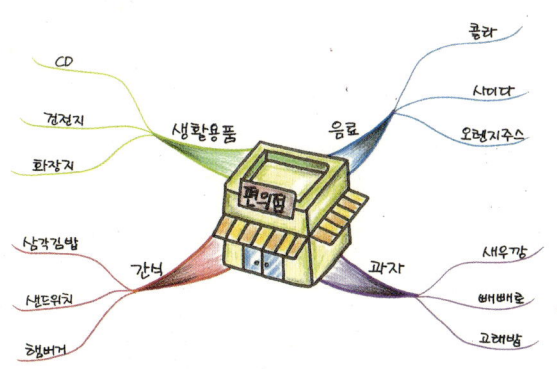

② 기호와 그림으로 그린 마인드맵

"에이~ 단어만 쓰기도 힘든데, 귀찮게 기호와 그림을 언제 그려!"라고 말할 수도 있습니다. 앞에서 말한 바와 같이 우리 두뇌는 단어를 그리 좋아하지 않습니다. 이는 다시 말해 조그마한 기호와 그림일지라도 두뇌는 자극을 더 받게 되고, 그로 인해 좋은 기억이 될 수 있다는 뜻입니다.

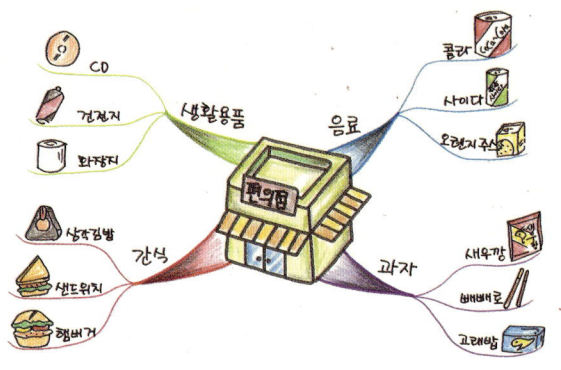

③ 기억법을 사용한 마인드맵

제시된 마인드맵은 핵심 결합법(영상화)을 사용한 방법입니다. 앞서 살펴본 두 가지 방법보다는 확연히 다르다는 느낌이 들 것입니다. 인출 단서에 전체적인 내용이 하나의 장면으로 연상되어 있기 때문에 이와 같은 방법은 아주 좋은 기억을 만듭니다.

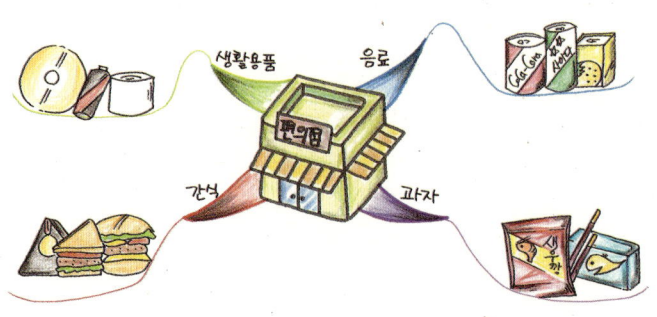

6 : 꼭 색을 사용해야 하나요?

"흑백 사진의 사과와 컬러 사진의 사과 중 어떤 사진이 좋은 기억이 될까요?"

"컬러 사진이요."

분명 기억을 하는 데 있어서 색상의 사용은 기억을 더 선명하게 하는 효과가 있으며 가지마다 다른 색을 통해서 학습 내용을 구분 지을 수 있다는 장점도 가지고 있습니다. 하지만 마인드맵을 그려야 하는 과정에서 미처 사인펜과 색연필을 준비하지 못했거나 급하게 빨리 그려야 하는 경우 등 색을 사용하지 못할 상황에 놓일 수도 있습니다. "사인펜과 색연필이 집에 있으니 집에 가서 해야겠다.", "시간 있을 때 해야겠다." 등 다양한 생각에서 학습을 미루는 경향이 있는데, 학습은 미루면 안 됩니다.

그럴 때에는 우선 자신이 가지고 있는 연필과 샤프 등으로 맵을 작성하고 반복 학습을 하는 과정에서 색을 입히는 방법을 선택하는 것이 좋습니다. 그런데 많은 학생들이 이러한 경험을 한두 번 하다 보면 사인펜과 색연필 색을 바꿔가면서 맵을 그린다는 것이 번거롭다고 느낍니다. 이것은 대단히 잘못된 생각입니다.

기억을 선명하게 하는 색을 사용하는 것이 좋으며 단어보다는 이미지를 많이 사용하는 것이 분명 좋은 기억이 됩니다. 마인드맵을 한 번 그리는 것으로 공부가 다 된 것이 아닙니다. 시험을 위해서 여러 번 봐야 하는 맵이기 때문에 처음 그릴 때 좋은 기억이 될 수 있도록 그리는 것이 좋습니다.

뒤에 나오는 맵은 어쩔 수 없는 상황에서 단색으로 작성한 맵입니다. 이러한 맵은 단색으로 두지 말고 반복 학습을 진행하면서 색을 입히도록 합니다.

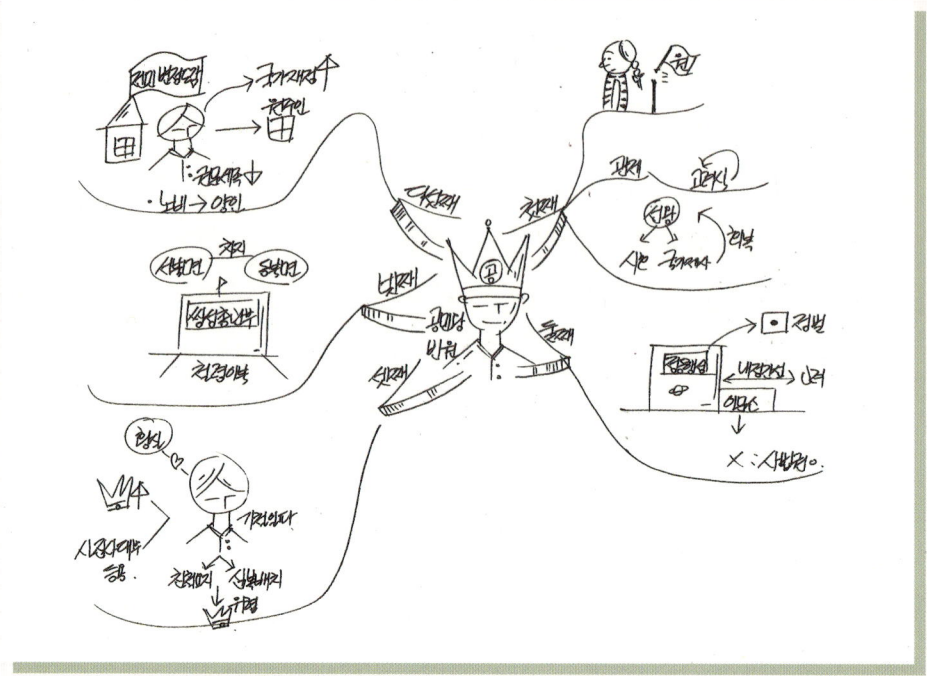

▶ 단색으로 그린 마인드맵

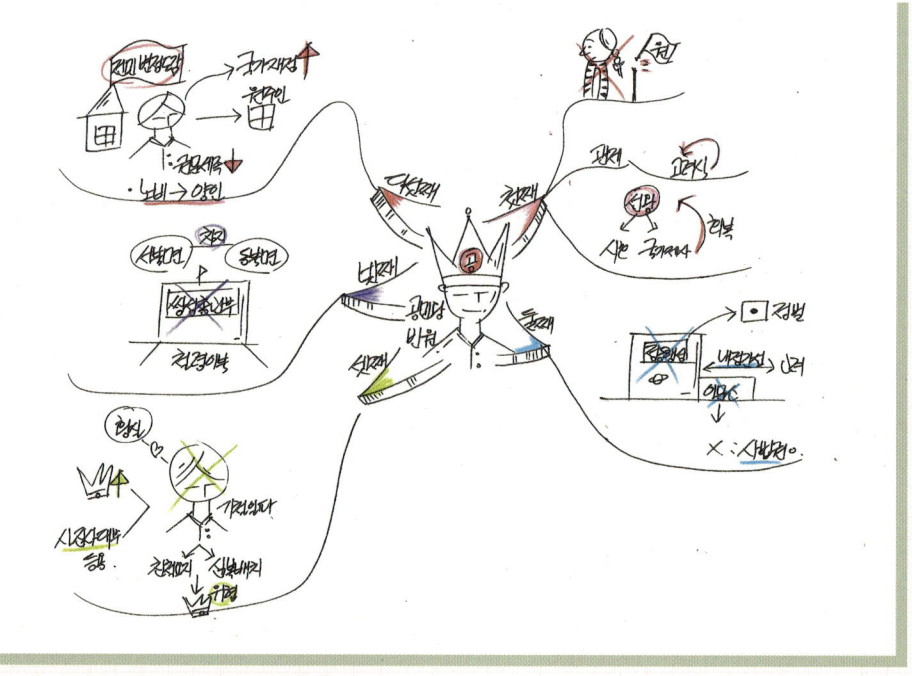

▶ 색을 입히면서 반복 학습한 마인드맵

종이 한 장에 대단원이나 중단원 등 학습 내용이 많은 마인드맵을 그릴 때 자칫 맵이 복잡해질 때도 있을 것입니다. 기억을 위해 마인드맵을 활용하는 것은 그리면서 기억의 과정과 반복 학습을 쉽고 빠르게 하기 위함입니다. 맵이 복잡하게 작성되었을 때에는 단원이나 학습 분류에 따라 영역을 표시해야 합니다. 영역 표시를 해서 학습 내용을 구분 짓는 이유는 기억과 반복 학습 과정을 좀 더 효과적으로 진행하기 위함입니다.

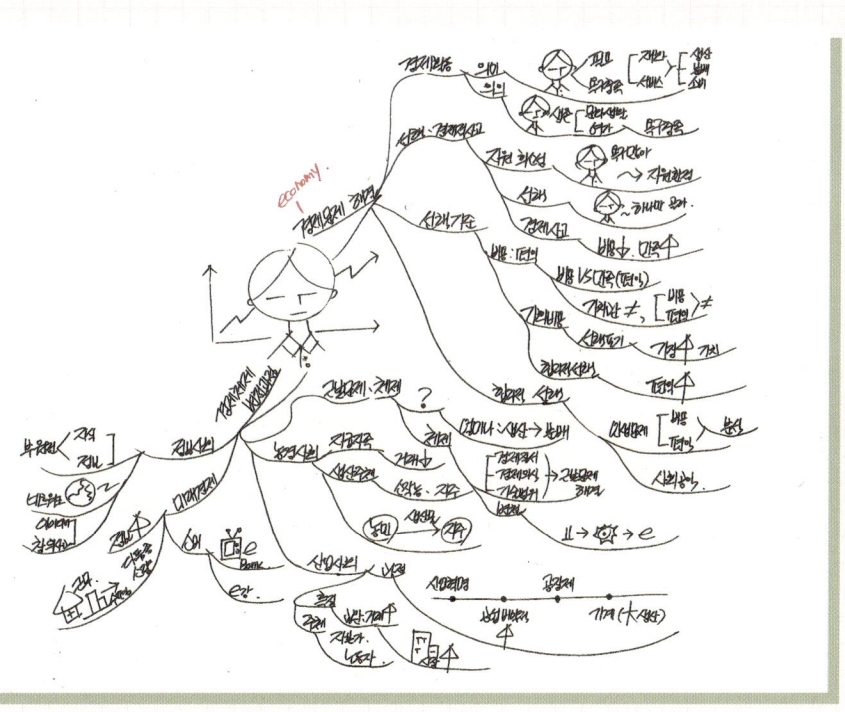

▶ 학습 내용에 대한 구분이 없어 복잡해 보임

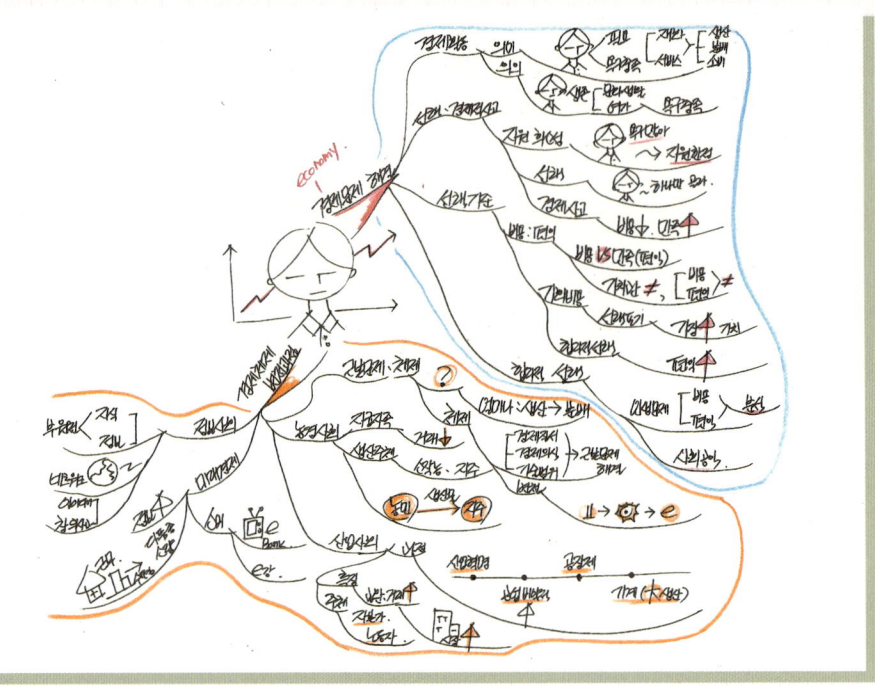

▶ 학습 내용에 따라 영역 구분이 있어 한눈에 파악하기 쉬움

8 : 가지의 수 줄이기

마인드맵을 그리다 보면 나열된 학습 내용이 많이 등장하게 됩니다. 이러한 나열된 내용은 맵의 가지 수를 많게 하여 맵을 그리는 데도 힘이 들고 복잡하게 느껴질 때도 있습니다. 마인드맵은 하나의 가지에 하나의 중심 단어를 작성하는 것이 원칙이지만, 조금만 응용하면 더 좋고 간결한 마인드맵을 작성할 수 있습니다.

해마다 개발도상국에 파견되어 한국어, 태권도, 컴퓨터, 자동차 정비 등을 가르치고 의료 봉사 활동을 통해 한국인의 마음을 보여주고 있다.

영남지방의 특산물로는 인삼(풍기), 고추(영양), 단감(진영), 유자(남해), 배(울산)가 유명하다.

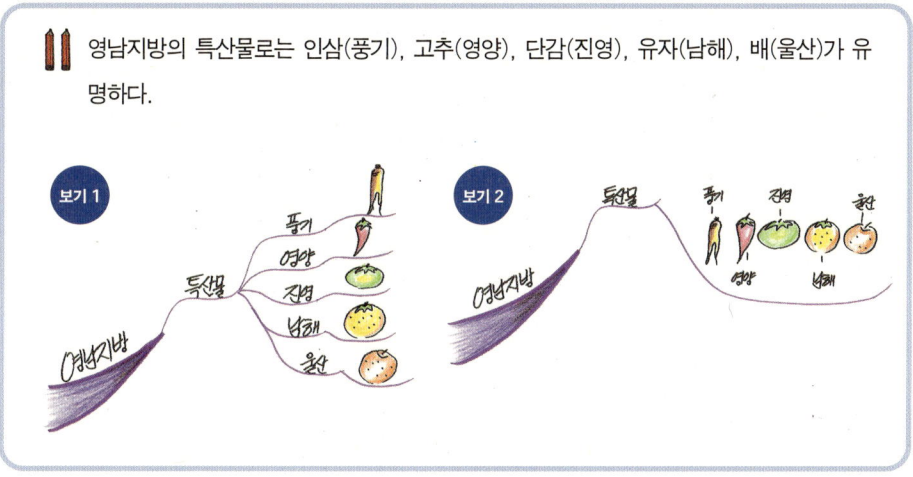

보기1 과 보기2 를 비교해 보세요. 학습 내용과 기억의 대상은 같지만 작성 방법에 따라 효과는 달라질 수 있습니다. '개발도상국'의 내용은 하나의 가지에 하나의 핵심 단어를 작성하여 그린 것이지만, 이렇게 비슷한 학습 내용이 많이 등장하게 되면 보기1 은 매우 복잡한 맵이 될 것입니다. 처음 맵을 그린다면 보기1 과 같은 방법으로 시작하고, 어느 정도 맵을 익숙하게 그리게 되었다면 보기2 의 방법으로 더욱 멋진 맵을 그릴 수 있습니다.

거란은 1차 침입(993)에 수십만 대군을 이끌고 침략하였다. 서희는 소손녕과의 외교담판에서 송과의 관계를 끊는 대신 강동6주를 돌려받기로 하고 화약을 맺었다.

거란의 2차 침입(1010)은 정조의 정변을 트집 잡아 거란 성종이 직접 침략하였다. 개경이 함락되기도 했지만 양규가 거란군을 크게 격파하였다.

거란의 3차 침입은 소배압이 10만 대군을 이끌고 침략하였다. 고려군의 지휘관인 강감찬이 귀주에서 거란군을 일시에 포위해 공격했다. 거란군 10만 가운데 살아남은 자가 수천 명에 불과할 정도로 대승을 거두었다. 이 전투가 바로 그 유명한 귀주대첩(1019)이다.

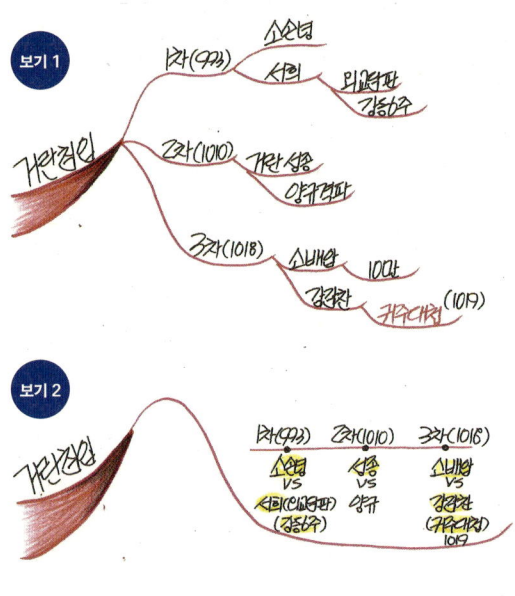

예제처럼 사건의 흐름에 따라 기억해야 하는 학습 내용이 자주 등장합니다. '거란의 침입'이라는 제목에서 1차·2차·3차 침입, 인물과 결과까지 많은 내용을 맵으로 작성하다 보니 가지 역시 많아질 수밖에 없습니다. 이 경우에는 초등학교 때 배운 '연표'를 응용하면 매우 간단하면서 보기 좋은 맵을 그릴 수 있습니다.

마인드맵을 그릴 때 응용력을 발휘하면 그리기도 쉽고 내용이 단순하게 표현되기 때문에 반복 학습을 하는 데도 아주 효과적입니다. 또한 시각적으로 봤을 때 학습 내용이 많아 보이지 않아 학습에 대한 부담을 줄일 수 있습니다. 빈 공간에 내용을 추가하고 오답을 정리하여 다양하게 활용한다면 완벽한 나만의 참고서를 만들 수 있게 됩니다.

마인드맵을 작성할 때에는 하나의 가지에 한 개의 중심 단어를 사용하는 것이 기본 원칙이지만 단어보다는 이미지, 아이콘, 자신만의 독특한 기호를 사용하여 더욱 효과적인 마인드맵을 만들 수 있습니다. 작성하는 과정에서 주 가지, 부 가지, 세부 가지에 따라 글자의 크기, 가지 모양, 이미지, 아이콘의 크기를 다양하게 변화시켜 자신의 생각과 학습 내용이 한눈에 확인될 수 있도록 합니다.

9 : 중심 단어 찾기

공부하는 과정에서 가장 중요한 것은 ==자신에게 필요한 정보와 필요하지 않은 정보를 구별하고 이해 내용과 기억 내용을 구별하는 것입니다.== 성적이 좋으면서 공부의 속도가 빠른 학생들은 이런 사항을 감각적으로 활용하고 있지만, 그렇지 못한 학생들은 이 사실을 모른 채 모든 내용을 기억하고 있습니다.

이것은 마인드맵에서 굉장히 중요합니다. 마인드맵의 특징 중 하나는 '하나의 가지에 한 개의 중심 단어'를 사용한다는 것입니다. 중심 단어를 찾는 능력이 부족하거나 찾지 못하면 마인드맵을 작성하기가 힘듭니다.

"어? 나는 중심 단어가 뭔지도 모르고, 찾아본 적도 없는데 어떡하지?"

너무 걱정하지 마세요. 중심 단어 찾기 훈련을 하면 여러분도 감각적으로 찾을 수 있는 능력이 생길 것입니다. 시작해 볼까요?

먼저 글을 잘 읽고 충분히 이해를 하세요. 무엇에 관한 이야기인지, 누구에 관한 이야기인지를 파악해야 합니다.

예를 들어 봅시다. 여러분이 오늘 엄마 아빠와 함께 대형 마트에 쇼핑을 하러 갔습니다. 대형 마트에서 삼겹살, 상추, 고추 등을 사서 집에 왔다면 중심 단어는 무엇일까요? 무엇에 관한 이야기일까요? 쇼핑에 관한 이야기이기 때문에 쇼핑이 중심 단어가 되는 것입니다.

문장에서 중심 단어를 찾아보세요

글의 최소 단위인 문장과 문장이 모이는 문단 그리고 소단원의 제목이 중심 단어가 되는 경우도 있으며, 단원마다 중심 단어가 있는 경우도 있습니다. 중심 단어는 글의 생각과 개념을 이해하고 기억하는 데 도움을 주는 글을 대표하는 단어입니다.

:: 일요일 오전 내내 친구들과 함께 축구를 했습니다.

→ 축구에 관한 이야기를 하고 있기 때문에 중심 단어는 축구입니다.

:: 후백제를 세운 견훤은 전라도와 충청도의 대부분을 점령했으며, 우세한 군사력으로 신라를 압박했다.

→ 견훤의 업적을 설명하고 있으므로 중심 단어는 견훤입니다.

:: 장수풍뎅이는 우리나라에서 나는 풍뎅이 중 제일 큰 풍뎅이로 갑옷처럼 딱딱한 옷을 입고 있다고 해서 투구벌레라고도 합니다.

→ 이 문장은 장수풍뎅이의 또 다른 이름을 설명하는 문장이므로 중심 단어는 투구벌레가 됩니다.

:: 참외꽃은 처음부터 암·수가 결정되어 있는 것은 아니고, 유전적인 소질과 환경의 영향을 받아 발육 과정에서 암·수가 결정된다.

→ 참외꽃의 암·수가 결정되는 내용을 설명하고 있으므로, 중심 단어는 참외꽃이 됩니다.

:: 이집트인들은 놀라운 건축술을 지니고 있었는데, 무거운 돌로 정확하게 지은 거대한 기념물들도 단순한 방법으로 돌을 옮기고 들어 올려 지었다.

→ 이 문장의 내용만으로는 이집트 건축술이 중심 단어가 됩니다. 하지만 이 문장이 속해 있는 글의 제목이 이집트라면 이 문장의 중심 단어는 건축술이 됩니다.

문단에서 중심 단어를 찾아 보세요

문단에서 중심 단어는 문단의 첫째 줄과 마지막 줄에 위치하는 경우가 많습니다. 이 부분을 유심히 살펴보고, 예로 들은 내용과 나열된 내용은 중심 단어에서 제외시키세요.

:: 현대의 체육 활동은 존엄성을 중시하고 있다. 과학과 생활양식의 발달로 인해 다양한 모습으로 발전하고 있으며, 건강에 대한 인식이 높아지면서 생활 체육과 평생 체육이 강조되고 있는 시점이다.

➡ 다양한 모습으로 발전하고, 생활 체육과 평생 체육이 강조되고 있는 내용은 무엇일까요? 윗글의 중심 단어는 바로 현대 체육 활동입니다.

:: 갯벌은 밀물과 썰물이 교차하고 하루 중에 반이 바다로, 나머지 반이 육지로 드러나는 지역 중 모래와 펄로 이루어진 지역이다. 갯벌은 해상과 육상의 두 생태계가 겹치는 곳으로 징검다리 역할을 하며, 유지로부터 지속적으로 영양분이 흘러 들어와 중요한 수산물들이 많이 생산되는 곳이다.

➡ 밀물과 썰물의 교차, 모래와 펄, 징검다리 역할, 수산물이 많이 생산되는 곳은 어디일까요? 바로 갯벌입니다. 그러므로 갯벌이 중심 단어가 됩니다.

:: 외세의 침투가 나날이 지속되어 나라의 자주권이 크게 위협을 당하자 국민들 사이에 나라의 독립을 지키려는 움직임이 일어났다. 독립신문을 간행하고 있던 서재필과 개화파의 지식인들은 자주 독립을 목적으로 독립협회를 조직하였다(1869).

➡ 독립협회가 조직된 계기와 인물 그리고 목적을 설명하고 있으므로 중심 단어는 독립협회가 됩니다.

:: 일요일, 가족들과 밖에서 외식을 하기로 했는데 아버지 어릴 적 친구 분이 오셨다. 아버지와 얼마 전 길에서 우연히 만나 전화번호를 주고받았다. 우리 집과 그리 멀지 않은 곳에 사는 친구 분은 어릴 적 놀던 생각이 나서 일요일에 불쑥 찾아온 것이었다. 아버지께서는 친구 분을 반갑게 맞아주셨다. 하지만 동생은 외식을 못 가게 되어 화가 나 자기 방에서 인사를 하러 나오지도 않았다. 부모님께서는 화가 나신 것 같았지만 친구 분이 계셔서 동생을 혼내지 못했다.

➡ 외식을 하기로 했지만 아버지 친구가 오셔서 못하게 되었으며, 이로 인해 동생이 화가 났다. 이 글의 중심 단어는 아버지 친구가 됩니다.

:: 애완동물 중 여름에 배탈을 앓는 동물이 다른 계절보다 50% 이상 늘어납니다. 이러한 이유 중 가장 큰 원인은 상한 음식입니다. 애완동물의 배탈을 피하려면 한 끼에 먹을 적당량을 주고, 남은 음식은 제때에 치워주어야 합니다. 야생 개나 고양이는 상한 음식에도 잘 적응하지만, 애완동물은 상한 음식에 쉽게 배탈을 일으키기 때문입니다. 애완동물 혼자 집에 있게 되는 직장인이라면 냉장 기능을 갖춘 자동 급식기를 이용하는 것도 하나의 방법이 될 수 있습니다. 특히 생후 3~4개월 된 애완동물에게는 배탈은 치명적입니다.

➡ 애완동물, 배탈, 자동 급식기가 눈에 띕니다. 애완동물은 범위가 너무 넓고, 배탈의 원인과 피하는 방법에 대해 자세히 나와 있으므로 중심 단어는 배탈입니다.

똑소리나는 학습법으로 야무지게 공부하는 ----- 공부의 정석

마인드맵을 그려보자

STEP 1에서 마인드맵을 작성하기 위한 기본적인 이론과 방법을 습득했습니다. 이번에는 어떤 과정의 흐름 속에서 마인드맵이 작성되고, 보다 효과적인 마인드맵은 어떠한 것인지를 알아보는 과정입니다.

마인드맵은 중심 이미지에서 많은 가지들이 모여 뻗어나가게 됩니다. 가지의 모양이나 각 가지마다의 관계를 정확히 이해하지 못하고 잘못 그리게 되면 자신이 원하는 맵이 작성되지 않을 수 있습니다. 그리고 중심 이미지, 주 가지, 부 가지, 세부 가지가 어떠한 흐름을 통해서 서로 연결이 되는지 정확히 알기 위해서는 맵을 많이 그려보아야 합니다.

1 : 숫자 마인드맵

숫자 마인드맵을 종이에 그려봅니다. 그리는 과정에서 숫자와 가지의 연결이 어떠한 흐름으로 진행되는지 정확히 숙지하기 바랍니다.

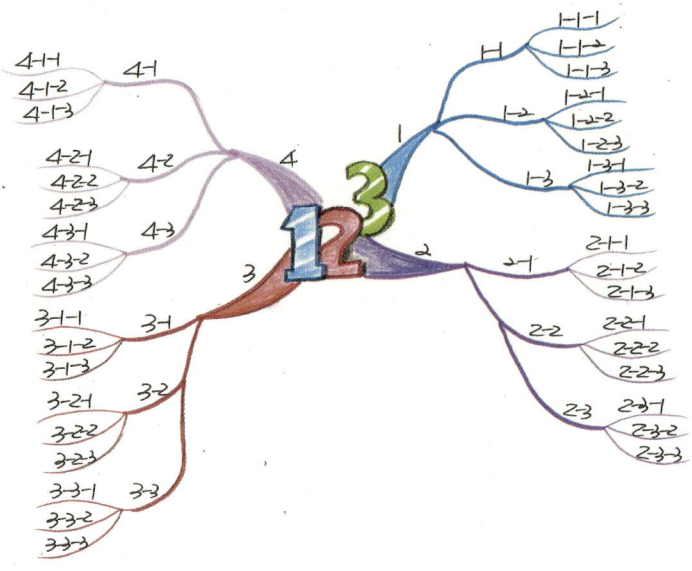

여러분도 위와 같이 종이 위에 숫자 마인드맵을 그려보면서 가지를 그리는 방법과 주 가지, 부 가지, 세부 가지가 어떻게 연결되는지 알아봅니다.

2 : 차례 마인드맵

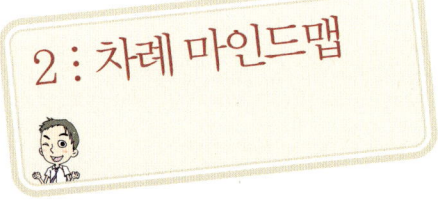

숫자 마인드맵을 통해 마인드맵의 기본적인 흐름과 구조를 이해했나요? 가지를 그리는 능력도 제법 좋아졌겠죠?

이번에는 교과서에 수록된 차례를 가지고 마인드맵을 작성해 봅시다. 대단원, 중단원, 소단원들이 각각의 가지에 어떻게 작성되고 그려지는지 확인하고, 여러분의 교과서를 가지고 직접 한번 그려보는 시간을 갖도록 합니다.

Ⅰ. 우리나라 역사의 시작
  1. 선사시대의 생활
  2. 국가의 성립

Ⅱ. 삼국의 성립과 발전
  1. 삼국의 형성
  2. 삼국의 발전
  3. 신라의 삼국통일

Ⅲ. 통일신라와 발해
  1. 통일신라와 발해의 발전
  2. 신라의 동요와 후삼국의 형성

Ⅳ. 고려의 성립과 발전
  1. 고려의 발전
  2. 무신정권의 성립
  3. 몽고와의 전쟁과 자주성의 회복

Ⅴ. 조선의 성립과 발전
  1. 조선의 성립
  2. 사림세력의 성장
  3. 왜란과 호란의 극복

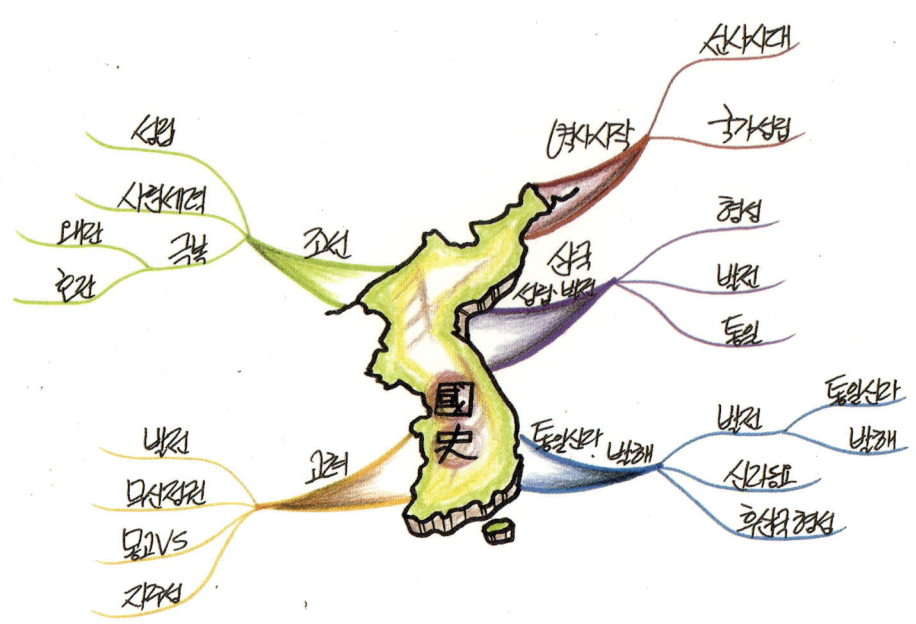

3 : 가족 마인드맵

숫자 마인드맵과 차례 마인드맵 두 가지 형태는 문단을 나누고 중심 단어를 찾을 필요가 없는 내용이었습니다. 마인드맵을 작성하기 위해서는 글의 중심 단어를 파악할 줄 알아야 하며 이해력이 높아야 합니다. 아직은 맵을 작성하기 위한 기초적인 능력이 부족하므로 쉬운 지문부터 훈련을 진행합니다.

가족 마인드맵에서는 앞에서 배운 중심 단어 찾기 훈련을 바탕으로 여러분 스스로 문단을 나누고 중심 단어를 찾아 표시하고 그립니다. 어휘력이 부족한 사람도 기초적인 지식이 없는 사람도 충분히 분석하고 그릴 수 있는 내용입니다.

마인드맵의 기본을 잡아가기 위한 쉬운 내용이며 이 정도의 맵을 혼자 그릴 수 있다면, 어려운 설명문도 쉽게 적응할 수 있습니다. 맵을 그리는 과정에서 기호와 아이콘을 활용해서 작성해도 되지만, 마인드맵의 기본적인 구성 원리에 대한 이해를 위해서 진행되는 훈련이므로 기억법에서 배우고 향상시켰던 연상법은 아직은 사용하지 말도록 합니다. 작성된 예제를 참고하여, 사고력과 상상력을 동원하여 여러분의 가족에 대한 마인드맵을 재미있게 작성해 보세요.

연향중학교 2학년 김○○ 학생의 글입니다.

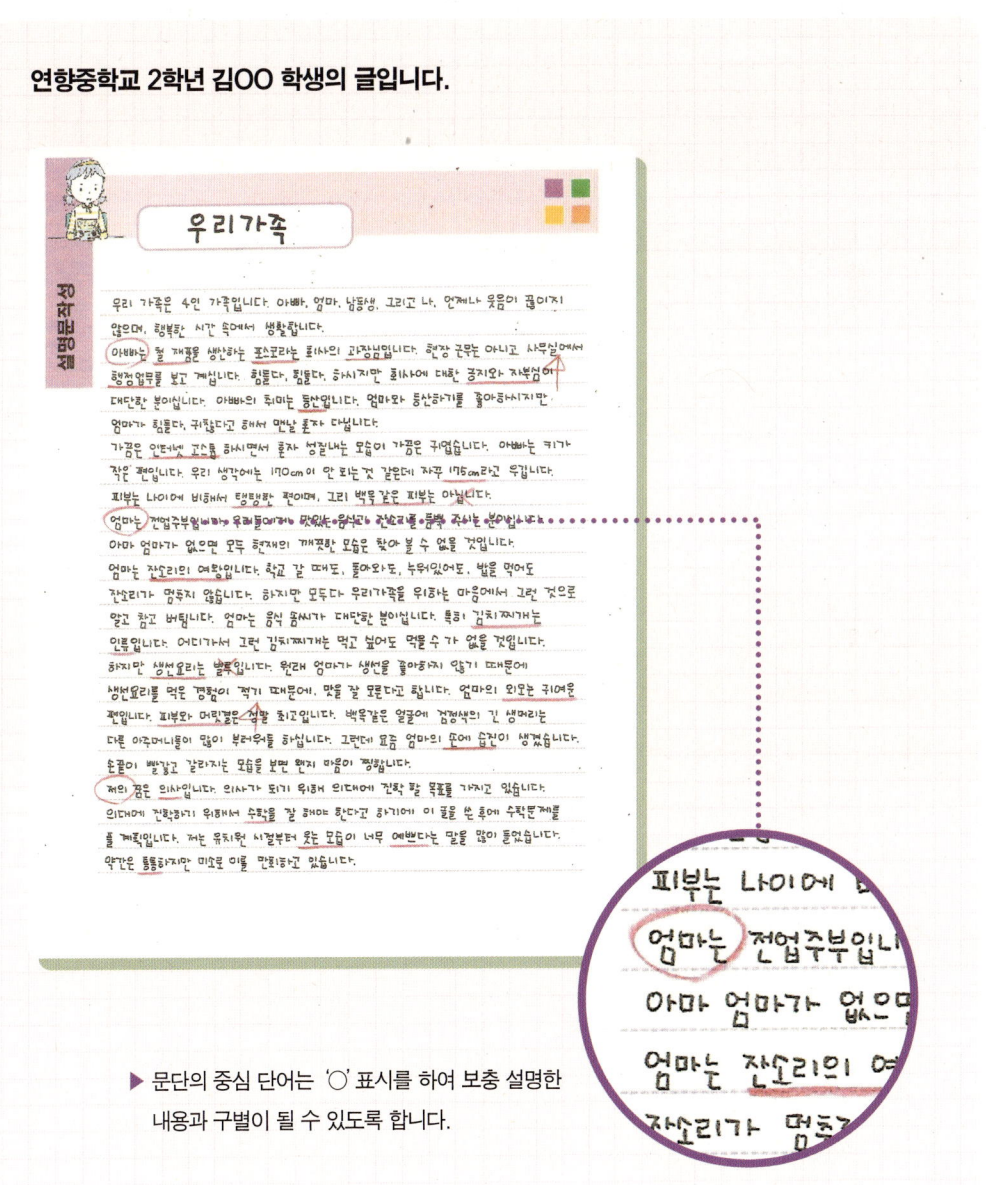

▶ 문단의 중심 단어는 '○' 표시를 하여 보충 설명한 내용과 구별이 될 수 있도록 합니다.

부모님께 감사한 것은 책 읽는 습관과 공부습관을 잘 잡아주셨다는 것입니다.
어릴적에는 왜 이것이 중요한지를 잘 몰라 짜증도 많이 냈지만, 지금은 이런한 습관과
생각을 가지고 있는 저의 모습이 너무 기특합니다. 학업이 바쁜 관계로 취미를 즐길
시간이 부족하지만 자투리 시간을 활용해서 독서를 하기도 합니다. 그리고 무엇보다도
심각한 뱃살을 위해서 2일에 한 번씩은 훌라후프를 열심히 틀립니다.
아직은 이런 게 날씬이 날씬한 적은 없으며, 오늘도 열심히 하면, 멋진 미래가 올 것이라는
기대 속에서 생활합니다.

마지막으로 저의 하나뿐인 말썽쟁이 남동생입니다. 초등학교 5학년이지만 또래의
친구들보다 덩치가 큰 편입니다. 그래서 동네 사람들이 중학생이 아니냐고 물어보기도
합니다. 지금 현재의 성적을 가지고 공부를 잘한다 못한다, 평가하기는 그렇지만 매일
꾸준히 공부하는 모습을 보여주고 있습니다. 특히 과학과 수학적 능력은 가끔 저도 깜짝
놀랄때가 한두번이 아닙니다. 이대로 잘 자라주면 분명 좋은 결과가 있을 것이라
생각됩니다. 동생은 잠꾸러기입니다. 오늘 해야 될 일을 열심히 하는 이유가 잠을 빨리
자기 위해서라고 합니다. 제일 먼저 잠자리에 들고도 제일 늦게 일어 납니다.

또래의 친구들은 게임을 좋아하는 편이고, 잘하는 편이지만 동생은 게임에는 흥미가 없습니다.
아빠도 어린시절에 게임에 대한 흥미가 없었다고 하니, 아마도 아빠를 많이 닮은
모양입니다. 그래서 컴퓨터는 제가 주로 많이 사용합니다.
다른집은 동생과 서로 컴퓨터한다고 싸운다고 하지만 저는 그리 싸울일이 없습니다.
이런 동생이 많다는 것이 저는 정말 좋습니다.

먼저 읽고 충분히 이해한 후,
분류하는 과정부터 기호를 사
용합니다.

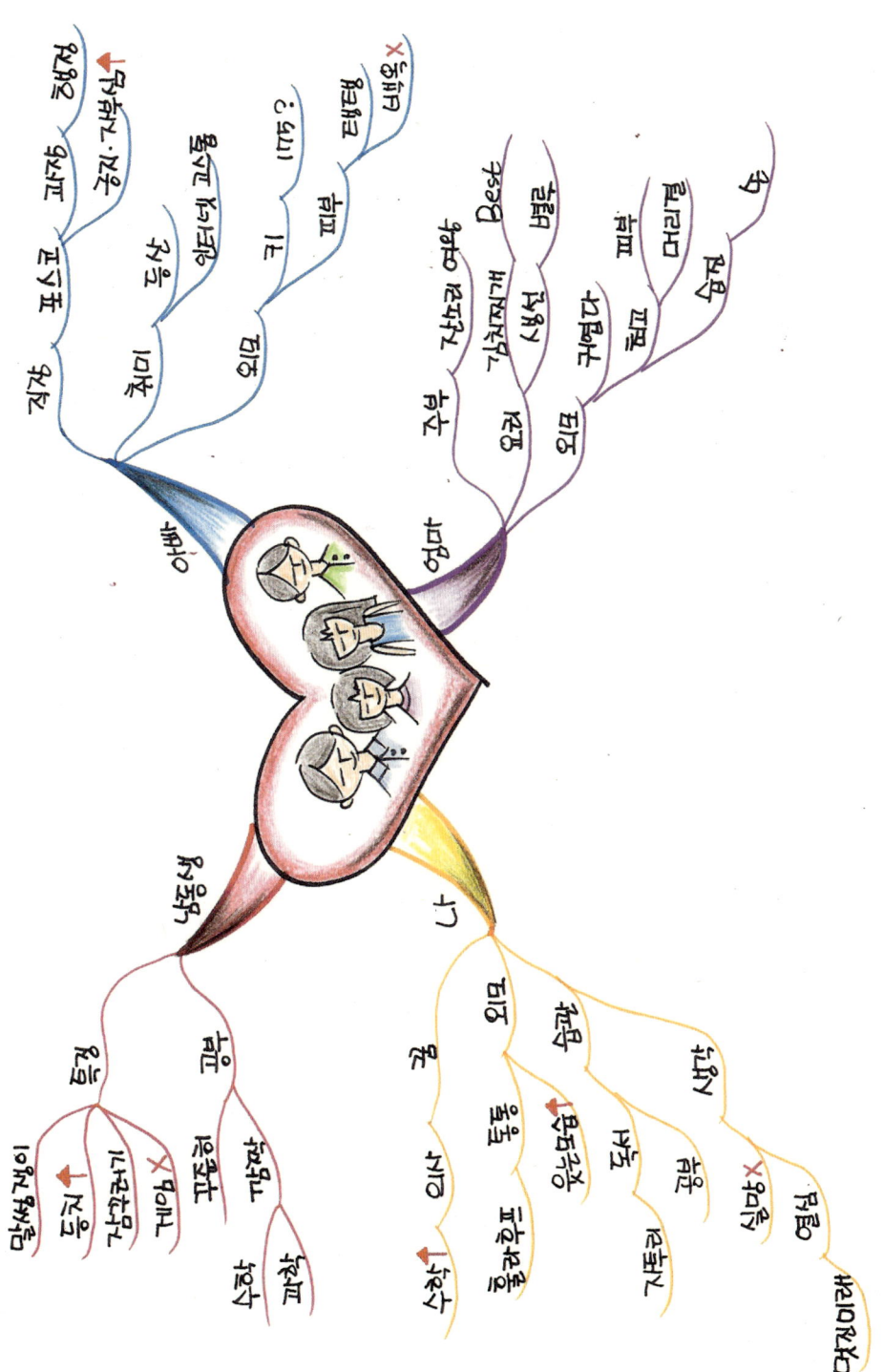

우리 가족의 마인 드맵을 그려봅시다

과목별 마인드맵을 그려보자

마인드맵의 이론과 기본적인 작성 방법, 활용법에 대해 어느 정도 파악하게 되었습니다. 이번에는 반복 학습 때 마인드맵을 어떻게 그리는 것이 좀 더 쉽고, 좋은 기억이 될 수 있는지 알아봅니다.

첫 번째는 공부에 가장 기본이 되는 과목별 내용을 가지고 마인드맵을 그리는 방법입니다. 필자는 두 가지 방법을 제시할 것입니다. 하나는 중심 단어와 기호로 작성된 마인드 맵, 또 하나는 기억법의 다양한 방법을 통해 하나의 그림으로 마인드맵을 그려나가는 방법입니다.

두 번째는 참고서 내용을 마인드맵으로 그리는 방법입니다. 과목 특성상 참고서에 나와 있는 내용이 중요한 과목도 있습니다. 그 과목을 어떤 방법으로 마인드맵화하는지 알아보고 학습에 접목해 봅니다.

세 번째는 각 단원별 수학 공식과 개념을 파악하는 마인드맵을 그리는 방법입니다. 수학 과목은 기억법과 이미지의 적용은 적지만 맵을 통해 한 단원의 개념과 공식을 완벽하게 이해하고 기억할 수 있는 학습 노트를 만드는 방법으로 공부하는 것이 효과적입니다. 마인드맵을 그리는 과정과 방법을 꼼꼼히 살펴보고 스스로의 능력이 완성될 수 있도록 노력하세요.

사회 - 제주도 마인드맵을 그려보자!

:: 중1 사회 과목 중 '제주도' 내용입니다. 사회 과목은 어떻게 마인드맵이 그려지는지 알아보고, 나에게 가장 적합하고 효율적인 마인드맵은 무엇인지 알아보세요.

4-1 관광산업이 발달한 제주도

중심 이미지

 제주도의 자연환경과 그 곳에 살고 있는 사람들의 생활모습을 알아보도록 한다.

첫 번째 주 가지

1 특색있는 제주도의 지형

제주도는 화산섬으로서, 독특한 화산지형의 특색을 볼 수 있다. 섬의 중앙에는 한라산이 높이 솟아있으며, 꼭대기에는 백록담이 있다. 섬의 곳곳에는 기생화산과 세계적인 용암동굴지대를 형성하고 있다. 용암동굴은 석회동굴과 달리 내부구조가 단순하며, 만장굴과 빌레못동굴은 세계적으로 유명하다. 해안가에 있는 절벽과 폭포는 매우 아름답다.

제주도는 돌이 많은 섬이다. 지표면의 대부분은 침수성이 강한 현무암으로 구성되어 있어 많은 강수량은 많지만 물이 땅속으로 스며들기 때문에 평상시에 물이 흐르는 하천은 적다. 이렇게 땅속으로 스며든 빗물은 지하수가 되어 해안가에서 샘물로 솟아나기 때문에, 취락은 주로 해안가에 분포하고 있다.

|오름|

|빌레못동굴|
학술적 가치가 높은 세계적인 용암동굴이며, 우리나라에서는 천연기념물 342호로 지정되었다.

|현무암|

의 지형

단원의 중심 단어는 항상 ○ 로 표시하여 내가 어떤 내용을 공부해야 하는가를 확인합니다.

|백록담|
제주도 중앙에 있는 솟아있는 한라산 정상의 화구

|용두암|
용연 부근 바닷가에 용머리 형상을 하고 있는 10m 정도의 바위

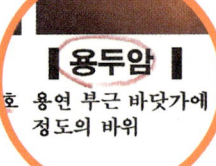

|용두암|
호 용연 부근 바닷가에 정도의 바위

▶ 교과서는 본문 내용을 이해하고 기억하기 쉽도록 하기 위해 다양한 사진과 보충 설명이 되어 있습니다. 이 부분을 빠트리지 않고 확인합니다.

▶ 사진 출처: 허영균의 사진이야기(www.youngphoto.co.kr)

2 제주도의 기후

제주도는 우리나라에서 가장 남쪽에 위치하고, 바다로 둘러싸인 섬이면서 연중 난류가 흐르기 때문에 기온이 높고 강수량이 많다. 제주도 기후의 특징은 겨울이 따뜻하다. 한라산이 차가운 북서 계절풍을 막아주기 때문에 서귀포주변이 가장 따뜻하며, 이곳에서 감귤 과수원이 집중적으로 분포하고 있다.

제주도는 바람이 많기로 유명하다. 겨울철에는 차가운 북서 계절풍이 강하게 불고 있으며, 여름철에는 태풍이 자주 불어와 태풍에 의한 인명 및 재산피해를 입기도 한다.

제주도는 높은 한라산이 중앙에 있어 해발 고도에 따라 기후의 큰 차이가 나타나면서 식물 분포가 다양하게 나타난다. 고도에 따라 난대성 식물, 온대림, 냉대림, 관목림, 고산식물들이 분포하고 있으며, 특히 200~600m 지역에는 초지가 넓게 형성되어 목축업이 발달하고 있다.

▌북서계절풍▌
시베리아 대륙으로 부터 동아시아 연안으로 부는 한랭 건조한 바람.

▌산수국▌

▌제주도는 1,800여종에 달하는 다양한 식물이 분포하여 섬 전체가 거대한 자연 식물원을 이룬다고 할 수 있다.

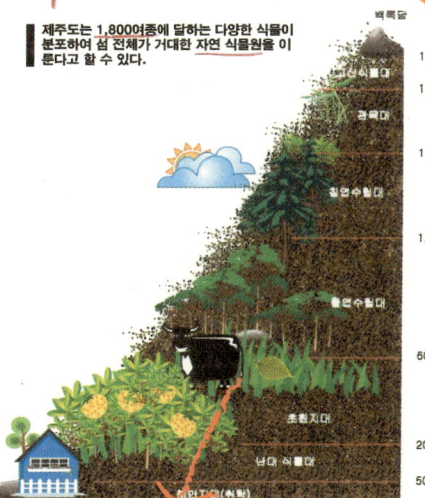

백록담
1,950m
1,900m
1,600m
1,400m
600m
초원지대
200m
난대 식물대
50m

▌한라산의 겨울▌

▌목축업▌

해발 200~600m의 넓은 초지에서 기업적 목축업이 발달하고 있다.

서 연중 난류가
도 기후의 특징은 겨
을 막아주기 때문에 서
과수원이 집중적으로
는 바람이 많

교과서에 그려진 그림은 여러분의 이해와 기억을 선명하게 하고 기억을 회상할 때 단서가 되는 내용이므로 반드시 정확하게 확인합니다.

문장이나 단원의 중심 단어는 항상 '○' 로 표시하여 보충 설명 내용과 구분합니다. '○' 로 표시된 중심 단어는 마인드맵을 그리거나 연상 기억법을 활용할 때 인출 단서가 되는 단어입니다.

3 제주도의 산업

제주도는 화산 지형으로 이루어져 물 빠짐이 수월하여 하천의 대부분이 평상시에는 물이 흐르지 않는 건천이기 때문에 논이 거의 없고 대부분이 밭으로 이용된다. 밭농사는 따뜻한 기후를 이용하여 주로 보리(맥주보리), 유채, 고구마, 감자, 당근 등이 재배되고 있으며, 특히 서귀포일대는 우리나라 최대의 감귤산지이다. 열대작물로는 파인애플, 알로에 등이 재배되고 있지만, 농산물 수입 개방으로 어려움을 겪고 있다.

한라산 중턱의 해발 200~600m에는 넓은 초지가 형성되어 있어 옛날부터 대규모 목축업이 발달하였다. 이곳에서는 젖소, 한우, 돼지, 말 등을 사육하고 있다.

제주도의 근해에서는 수심이 깊지 않고 연안에 난류가 흐르기 때문에 갈치, 도미 등이 많이 잡히고 있다. 해녀들은 잠수 활동을 통해 해조류와 전복, 소라 등 어패류를 채취하고 있으나, 그 숫자가 점차 감소하고 있다.

서귀포 감귤

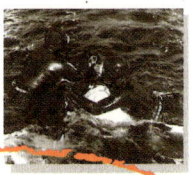

해녀

세 번째 주 가지

네 번째 주 가지

4 제주도의 관광

제주도는 한라산 국립공원을 비롯하여 맑고 깨끗한 바다와 용암동굴, 폭포 등의 아름다운 자연경관과 언어, 풍속, 가옥 등 독특한 문화유산이 많다.

제주도는 많은 관광 자원을 바탕으로 국제적 관광지로 성장하였으며, 관광객을 상대로 하는 상업과 서비스업이 발달하고 있다.

관광산업의 발달과 함께 문제점도 속속 드러나고 있는데, 많은 관광객의 출입으로 고유의 전통이 소멸되고 있으며, 자연환경이 훼손되고 있다. 이러한 문제점에 대한 대책으로는 자연 환경과 고유문화를 보전하여 특색 있는 관광지로 가꾸어 나가야 할 것이다.

물허벅
여인들이 물을 담아 나르는데
사용되던 물동이

성산일출봉 제주시 동쪽의 성산반도 끝에 있는 화산

제주도의 산업

는 화산 지형으로 이루

시에는 물이

▼

이렇게 단원의 중심 단어에 ○ 표시를 하지 않으면, 내가 어느 부분을 보고 있는지 정확히 알지 못한 채 학습이 진행합니다. 이런 학습 방법으로는 좋은 결과를 만들 수 없습니다.

내가 지금 어느 단원의 어느 부분을 공부하고 있는지를 정확히 알고 공부하는 습관이 중요합니다.

가장 효과적인 방법은?

:: 참고서를 정리한 내용

1. 제주도

1 | 지형

① 화산섬 ┬ 한라산(백록담)
        └ 기생화산, 용암동굴 ┬ 만장굴
                            └ 발레못 동굴(세계 유명, 천연기념물 342호)

② 현무암 ┬ 강수량은 많지만 물이 땅 속으로 스며듦 → 물 흐르는 하천 ↓
        └ 취락 : 해안가 분포

:: 중심 단어와 기호 · 아이콘을 사용한 마인드맵

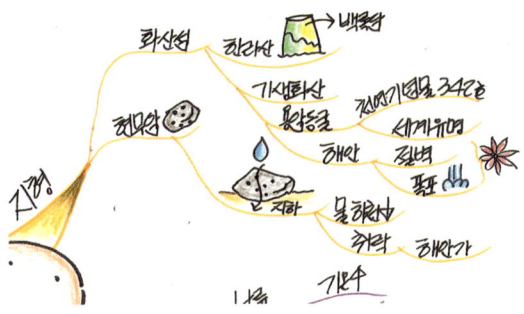

:: 연상 기억법을 적용한 마인드맵

▶ 같은 학습 내용이지만 공부하는 방법에 따라 형태가 달라지게 됩니다. 기억을 가장 빠르고 정확하게 할 수 있는 방법은 무엇이고, 반복 학습을 할 때 가장 효과적인 방법이 무엇인지 스스로 판단하세요.

:: '제주도'에 대한 내용을 분류하여 중심 단어와 기호, 아이콘으로 그린 '제주도' 마인드맵입니다.

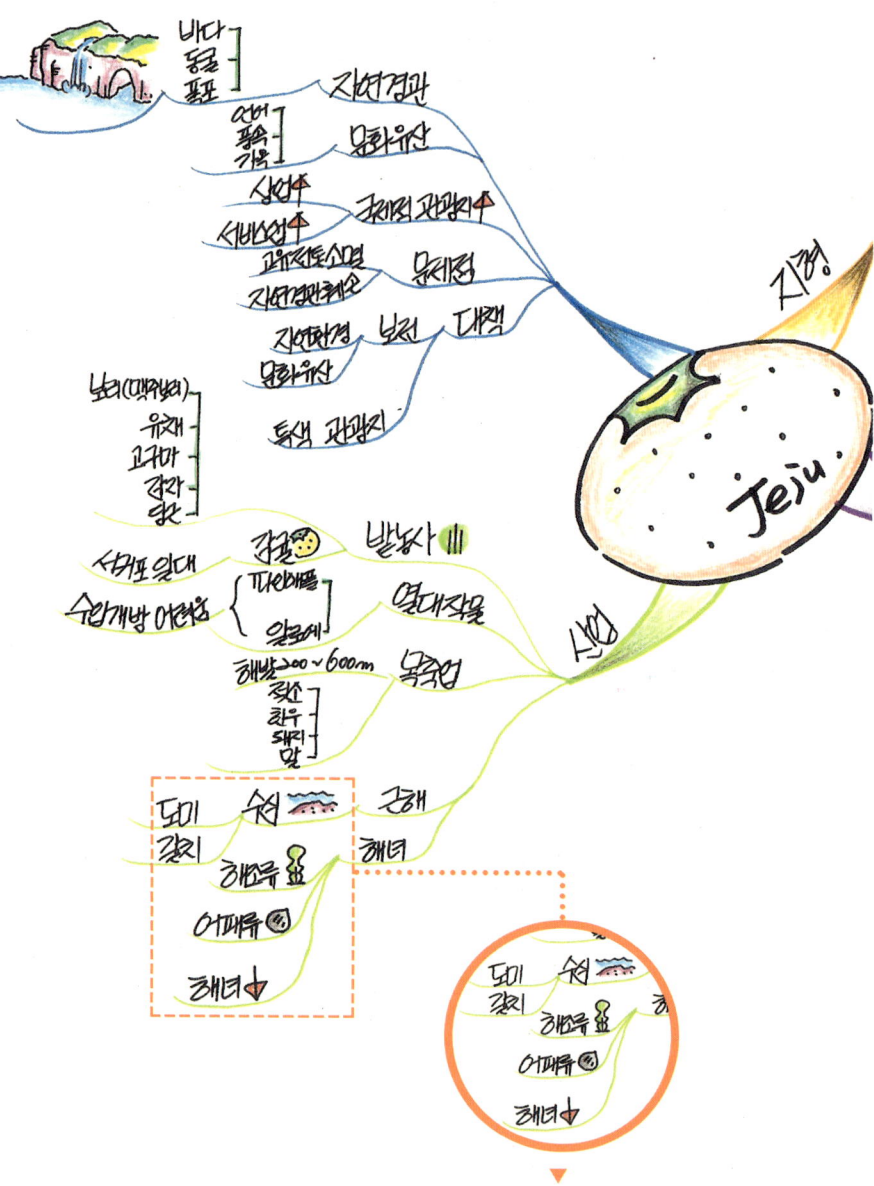

기호와 아이콘을 활용해 맵을 작성하고 좌·우뇌를 골고루 사용하여
좋은 기억이 될 수 있도록 합니다.

"단어만 쓰면 되지, 귀찮게 그림은 왜 그려?"라고 할 수도 있지만,
기호와 아이콘이 있는 맵과 그렇지 않은 맵은 기억의 차이가 많이 납
니다.

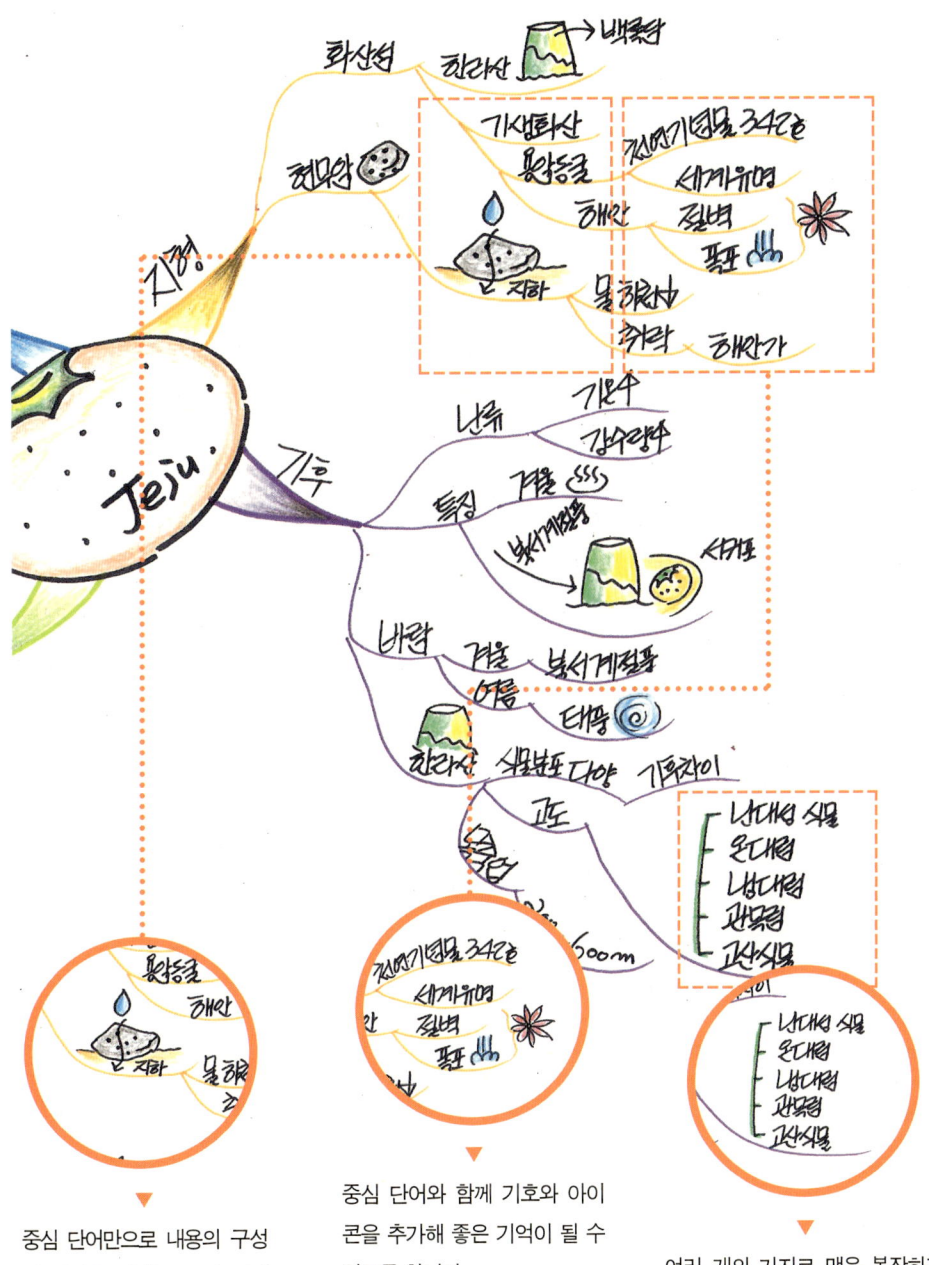

중심 단어만으로 내용의 구성
이 어려울 때에는 문장 전체
내용을 이미지로 표현합니다.

중심 단어와 함께 기호와 아이
콘을 추가해 좋은 기억이 될 수
있도록 합니다.

여러 개의 가지로 맵을 복잡하게
작성하지 말고 나열식의 학습물은
하나의 가지에 작성하도록 합니다.

사회 - 제주도 마인드맵을 그려보자 2

:: 연상 기억법을 적용하여 하나의 그림으로 표현한 '제주도' 마인드맵입니다.

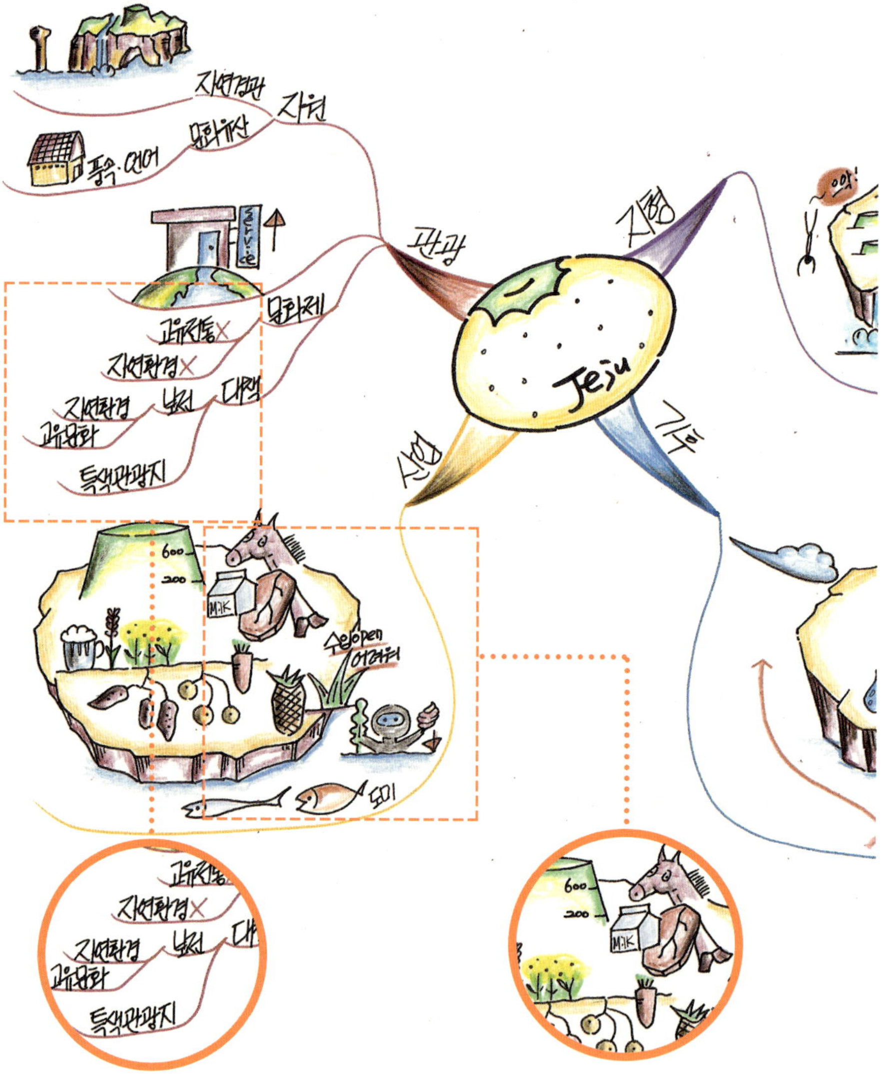

학습 내용 중 이미지로 표현하기 어려운 내용도
있을 수 있습니다. 이럴 때는 그 부분을 기호와
단어를 사용해 맵을 그려도 좋은 기억이 됩니다.

연상법 설명 : 우유(젖소), 등심(고기소),
족발(돼지), 말

▶ 중심 단어에 보충 설명이 된 형식의 학습물은
중심 단어에서 가지를 뻗어 보충 설명 내용을
작성하면 됩니다.

지구과학 - 지표의 변화 마인드맵을 그려보자!

:: 이해와 암기가 중요한 과학 과목에서 지구 과학에 해당하는 '지표의 변화'입니다.
그려진 맵을 꼼꼼히 확인하면서 여러분도 학습에 적용할 수 있도록 합니다.

{2-1 지표의 변화}

 우리가 살고 있는 지표는 어떠한 과정을 거치면서 모양을 변하게 되는지 알아보도록 한다.

1. 유수의 작용

흐르는 물을 유수라고 하며, 오랜세월을 거쳐 침식, 운반, 퇴적 작용을 일으켜 지표의 모습을 변화 시킨다.

상류에는 경사가 급하기 때문에 물의 흐름이 빨라, 바닥이 깊이 패이고, 절벽을 이루는 V자곡을 이루고 있으며, 유수의 침식 작용에 의한 폭포가 형성된다. 골짜기를 흐르던 물이 평지에 이르면 물이 흐름이 느려지면서 운반된 모래, 진흙 등이 부채꼴 모양의 선상지를 만든다.

중류에는 지형이 완만해 물의 흐름이 느려져, 곡류와 우각호가 형성된다. 곡류는 골짜기를 벗어나 평지에 구불구불하게 흐르는데, 바깥쪽은 물의 흐름이 빨라 침식작용이 일어나고, 안쪽은 느리게 때문에 퇴적작용이 일어난다. 또, 전에는 곡류였지만 물의 흐름이 바뀌어 떨어져 남아 쇠뿔모양의 호수가 우각호이다.

하류에는 물의 흐름이 느려 운반되어 온 물질이 넓게 퇴적되어 삼각형의 모양을 만드는데 이를 삼각주라 한다.

선상지

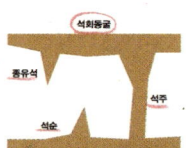
폭포

2. 지하수의 작용

비나 눈으로 지표에 내린 물의 일부가 지하로 들어가 토양이나 암석 사이의 틈을 채우고 있는 것을 지하수라고 한다. 지하수에는 이산화탄소와 여러 가지 광물질이 녹아있어 약한 산성을 띠고 있다. 지하수가 석회암지대의 틈을 따라 흐르면서 석회동굴을 형성한다. 석회암은 지하수에 녹아있는 이산화탄소에 녹아 탄산수소칼슘으로 변하며, 탄산수소칼슘은 지하수에 녹아 흘러내려 간다. 탄산수소칼슘 용액에서 이산화탄소가 날아가면 다시 석회암만 남는데, 이러한 과정에서 동굴내부에는 동굴 천장에 매달린 종유석과 바닥에서 죽순처럼 돋아 있는 석순, 그리고 종유석과 석순이 맞붙어서 생긴 석주 등을 만들게 된다. 석회동굴 주변에는 석회동굴이 무너져 내린 돌리네와 돌리네가 많이 형성된 카르스트지형을 볼 수 있다.

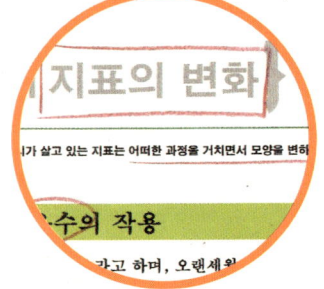

지표의 변화

...가 살고 있는 지표는 어떠한 과정을 거치면서 모양을 변하...

...수의 작용

...라고 하며, 오랜세월...

▶ 단원 제목은 항상 네모로 표시하세요.

중심 이미지
첫 번째 주 가지

두 번째 주 가지

3. 빙하의 작용

높은 산악지대나 극지방에는 눈이 잘 녹지 않는다. 눈의 아래 부분은 점차 다져지고, 얼음덩어리가 된다. 이 얼음덩어리가 낮은 곳으로 내려가는데 침식작용을 일으키면서 삼각뿔 모양의 뾰족한 산봉우리를 만드는데 이를 혼이라고 한다. 빙하는 천천히 움직이면서 골짜기와 벽 그리고 바닥을 깎으면서 이동을 하는 양측면이 긴 U자 모양을 만드는데 이것을 U자곡이라고 한다. 깎여진 물질은 빙하와 같이 이동하면서 빙하가 녹게 되면 그곳에 한꺼번에 쌓이게 되는데 이를 빙퇴석이라고 한다.

빙하의 지형

세 번째 주 가지

4. 바람의 작용

바람은 퇴적 지형과 침식지형을 형성하게 된다. 퇴적작용으로 모래언덕이 형성되는데 이를 사구라고 한다. 사구는 바람받는 쪽은 경사가 완만하나 그 반대쪽은 경사가 급하다. 바람에 의해 1년에 10cm씩 이동하며, 바람에 의해 모래가 쌓여 점점 커진다. 바람에 의한 침식작용으로 오아시스, 자갈 사막, 삼릉석, 버섯바위가 형성된다. 오아시스는 바람에 의해 모래가 계속해서 다른 지역으로 날려가서 지하 수면이 드러나는 지형이다. 자갈사막은 바람이 세게 불고, 강수량이 적으며, 위도가 30도 부근에서 넓게 분포하고 있다. 모래사막보다는 자갈 사막이 더 많다. 삼릉석은 모래바람에 의해 자갈이 깎여 평평한 면이 생기는데, 계절에 따라 바람이 방향이 바뀌기 때문에 바람에 의해 다른 면이 깎이면서 세 개의 면과 모서리가 발달하는데 이를 삼릉석이라고 한다. 버섯바위는 바위의 아래 부분이 깎여 버섯모양의 바위가 형성되는데 이를 버섯바위라고 한다.

버섯바위

네 번째 주 가지

모양의 뾰족한
4. 빙하는 천천히 움직이
깎으면서 이동을 하는 양측
이것을 U자곡이라고 한다.
이동하면서 빙하가 녹게 되면
이 이를 빙퇴석이라고 한

교과 내용을 분류하는 과정에서부터 기호를 사용합니다.

교과서의 그림, 지도, 보충 설명은 여러분의 이해와 기억에 도움을 주는 내용이기 때문에 반드시 확인합니다.

다섯 번째 주 가지

4. 해수의 작용

우리나라는 삼면이 바다로 둘러싸여 있으며, 절경을 이루고 있는 해안이 많다. 오랜 세월 동안 파도의 침식작용과 퇴적작용에 의해 지형은 어떻게 달라졌을까? 해안을 바라보게 되면 바다 쪽으로 돌출한 부분을 '곶'이라고 한다. 이 부분은 파도가 강해 침식작용이 활발하게 일어나는 곳이다. 또, 해안이 육지 쪽으로 들어온 부분을 '만'이라고 한다. '만'은 파도가 약해 퇴적작용이 활발하게 일어나는 곳이다.

해안가를 걷다보면 멋지게 생긴 절벽과 동굴들을 볼수 있는데 이러한 지형들은 해수의 작용에 형성이 된다. 강한 파도에 의해 바위가 부서져 내려 생긴 절벽을 해식절벽이라고 한다. 이러한 과정이 연속해서 반복이 되면 평탄한 지형이 형성되는데 이를 파식대지라고 하며, 파도에 의해 침식이 되어 생긴 동굴을 해식동굴이라고 한다. 이러한 침식과정 중에 바위, 돌, 모래가 쌓여 생긴 지형을 퇴적대지라고 한다.

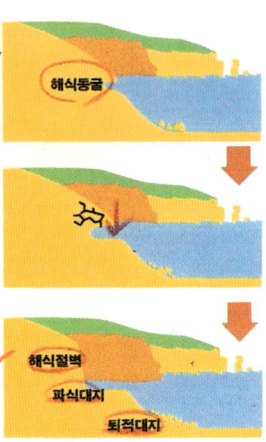

교과서의 **그림**, **지도**, 사진 **등**은 마인드맵을 그리거나 연상하는 데 있어서 아주 중요한 정보가 됩니다.

▶ '지표의 변화' 내용은 중심 이미지에 주 가지가 5개 그려지는 맵입니다. 적절한 사진과 그림이 있기 때문에 마인드맵을 잘 활용하면 좋은 기억을 이룰 수 있습니다.

가장 효과적인 방법은?

:: **참고서를 정리한 내용**

1. 지표의 변화

4 | 바람

① 사구 ┌ 퇴적 작용, 모래언덕
       ├ 바람 받는 쪽 : 경사 완만 / 반대쪽 : 경사 급함
       └ 이동 : 1년에 10cm

② 오아시스 : 모래가 날려가서 지하수의 수면이 드러난 곳

③ 자갈사막 ┌ 바람↑ 강수량↓, 위도 30도 부근
          └ 모래사막보다 자갈사막이 더 많다

④ 삼릉석 : 세 개의 면과 모서리↑

⑤ 버섯바위 ┌ 바위 아래 부분이 깎임
          └ 버섯 모양의 바위

:: **연상 기억법을 적용한 마인드맵**

▶ '지표의 변화'에서 '바람' 부분을 각기 다른 공부법으로 표현한 내용입니다. 위의 참고서 내용과 마인드맵을 정확히 이해한 후, 눈을 감고 학습 내용을 회상해 보세요. 과연 어떻게 기억한 내용이 머릿속에서 더 빨리 회상되나요? 처음에 어떻게 공부를 하느냐가 중요합니다. 마인드맵은 여러분의 기억을 단기 기억이 아닌 장기 기억으로 바꿔줄 것이며, 반복 학습을 하는 데 있어서도 탁월한 능력을 발휘할 것입니다.

:: 중심 단어와 기호, 아이콘으로 그린 '지표의 변화' 마인드맵입니다.

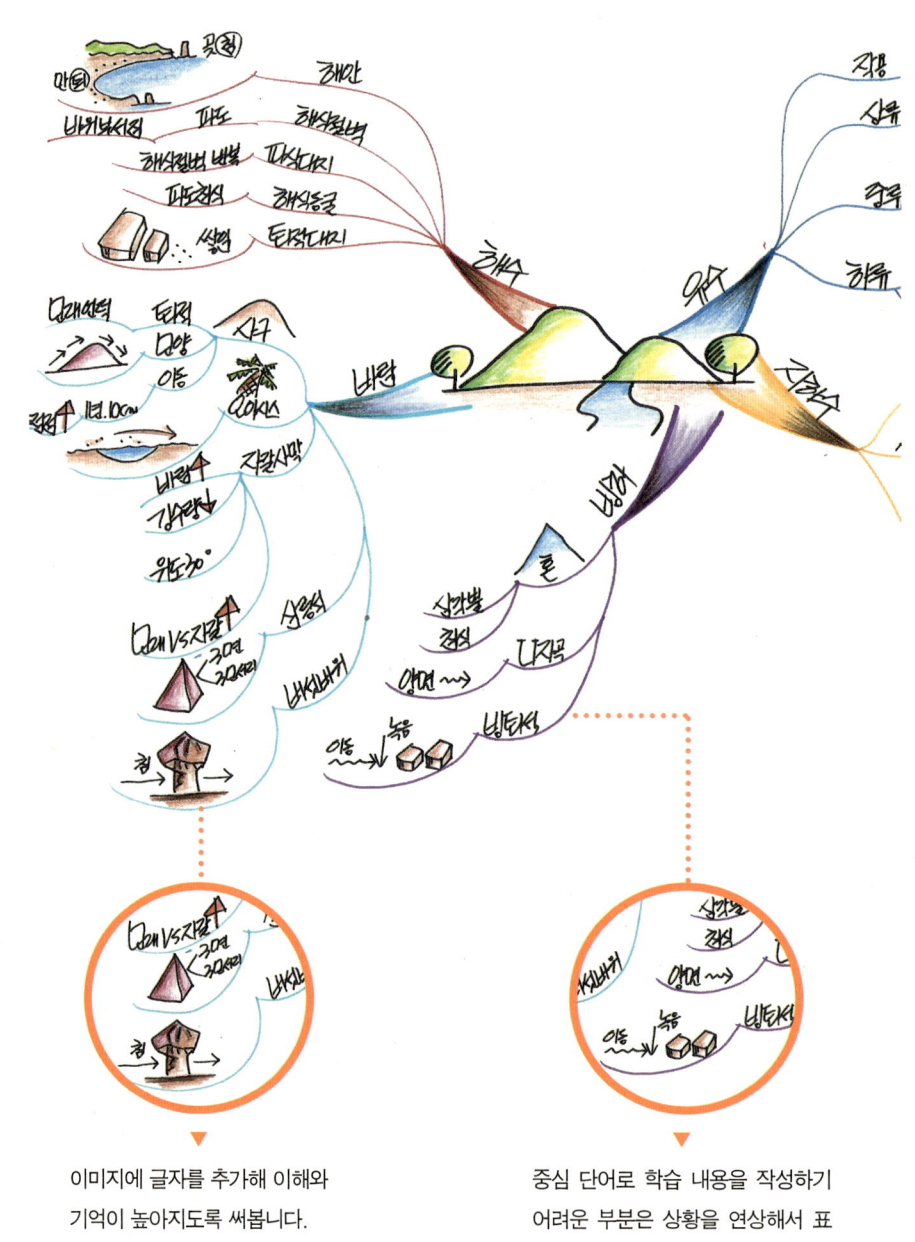

이미지에 글자를 추가해 이해와 기억이 높아지도록 써봅니다.

중심 단어로 학습 내용을 작성하기 어려운 부분은 상황을 연상해서 표현합니다.

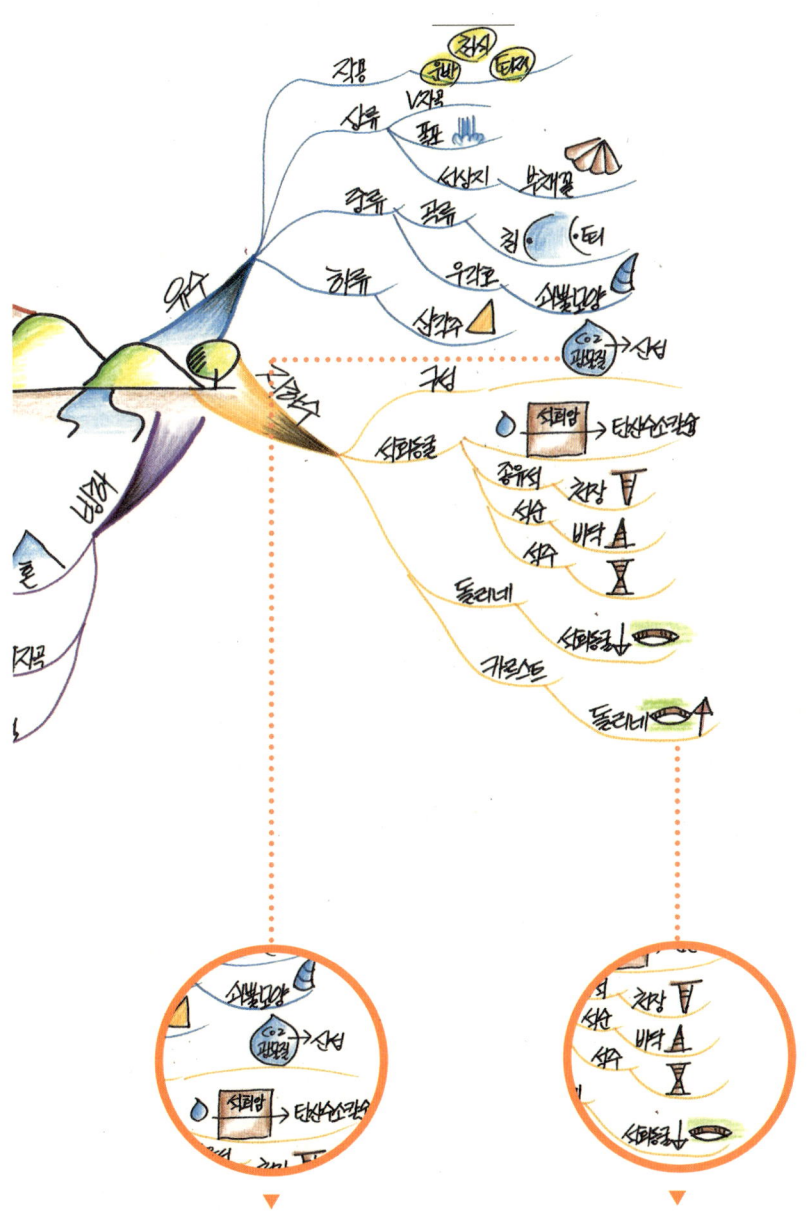

문장의 내용을 하나의 장면으로
연상하여 표현하도록 합니다.

학습 내용과 연관된 다양한 기호와
아이콘을 사용하면 기억을 높이지
게 합니다.

지구과학 - 지표의 변화 마인드맵을 그려보자 2

:: 연상 기억법을 적용하여 하나의 그림으로 표현한 '지표의 변화' 마인드맵입니다.

충분히 이해가 된 상태에서 그릴 수 있는 맵이며, 단어와 기호로만 그린 마인드맵보다 훨씬 좋은 기억을

할 수 있습니다.

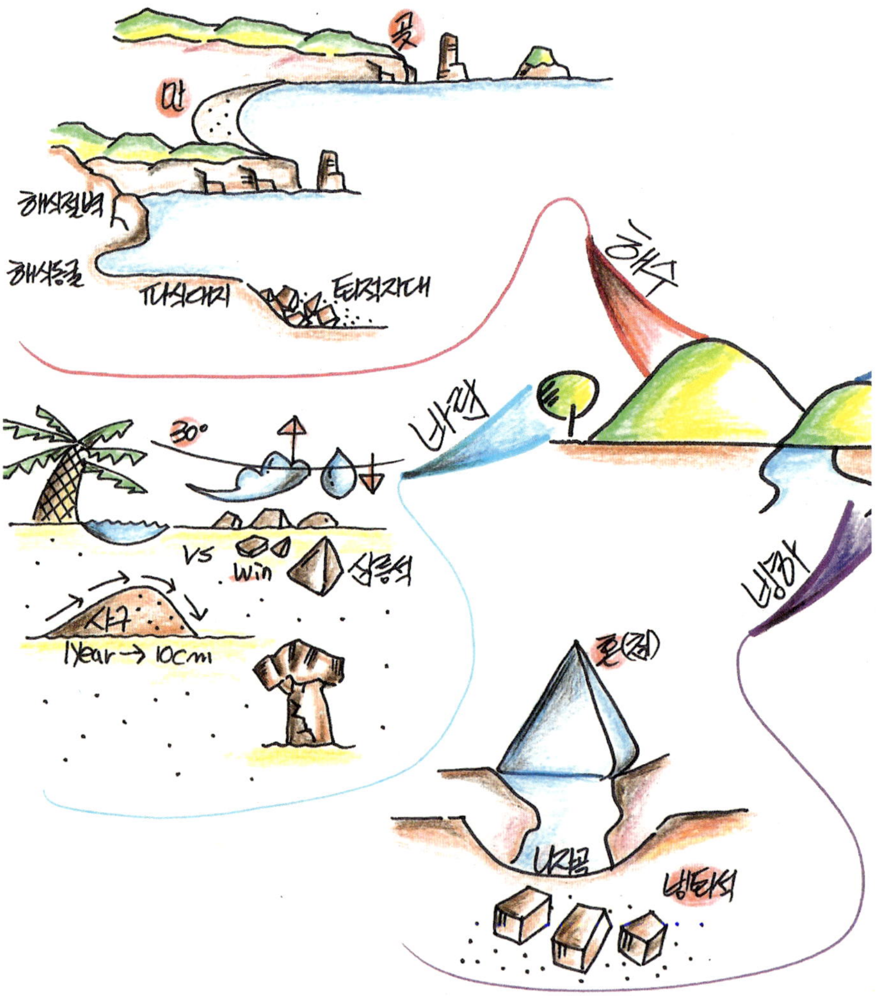

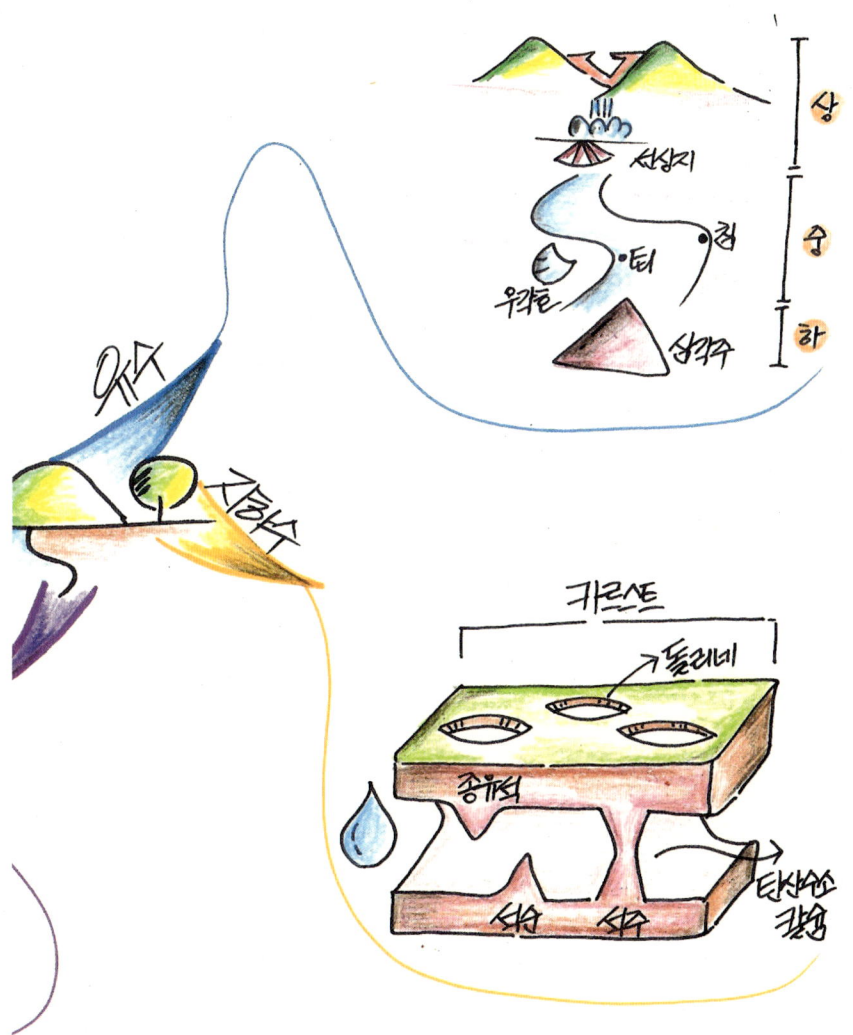

기술 - 목재의 이용 마인드맵을 그려보자!

{2-1 목재의 이용}

 목재의 종류는 어떤것이 있으며, 목재를 이용한 우리생활의 변화는 어떠한가를 알아보도록 하자.

1 목재의 종류

목재는 다른 재료보다 일반적으로 구하기 쉽다는 장점이 있다. 목재는 가벼우며, 가공하기가 쉽고, 목재의 종류에 따라 각각의 아름다운 무늬를 가지고 있어 예로부터 집과 사찰 등을 짓는데 아주 중요한 건축 재료로 많이 쓰여 왔다. 최근의 건축물들은 목재건물보다는 철근과 콘크리트 건물로 바뀌면서 목재는 내부 인테리어의 재료로 많이 이용되고 있다.

목재의 종류는 크게 침엽수로 활엽수로 나눌 수 있다. 침엽수는 잎이 바늘 모양으로 된 나무이며, 대개 연하고 탄력성이 있다. 소나무, 전나무, 삼나무 등이 이에 속한다. 활엽수는 잎이 넓적한 나무이며, 무늬가 아름답고 단단하다는 장점이 있다. 느티나무, 오동나무, 단풍나무 등이 이에 속한다.

▌침엽수▌

▌활엽수▌

2 목재의 구조

목재의 가장 바깥부분은 껍질로 이루어져 있다. 껍질은 겉껍질과 속껍질로 나누어져 있으며, 껍질을 통해 수분과 영양을 섭취하고 있다.

나이테는 춘재와 추재로 나누어지는데 따뜻하고 더운날씨에는 나무의 성장이 빨라 그 부분의 세포막이 색이 연하게 나타나는데 이것을 춘재라고 한다. 또 가을과 겨울에 성장이 잘 안되어 세포막이 진하고 단단하게 나타나는데 이것은 추재라고 한다. 이렇게 춘재에서 추재로 옮기는 과정에서 새포막의 색이 달라져 나이테가 생기게 되는 것이다.

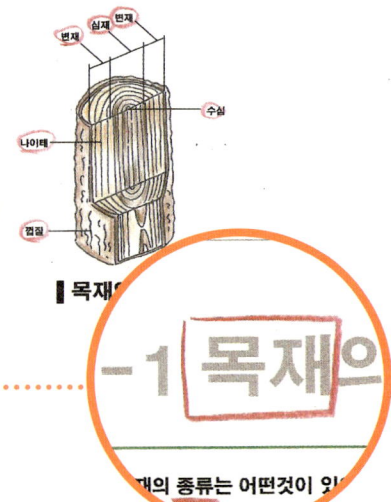
▌목재

▶ 교과서의 학습 목표는 오늘 내가 알아야 할 사항을 암시해 주는 내용입니다. 이 부분을 읽지 않고 넘어가는 학생들이 많은데 학습 목표를 반드시 확인해 오늘 내가 꼭 알아야 할 사항을 점검한 뒤 학습하도록 합니다.

변재는 껍질에 가까운 바깥쪽의 색이 엷은 부분이다. 성장을 계속하고 있는 세포들로 구성되어 있어 목재를 켠 후에도 변형과 균열이 생긴다.

심재는 수심에 가까운 짙은 색깔의 부분이다. 수분이 적어 변형이 거의 없으며, 광택이 있어 목재 중 가장 좋은 부분이다.

나무가 자라는 동안이나 가공 작업 중에 입은 상처로 인하여 생기는 것을 흠이라고 한다. 흠 중에서 가장 많은 것은 옹이이다. 옹이는 나무의 줄기에서 가지나 뻗어 나와 생기는 것이다. 옹이 외에 갈라짐, 껍질박이, 썩정이 등이 있다.

┃ 변재와 심재 ┃

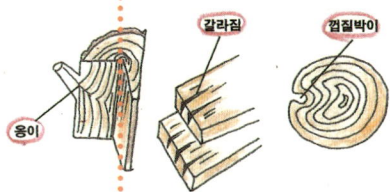

┃ 목재의 여러가지 흠 ┃

3 목재의 특성을 이용한 가공재

목재를 이용한 가공재중 가장 많은 것은 합판이다. 합판은 원목의 껍질을 벗긴 후 목재의 중심을 축으로 회전하면서 칼날로 1.5mm 정도 두께의 단판으로 벗겨낸다. 벗겨낸 단판들의 결이 서로 직각이 되도록 3겹, 5겹, 7겹 등 홀수로 이루어져 있으며, 단판에 접착제를 발라 압착시켜 가공하는 형태이다.

집성재는 목재를 일정한 크기의 판재나 각재로 자른 후 접착제와 열을 가하면서 압착시킨 것이다.

원목에서 목재를 켠 후 남은 조각들이 많이 나오게 되는데 이러한 조각을 잘게 부순 후 접착제를 발라 열과 압력을 가하면 파티클 보드가 된다. 파티클 보드는 환경 친화적이고 경제적인 제품으로, 주로 칸막이 등에 많이 쓰인다.

┃ 합판 ┃

변재는 껍질에 가까운
속하고 있는 세포들로 구성
열이 생긴다.
심재는 수심에 가까운 짙
이 거의 없으며, 광택이 있
나무가 자라는 동안이

▼

문장의 중심 단어는 항상 '○' 로 표시합니다.

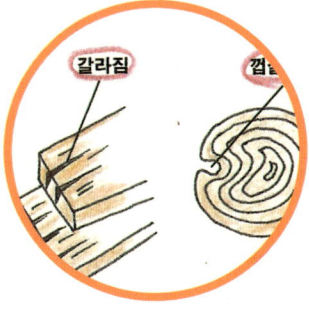

▼

교과서의 그림과 사진을 꼭 확인하여 자신의 연상 결합에 인출 단서가 될 수 있도록 합니다.

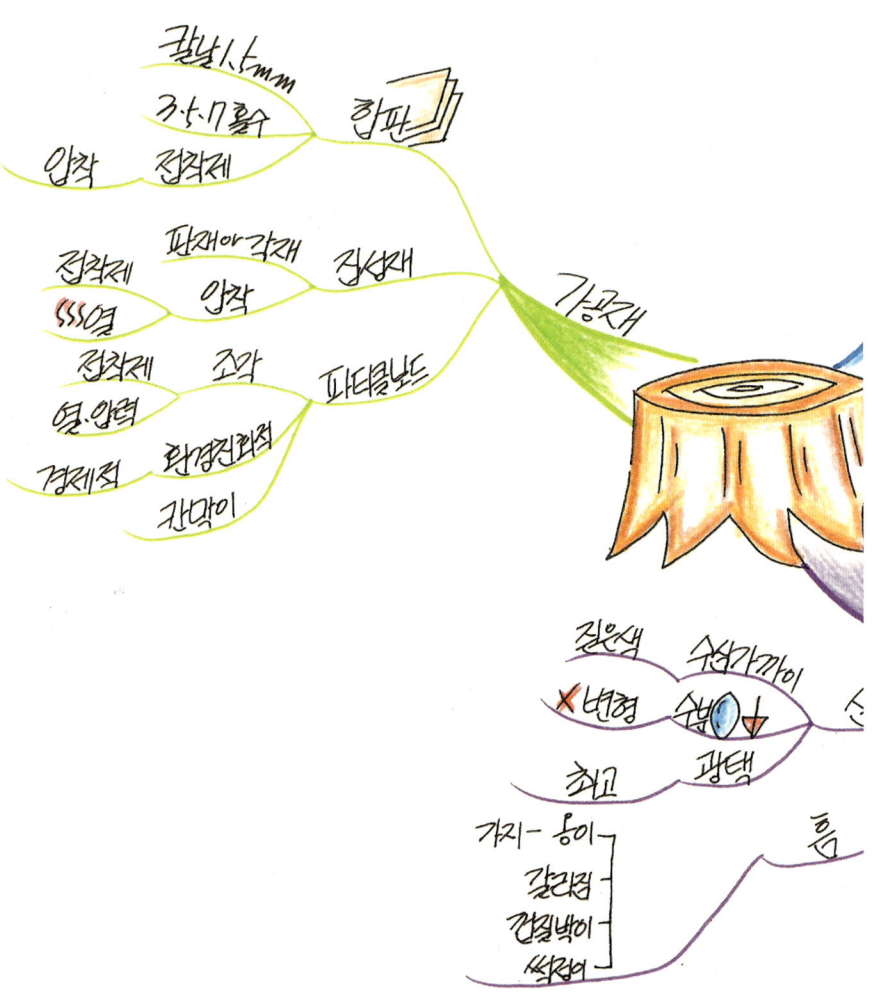

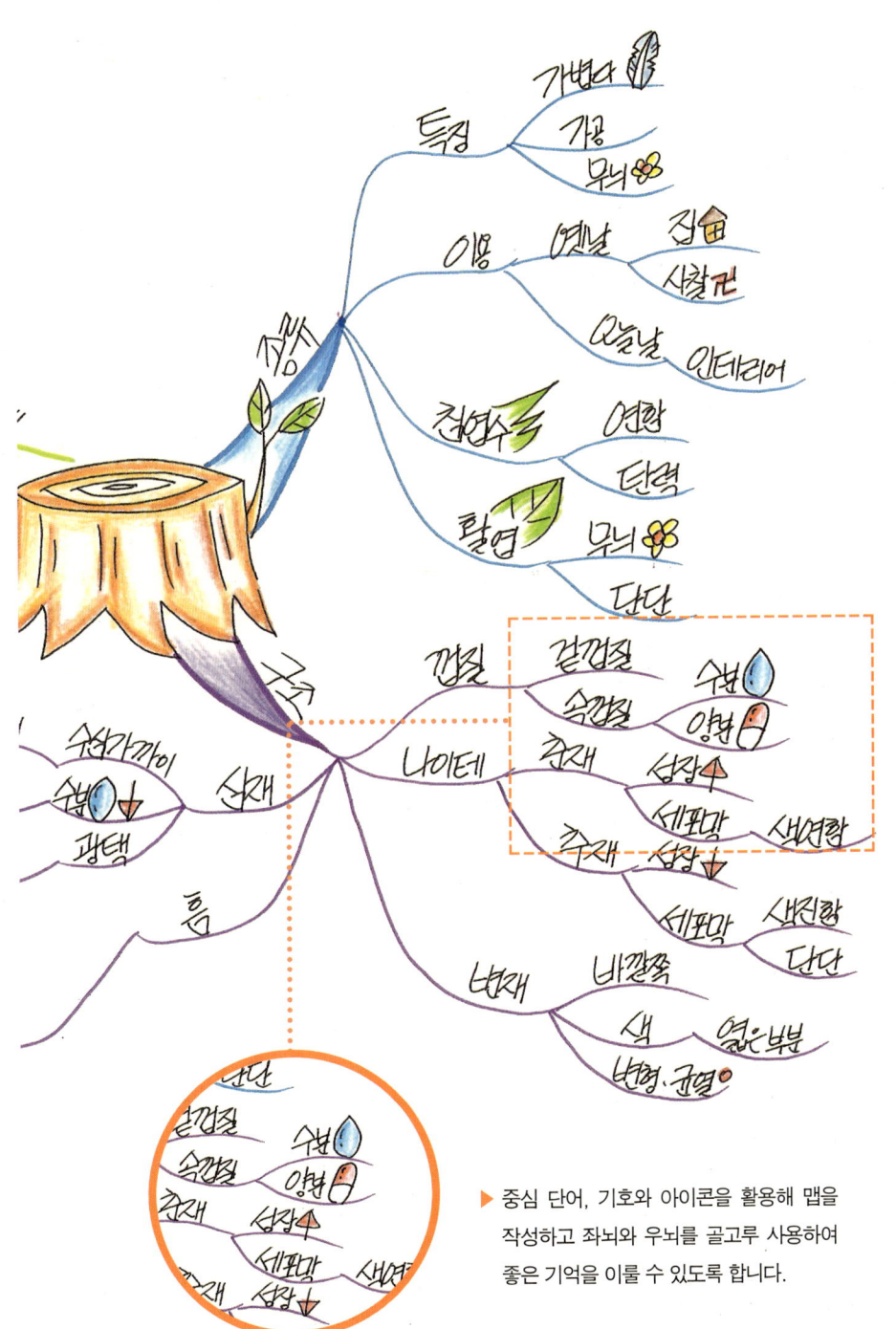

특징
  가볍다
  가공
  무늬
이용
  옛날
    집
    사찰
  오늘날 인테리어
천연수축 연항
탈염
  단력
  무늬
  단단
껍질
  겉껍질
  속껍질
    수분
    양분
나이테
  죽재
    성장
    세포막 생연항
  즉재
    성장
    세포막 생진항
    단단
년재 바깥쪽
  색 엷은부분
  변형·균열
산재
  숙선가까이
    수분
  광택
흠

단단
  겉껍질 수분
  속껍질 양분
  죽재 성장
  세포막 생연
  즉재 성장

▶ 중심 단어, 기호와 아이콘을 활용해 맵을
   작성하고 좌뇌와 우뇌를 골고루 사용하여
   좋은 기억을 이룰 수 있도록 합니다.

기술 — 목재의 이용 마인드맵을 그려보자 2

:: 연상 기억법을 적용하여 그림으로 표현한 '목재의 이용' 마인드맵입니다.

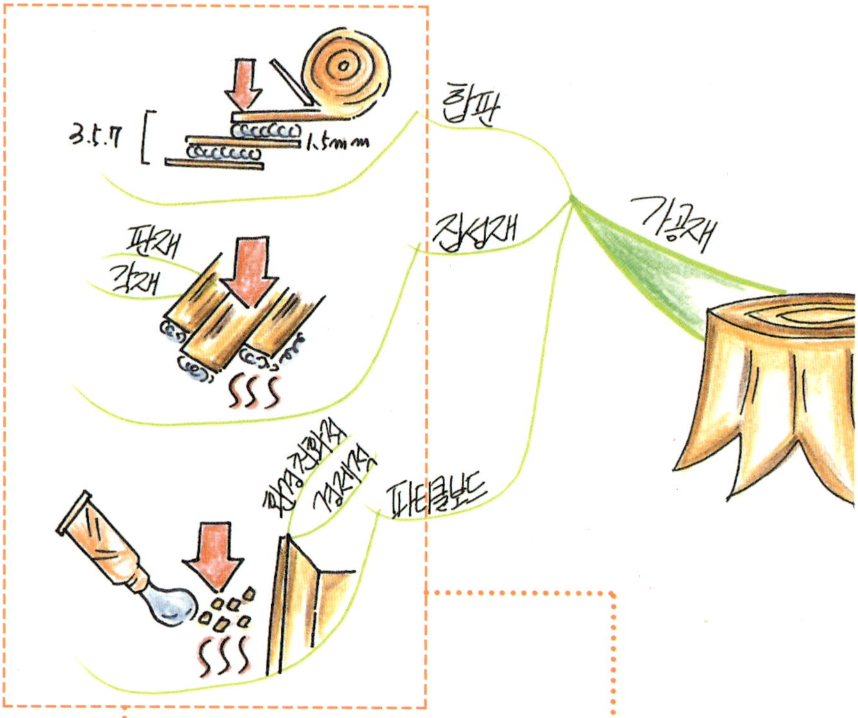

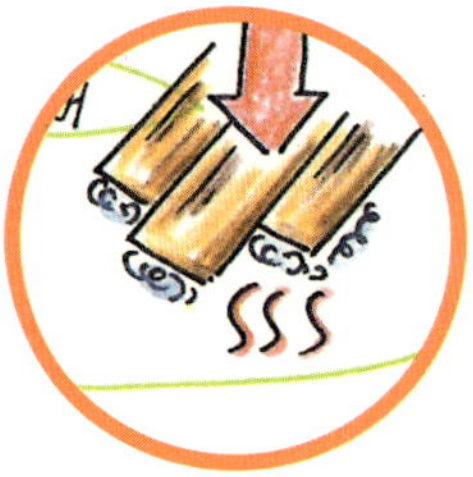

3.5.7 [1.5mm

합판

판재
각재

집성재

가공재

판목결판정
집성재

파티클보드

합판이 만들어지는 과정을
하나의 장면으로 표현합니다.

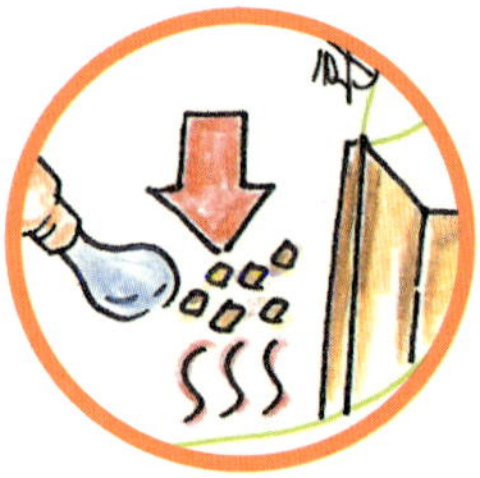

중요 단어 중 이미지 연상이 되지 않을 경우에는
다른 이미지에 가지를 뻗어 단어를 기록합니다.

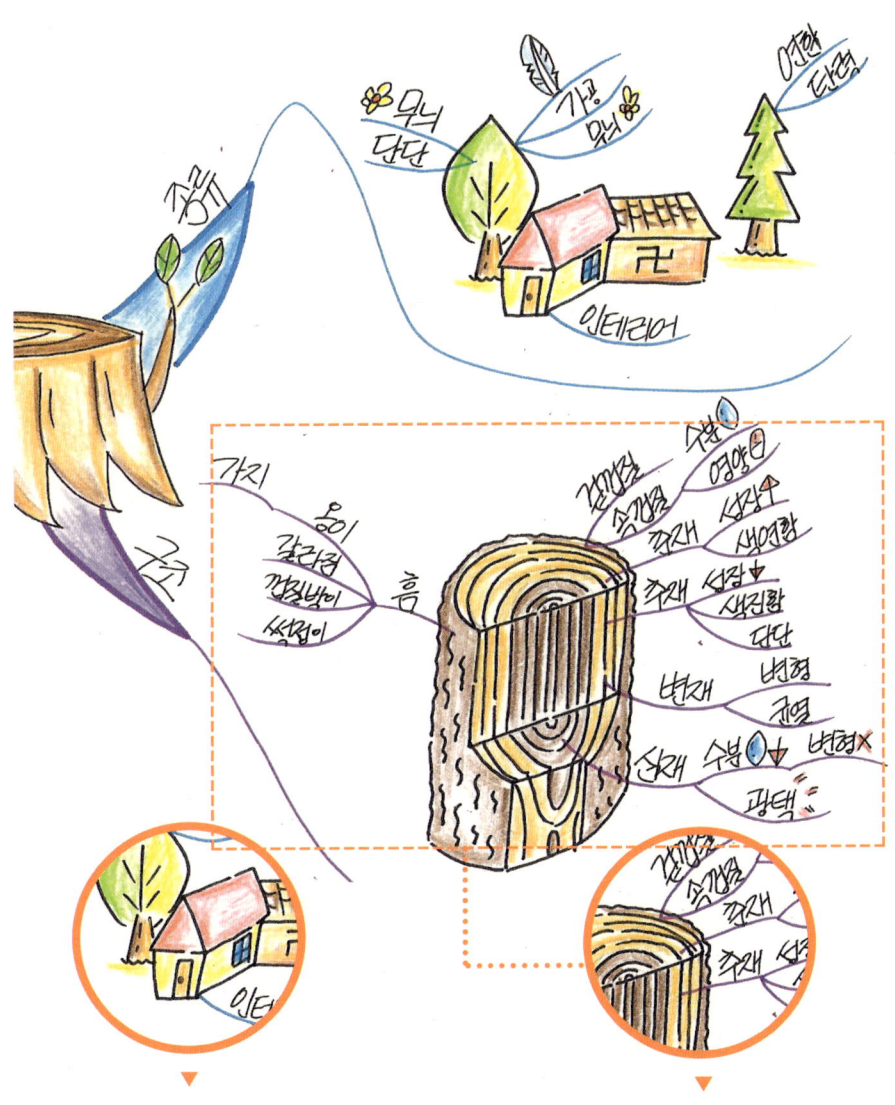

여러 가지 내용을 기억해야 할 부분이지만 기억의 개수를 줄여 하나의 장면으로 기억하는 아주 효과적인 기억 방법입니다.

각 나무 구조의 위치에서 가지를 뻗어 중요 단어를 기록하는 방법입니다. 이런 방법은 위치가 어디인지 정확히 알 수 있어 따로 위치까지 기억할 필요가 없고, 이해가 잘되기 때문에 자연스럽게 기억도 잘됩니다.

국사 — 신라의 삼국통일 마인드맵을 그려보자!

:: 국사 과목은 원인에서 결과로 학습 내용이 진행됩니다. 내용이 많아 기억하는 데 어려움을 겪어도 핵심 결합법과 마인드맵을 적절히 활용하면 좋은 기억을 할 수 있습니다.

탐구 1 백제의 멸망

백제와 신라는 434년에 맺은 '나제 동맹'으로 120년간 사이좋게 지냈다. 하지만 나라의 힘이 커진 신라가 백제를 침입하여 한강 유역을 차지하였다. 신라의 배신에 화가 난 백제의 성왕은 태자에게 신라를 정벌하도록 하였다. 성왕은 병사들에게 힘을 실어 주기 위해 전쟁터로 향하다 숨어 있던 신라군에게 잡혀 죽었다. 성왕이 죽었다는 소식을 들은 백제군은 사기가 떨어져 신라에게 패배하고 말았다.

성왕의 죽음은 백제 사람들에게 신라에 대한 원한을 갖게 했다. 무왕은 34년 동안이나 신라의 변방을 공격하여 신라의 많은 성을 빼앗고 영토를 넓혔다. 무왕의 뒤를 이은 의자왕도 아버지의 뜻을 이어받아 신라를 공격하여 궁지에 몰아넣었다.

그러나 의자왕은 점점 방탕한 생활을 하며 나라 살림을 돌보지 않았다. 이에 백제의 마지막 충신으로 불리는 성충과 흥수는 "신라가 쳐들어오면 탄현을 넘지 못하게 하고 금강의 하구인 기벌포로 들어오지 못하게 막아야 합니다."라고 말하였다. 하지만 의자왕은 두 충신의 말을 듣지 않았다. 의자왕이 나라를 잘 다스리지 못하자 많은 사람들이 의자왕에게 등을 돌렸다.

660년, 신라와 당나라가 연합(나당 연합군)하여 백제로 쳐들어왔다. 성충과 흥수의 말을 듣지 않은 의자왕은 때늦은 후회를 하였다. 마지막으로 믿었던 계백이 이끄는 결사대가 황산벌에서 무너지자, 사비성이 함락되었다. 이로써 기원전 18년에 세워졌던 백제는 멸망하였다.

탐구하기 1. 백제와 신라가 맺은 동맹은 무엇인가요?

2. 백제 사람들이 신라 사람을 좋아하지 않게 된 까닭은 무엇인가요?

3. 성충과 흥수가 의자왕에게 신라군이 쳐들어오면 막으라고 한 곳은 어디인가요?

성충 백제 의자왕(재위 641~660) 때 충신. 잘못된 정치를 바로잡기 위해 단식을 하다가 옥중에서 죽음.
흥수 백제 의자왕 20년(660) 나당연합군이 공격해 오자 탄현을 지키려 했으나 대신들의 반대로 지키지 못함.
계백 나당연합군이 공격해 오자 결사대 5천여 명을 뽑아 지금의 연산인 황산벌에서 싸우다 전사함.

배경

... 고 말하였다. 하지만 ... 이 나라를 잘 다스리지 못하자 ... 다.
... 연합군)하여 백제로 쳐들어왔다. 성충과 ... 지막으로 믿었던 계백이 이끄는 결사대가 ... 18년에 세워졌던 백제는 멸망하였다.
... 맹은 무엇인가요?

문장이나 문단에서 중심이 되는 단어는 '○'을 표시해 보충 설명 내용과 구분합니다.

▶ 내용 출처 : 『살아있는 역사 재미있는 논술, 인류 등장에서 삼국통일까지1』 출판사: 성안당

살아있는 역사 재미있는 논술
142

탐구 2 고구려의 멸망

중국 대륙을 통일한 당나라는 돌궐을 정복하고 고구려로 쳐들어왔다(630년). 고구려의 영류왕은 당나라에게 평화 관계를 유지하자는 뜻을 전했다. 하지만 당나라는 고구려의 전쟁 기념물인 '경관'을 파괴하여 고구려의 기세를 꺾으려 하였다. 이 때, 당나라가 경관만 파괴하고 군사적인 움직임이 없자, 고구려는 싸울 것인지 말 것인지 고민하였다.

영류왕과 귀족들은 당나라에 세자를 보내 왕족이나 귀족의 자식들을 당의 국자감에 들여보내고 싶다는 뜻을 전했다. 동돌궐과 토욕혼, 그리고 고창국까지 멸망시킨 당나라는 진대덕을 고구려에 사신으로 보냈다. 진대덕은 명승지를 둘러보고 싶다는 평계를 대고는 고구려의 군사 상황을 파악하였다. 진대덕의 속마음을 알지 못하는 고구려는 극진히 대접하였다.

> 경관(京觀) 수나라와의 싸움에서 죽은 수나라군의 시신을 모아 만든 기념물

진대덕이 돌아간 뒤, 당나라를 어떻게 대해야 하는지를 놓고 고구려 귀족 간에 갈등이 심해졌다. 귀족들은 당시 '막리지'라는 벼슬을 세습하며 군사력을 쥐고 있던 연개소문을 제거하려고 하였다. 하지만 연개소문은 귀족들과 영류왕을 죽이고, 권력을 독차지하였다.

고구려를 칠 기회를 호시탐탐 노리던 당나라의 태종(당태종)은 '임금을 시해한 연개소문을 토벌한다.'는 명분을 내걸고, 645년 고구려 정벌에 나서 여러 성을 공격하였다. 당태종은 안시성을 무너뜨리기 위해 흙산까지 쌓았으나, 날씨가 점점 추워지는데다 산을 의지해서 쌓은 고구려의 성을 넘지 못하고 자기 나라로 돌아갔다.

고구려가 당나라와 싸우는 사이, 신라는 나제 동맹을 깨고 한강 유역을 차지하였다. 신라가 당나라와 손잡고 백제를 멸망시키자, 고구려는 남쪽의 신라와 서쪽의 당나라 사이에서 바람 앞에 등불 같은 운명에 놓이게 되었다. 고구려 내부에서는 연개소문이 죽자(666년), 권력 부쟁이 이어졌다. 결국 연개소문의 맏아들인 남생은 당나라에 투항하고, 연개소문의 동생인 연정토는 신라에 투항하였다.

당나라는 남생을 길잡이로 삼아 고구려를 침입해왔다. 668년 9월 마침내 평양성이 함락당하고, 고구려의 마지막 왕인 보장왕이 항복함으로써 고구려는 멸망하였다.

> 탐구하기 당태종이 안시성을 공격하였으나 실패한 까닭은 무엇인가요?

탐구 2 고구ㄷ

중국 대륙을 통일한 당나라는 ...
...라에게 평화 관계를 유지하지...
...하여 고구려의 기세를 ...
... 싸울 것이...

...의 당나라 사이에서 ...
죽자(666년) 권력 부쟁이 이어...
...의 동생인 연정토는 신라에 투항...
668년 9월 마침내 평양성이 ...
하였다.

교과서의 내용을 분석하는 과정에서 적절한 기호를 사용해 표시합니다.

숫자 역시 읽거나 분석하는 과정에서 변환된 내용을 기록합니다.

▶ 내용 출처 : 『살아있는 역사 재미있는 논술, 인류 등장에서 삼국통일까지1』 출판사 : 성안당

역사 탐구

탐구 3 **신라의 삼국 통일**

문무대왕릉(대왕암) 신라 30대 문무왕(재위 661~681)의 무덤, 동해안에서 200m 떨어진 바다에 있는 수중릉으로 신라인들의 창의적인 생각을 엿볼 수 있다. **내영**

신라가 한강 유역을 차지하자 백제와 맺은 동맹이 깨졌다. 신라는 백제의 공격에 맞서고자 김춘추를 고구려에 보내 구원을 요청하였다. 그러나 고구려는 전에 한강 상류를 신라에게 빼앗긴 적이 있어 신라의 요청을 들어 주지 않았다. 오히려 김춘추는 죽음을 피해 고구려에서 도망쳐 나왔다.

김춘추는 왜국으로 가서 도움을 청했다. 그러나 백제와 관계를 맺고 있는 왜는 요청을 거절하였다.

결국, 신라는 당나라를 대국으로 섬기겠다는 약속을 하고, 당나라는 백제와 고구려를 멸망시킨 다음 평양 이남과 백제 땅을 신라에게 주기로 약속하였다. **나+당**

660년, 신라와 당나라가 연합하여 백제를 공격하고 의자왕의 항복을 받아냈다. 661년에는 고구려에 침입하여 평양성까지 포위했으나 물러났다가 668년에 다시 고구려를 공격하여 보장왕의 항복을 받아냈다. **내부옥** 하지만 당나라는 신라와의 약속을 어기고 백제 땅에 당나라의 통치 기구인 5개의 도독부를 두고, 수도 사비성에 당나라 장수와 군사를 머물게 하였다.

당나라의 욕심을 알아챈 신라는 당나라군이 점령하고 있는 옛 백제 땅을 점령하면서, 고구려 부흥군과 함께 당나라 군을 공격하였다. 드디어 676년 한반도에서 당나라군을 몰아내고, 삼국 통일을 이룩하였다. **내습내**

탐구하기

1. 고구려와 왜에 군사적인 도움을 청하러 갔던 사람은 누구인가요?

2. 신라와 당나라는 서로 어떤 약속을 하였나요?

대왕암 신라 30대 문무왕(재위 661~681) 무덤, 동해안에서 200m 떨어진 바다에 **내부** 중릉으로 신라인들의 창의적인 생각을 뜬 곳이다.

본문 외에 보충 설명 내용과 사진, 도표, 지도 등은 좋은 이해와 기억을 만들게 되므로 꼭 확인하는 습관을 가지세요.

을 청했다. 그러나 백제와
했다.
나+당
으로 섬기겠다는 약속을 하고,
다음 평양 이남과 백제 땅을
제를 공격

문장 내용 전체를 대신할 수 있는 함축적인 단어나 기호로 적습니다.

▶ 내용 출처 : 『살아 있는 역사 재미있는 논술, 인류 등장에서 삼국통일까지1』 출판사: 성안당

가장 효과적인 방법은?

:: **참고서를 정리한 내용**

1. 백제 멸망

① 나제동맹(백제＋신라) ─ 120년 동안 사이좋게 지냄
                               └ 결별 : 신라 → 백제 침입(한강 유역 차지)

② 성왕 ─ 태자 : 신라 정벌
         └ 신라군에 사망 : 신라에 대한 원한

③ 무왕 ─ 34년 동안 신라 변방 공격
         └ 성을 빼앗고 영토 넓힘

④ 의자왕 ─ 방탕한 생활
           ├ 성충 · 흥수 : '기벌포' 막아야 한다는 의견 무시
           └ 많은 사람이 등을 돌림

:: **핵심 결합법(영상화)를 적용한 마인드맵**

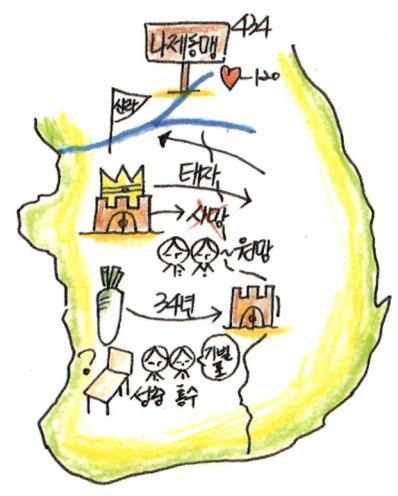

▶ 위의 학습물처럼 기억해야 할 내용이 많을 때에는 먼저 충분히 읽고 이해한 후 상황을 떠올려 봅니다. 같은 내용을 정리한 모습이지만 분류해서 정리된 내용은 다시 한 번 기억하는 과정을 거쳐야 하지만, 사건 진행에 따른 장면을 연상하거나 그림으로 그려 본 내용은 더 정확한 이해와 기억이 진행됩니다.

∷ 중심 단어와 기호, 아이콘으로 그려진 '신라의 삼국통일'에 대한 마인드맵입니다.

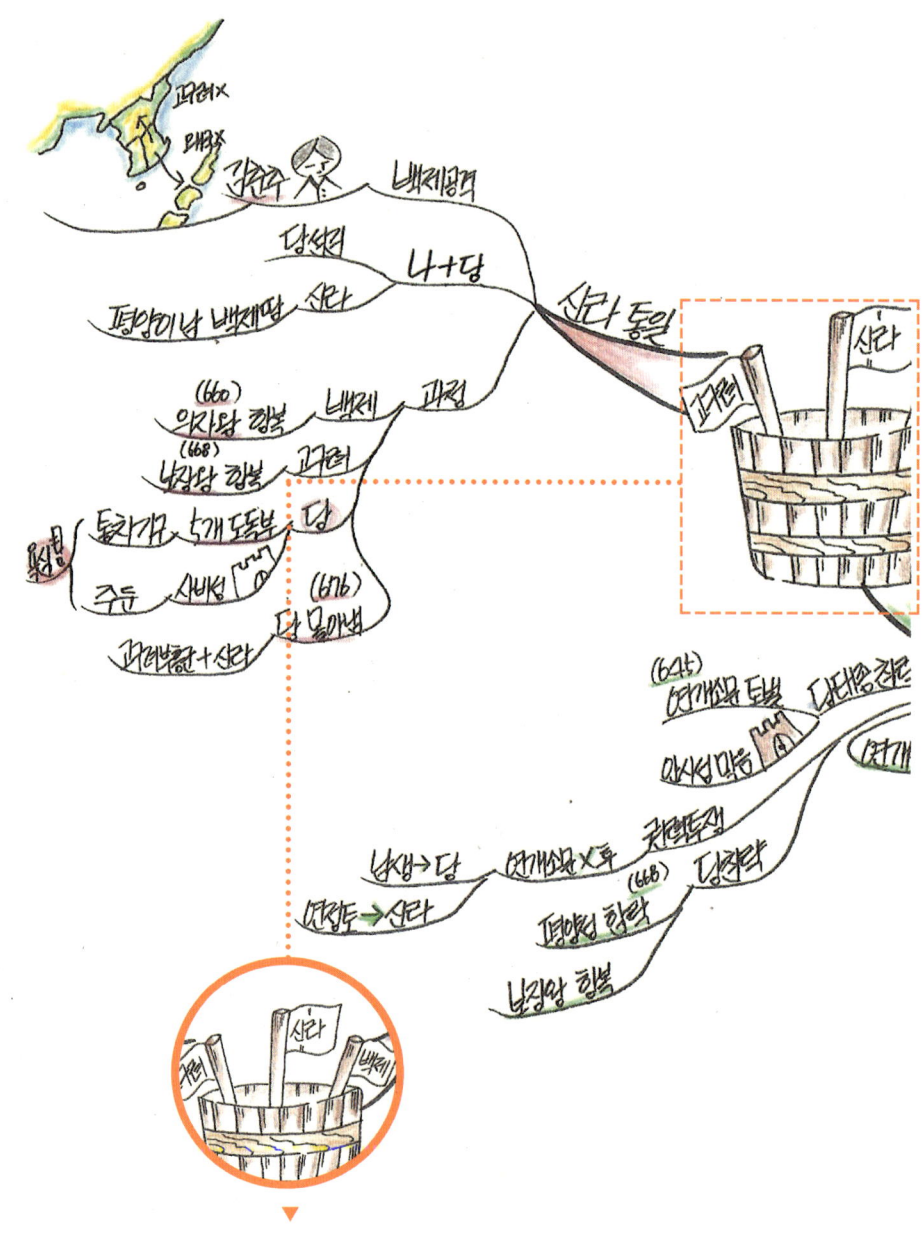

중심 이미지는 학습 내용과 관련된
내용으로 종이나 노트의 중앙에 그
립니다.

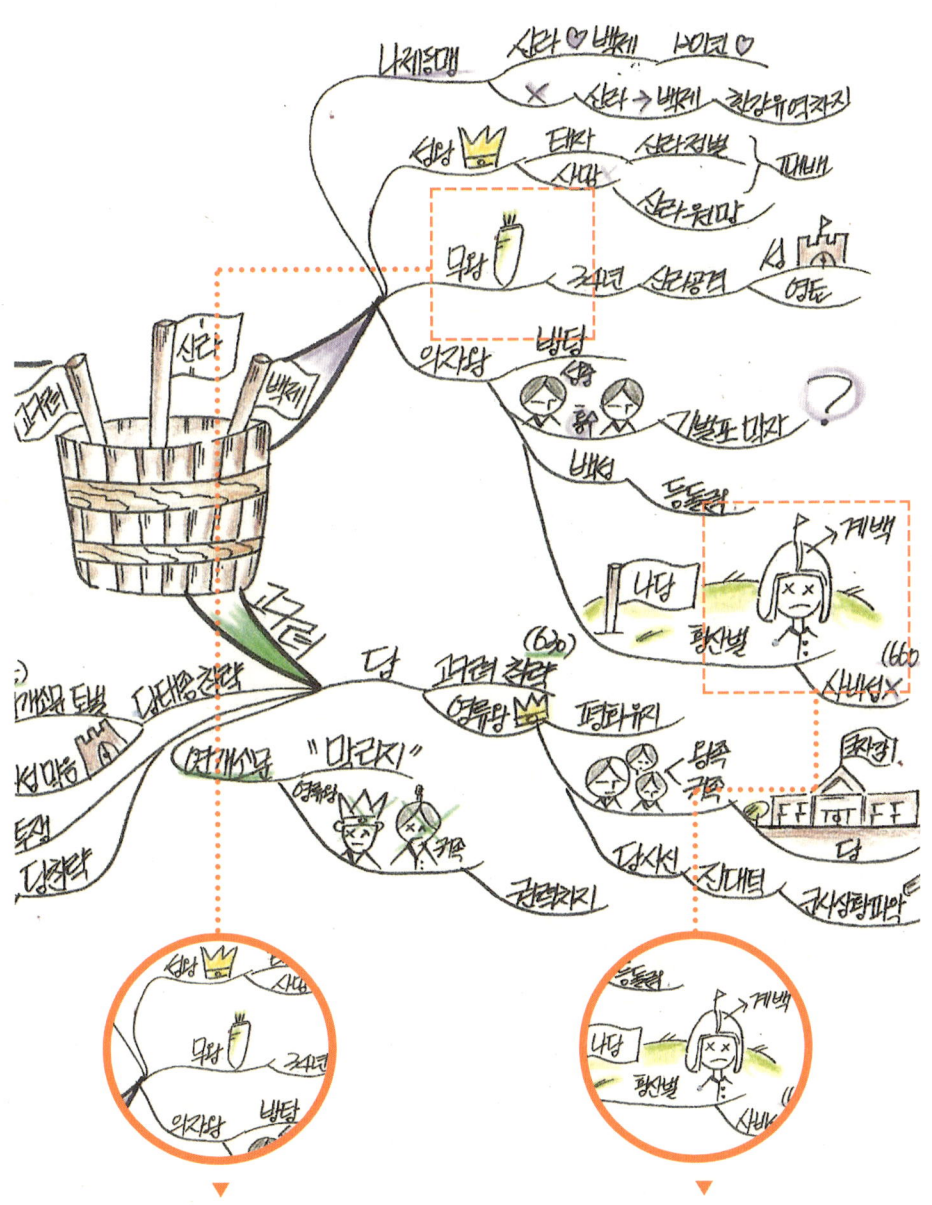

'무왕'이기 때문에 '무'로 이미지화
하였습니다. 이미지화는 기억을 더
욱더 선명하게 합니다.

맵을 작성하는 과정에서 학습 내용이
복잡한 경우 하나의 그림으로 표현하
면 쉽게 이해할 수 있습니다.

국사 ― 신라의 삼국통일 마인드맵을 그려보자 2

:: 핵심 결합법을 적용하여 그린 '신라의 삼국통일'에 대한 마인드맵입니다. 기억하는 데 어려움이 많겠지만 맵을 그리는 과정에서 기억이 되고, 그려진 맵을 통해 반복 학습을 한다면 아주 좋은 기억을 할 수 있습니다.

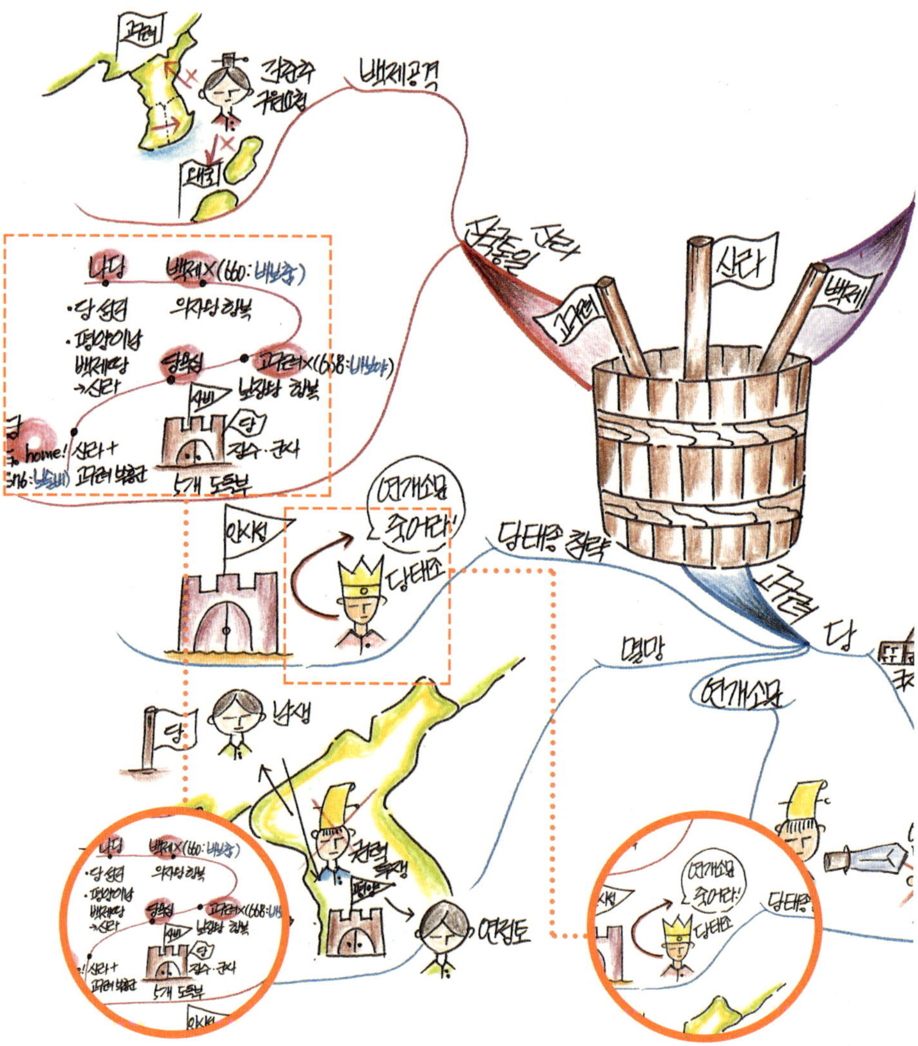

사건의 흐름이 연속적일 때에는 연표와 같은 형식을 동원해 정리합니다. 이렇게 정리된 내용은 사건의 흐름을 한눈에 파악할 수 있습니다.

어려운 내용을 잘 기억하기 위해서는 자신의 언어로 바꾸어 기억하는 활동을 한다면 더 쉽고 오랫동안 기억할 수 있습니다. 이런 활동은 공부에 대한 재미까지 줍니다.

▶ 복잡한 사건의 흐름을 지도에 표시하여 하나의 그림으로 그립니다. 그리는 과정에서 각각의 기호와 화살표를 사용합니다.

〔예〕 무: 무왕 의자: 의자왕

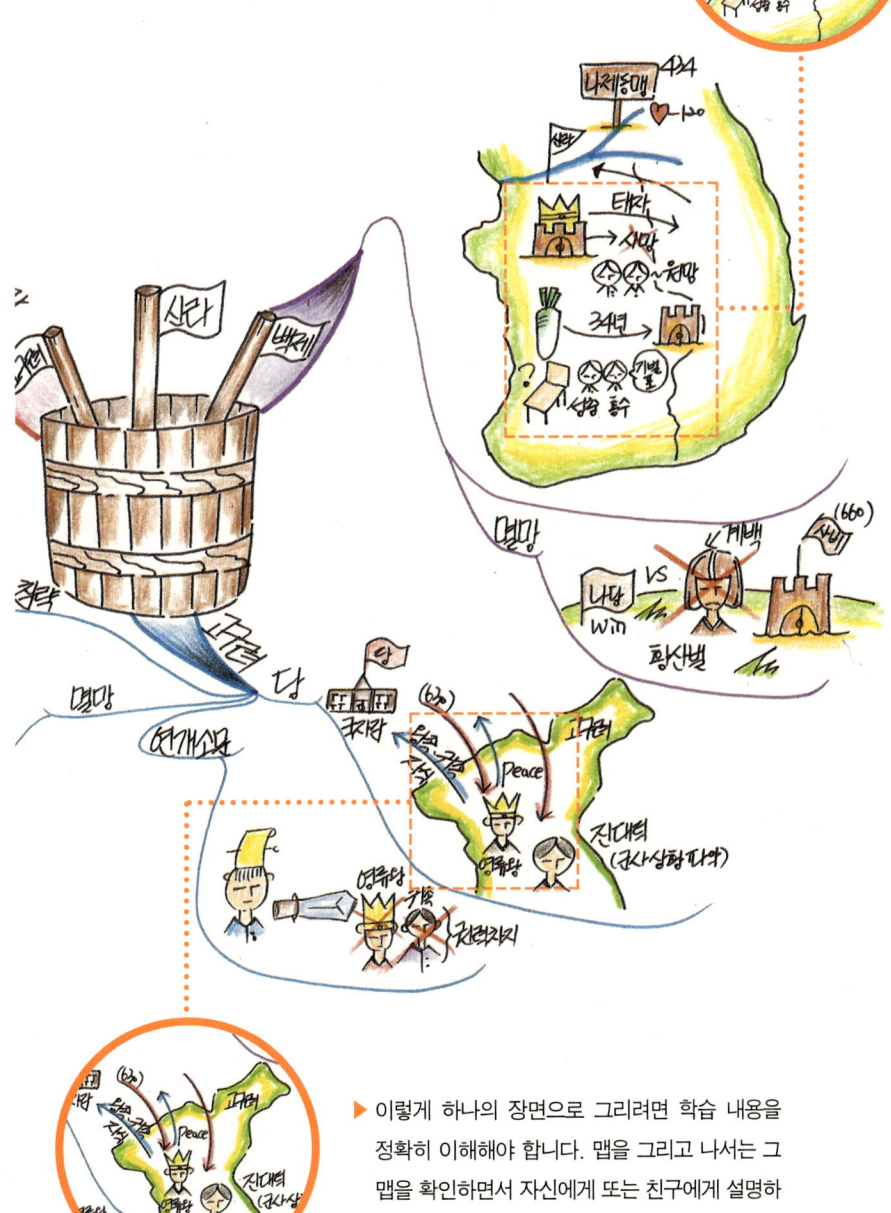

▶ 이렇게 하나의 장면으로 그리려면 학습 내용을 정확히 이해해야 합니다. 맵을 그리고 나서는 그 맵을 확인하면서 자신에게 또는 친구에게 설명하듯이 이야기하면서 회상하는 활동을 진행합니다.

수학 - 공식 마인드맵을 그려 보자

:: 수학을 공부하기 위해서는 개념과 공식에 대한 완벽한 이해와 기억이 되어야 합니다. 수학에서의 맵은 공식과 개념을 하나의 종이에 분류하여 작성하고, 작성된 맵을 한 번 쓱 보기만 해도 반복 학습의 효과가 나타날 수 있도록 구성해야 합니다.

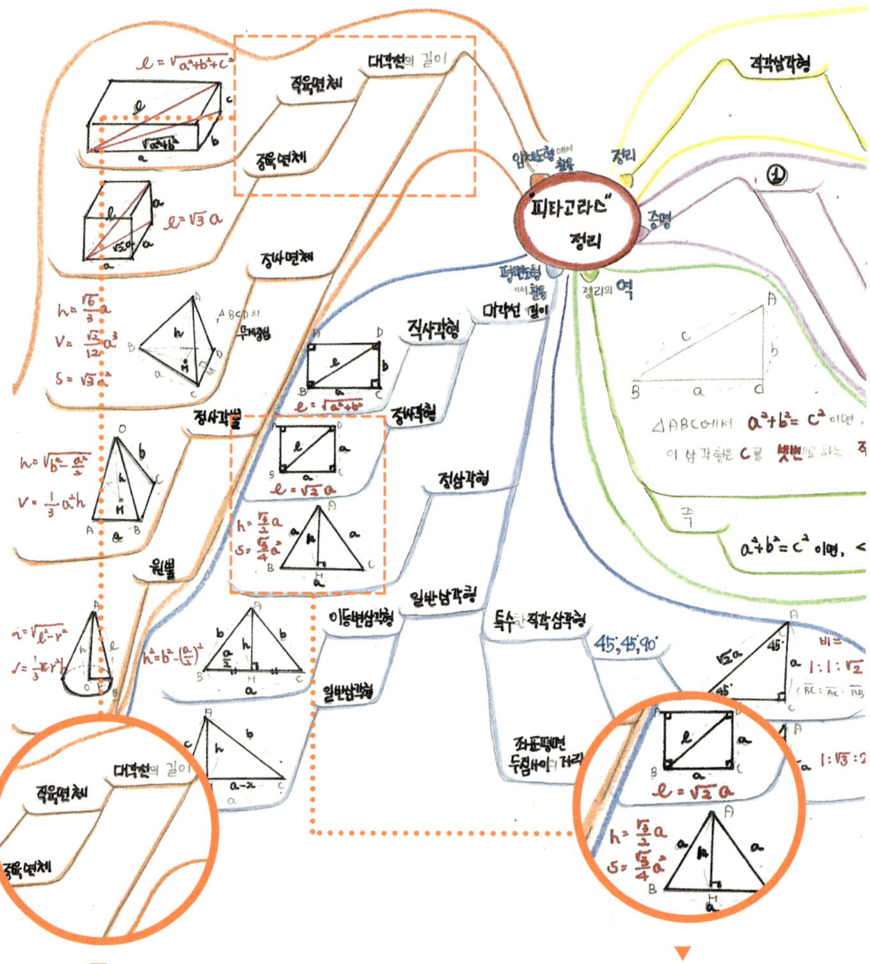

이 맵은 처음에는 연필로 작성했다가, 반복 학습을 하는 과정에서 색을 입힌 것입니다.

개념과 공식에 관한 글도 색을 이용해, 구분함으로써 내용적인 기억과 반복 학습의 효과를 높일 수 있도록 그린 맵입니다.

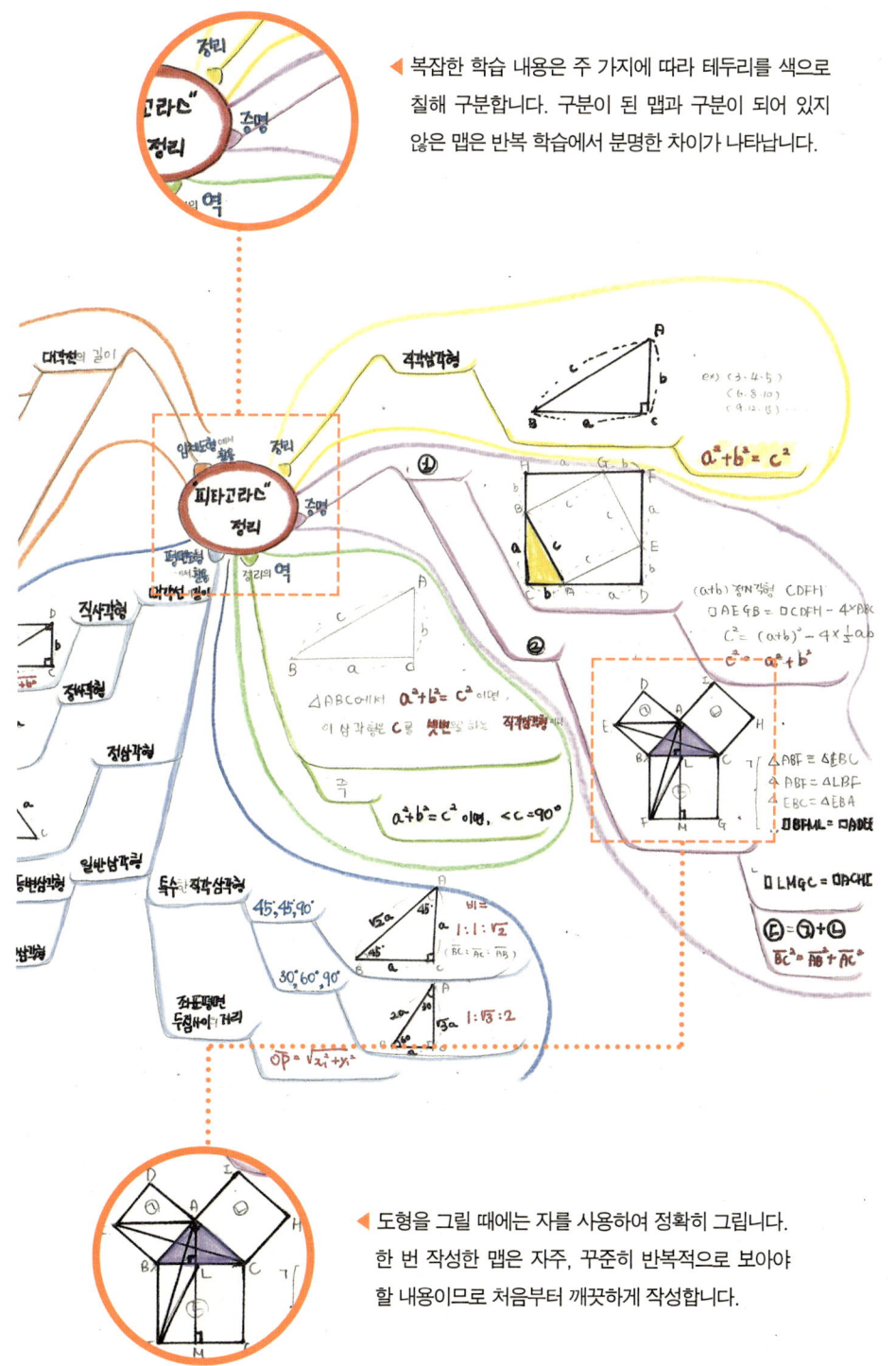

복잡한 학습 내용은 주 가지에 따라 테두리를 색으로 칠해 구분합니다. 구분이 된 맵과 구분이 되어 있지 않은 맵은 반복 학습에서 분명한 차이가 나타납니다.

도형을 그릴 때에는 자를 사용하여 정확히 그립니다. 한 번 작성한 맵은 자주, 꾸준히 반복적으로 보아야 할 내용이므로 처음부터 깨끗하게 작성합니다.

국어 – 소설 마인드맵을 그려보자

:: 마인드맵으로 정리하면 글의 줄거리·인물 성격·배경·소재 등을 한눈에 파악할 수 있습니다. 이런 과정을 통해 글의 주제문과 작가의 의도도 쉽게 찾아낼 수 있으며, 글의 요약 능력과 내용을 완벽하게 이해할 수 있습니다.

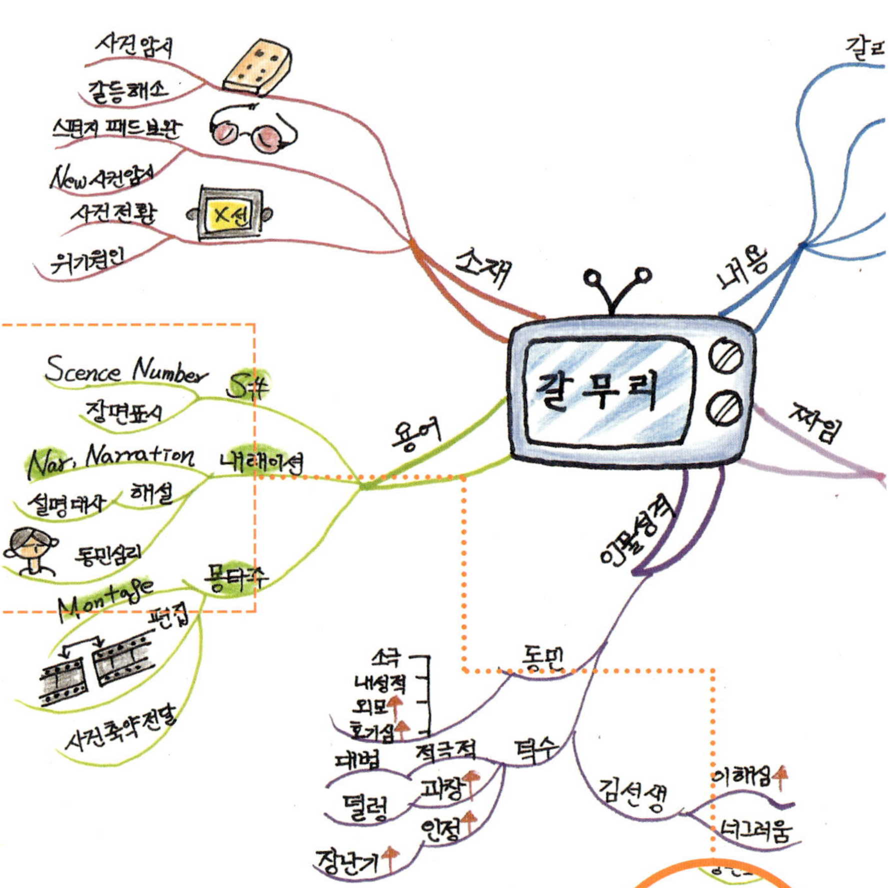

▶ 꼭 기억해야 할 내용이나 기억이 잘되지 않는 용어는 눈에 띄는 색연필로 표시합니다. 암기가 잘되지 않는 부분이라는 표시이기 때문에 시험 직전에 이 부분만 확인해도 성적은 쑥쑥~ 올라갑니다.

▶ 국어 마인드맵뿐만 아니라 모든 마인드맵을 작성할 때 빈 공간 없이 너무 빡빡하게 작성하지 마세요. 나중에 추가 내용과 오답 보충 설명을 작성할 공간이 없어 곤란해집니다.

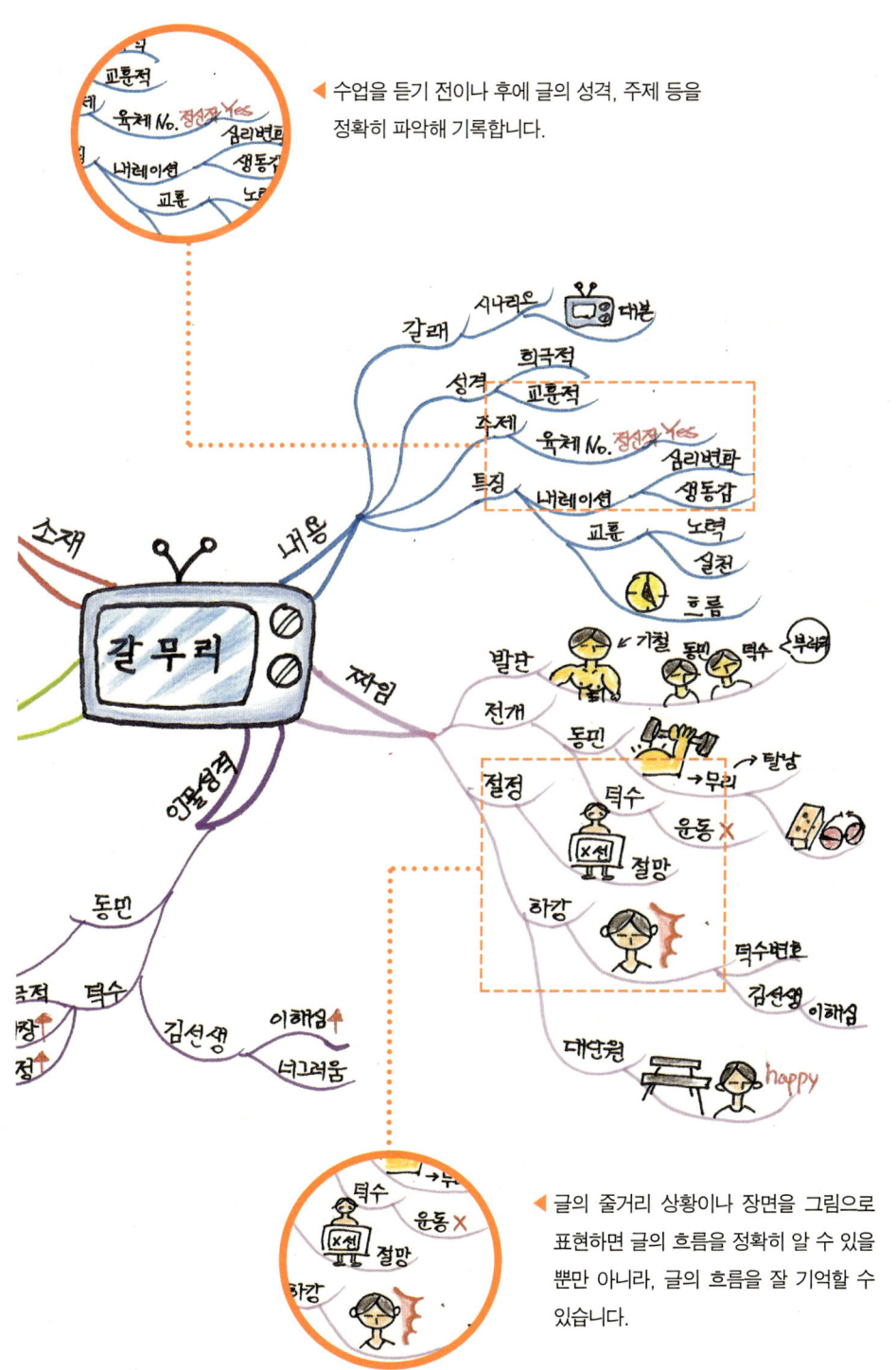

▶ 수업을 듣기 전이나 후에 글의 성격, 주제 등을
정확히 파악해 기록합니다.

◀ 글의 줄거리 상황이나 장면을 그림으로
표현하면 글의 흐름을 정확히 알 수 있을
뿐만 아니라, 글의 흐름을 잘 기억할 수
있습니다.

여러분은 지금까지 다양한 마인드맵을 살펴봄으로써 그 활용성과 효과를 느끼고 있을 것입니다.

빌 게이츠(William H. Gates)는 뉴스위크지와의 인터뷰에서 이런 말을 했습니다.

"마인드맵퍼가 우리의 정보민주주의를 다음 단계로 끌어 올린다."

이는 마인드맵이 우리의 지식과 정보를 한층 끌어 올릴 수 있는 가장 유용한 도구가 된다는 뜻입니다.

말만 들었지 정말 제대로 그려본 적이 없던 마인드맵을 배우고 나서 우리는 알았습니다. 어떻게 하면 더 좋은 기억이 되는지, 어떻게 하면 더 좋은 성적을 낼 수 있는지. 지금부터는 여러분의 몫입니다. 좋은 방법, 좋은 도구를 여러분은 가지고 있습니다. 이 방법과 도구를 얼마나 효율적이고 지속적으로 활용하는가에 따라 여러분은 자신의 모든 꿈과 소원을 이룰 수 있을 것입니다.

여러분도 이제는 '마인드맵퍼' 입니다. 오늘 학교 수업이 있는 날이라면 미루지 말고 지금 바로 종이나 노트에 펜을 들고 시작하세요. 그리고 그 능력을 많은 사람들에게 보여주세요.

여러분은 '마인드맵퍼' 입니다.

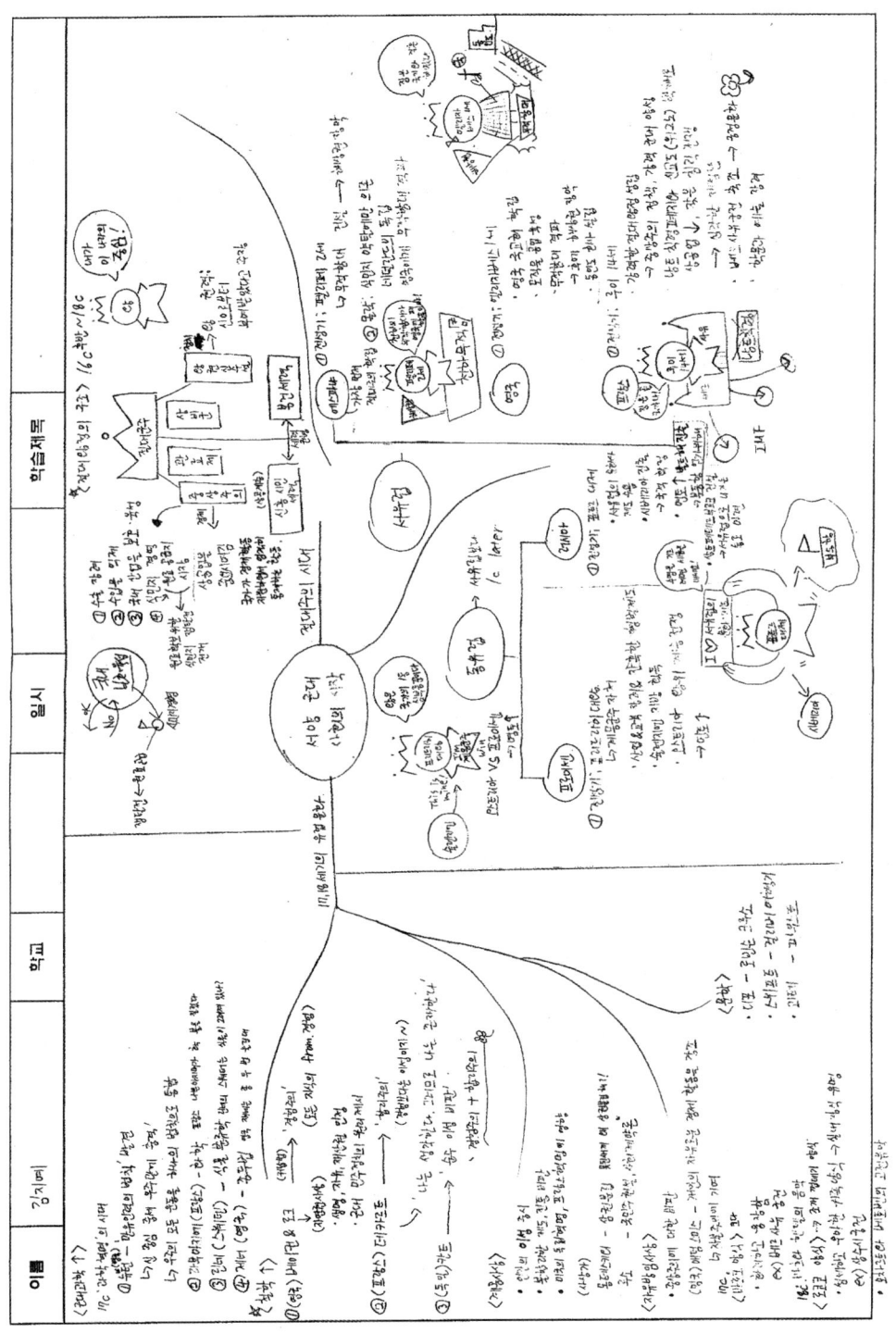

THEME 4

코넬 노트에
필기하기

코넬 노트 필기법

노트 필기는 학습을 진행하는 과정에서 매우 중요한 활동입니다. <mark>수업 내용과 유인물 그리고 참고서의 보충 설명을 하나의 노트에 통합해 자신만의 학습 노트</mark>를 만들고, 그 학습 노트로 꾸준히 반복 학습을 하면 분명 학습의 질이 높아질 것입니다.

지금까지 여러분이 해오던 무미건조한 노트법이 아닙니다. 노트법의 기본은 '코넬 노트법'에 있으며, '코넬 노트법'과 함께 여러분이 지금까지 능력을 키워 왔던 연상 기억법과 마인드맵을 적용해 독특하고 효율적인 노트법을 만들어 보세요.

1 : 코넬 노트법이란?

미국의 뉴욕시에서 서북쪽으로 250마일 떨어진 이타가에 위치하고 있으며, 아이비리그에 속한 8개 대학 가운데 하나인 코넬대학교에서 40여 년 전에 개발한 노트 정리 방법입니다. 노트를 정리하는 양식이나 방법이 효율적이어서 미국을 비롯한 세계 각국의 많은 학교에서 채택되고 있는 방법입니다.

"와~ 아이비리그에 속한 코넬대학의 노트방법!"
"너무 어려운 것은 아닐까?"
"내가 잘할 수 있을까?"

이렇게 생각하는 학생들도 있겠지만, 전혀 어렵거나 힘든 활동이 아닙니다. 어쩌면 코넬 노트의 양식을 경험했던 학생들도 있을 것입니다. 노트의 양식을 살펴보면, 가로로 된 줄과 그 줄의 ==왼쪽에서 5cm쯤 되는 위치에 세로로 줄이 그어져 있는 것을== 볼 수 있습니다. 이것이 코넬 노트의 양식입니다.

그러면 노트를 작성하기에 앞서 코넬 노트의 기본 구조는 어떻게 이루어졌으며, 어떤 내용을 어떤 위치에 작성해야 하는지 알아봅시다.

Cues(단서)
• 중요 내용을 연상하게 하는 핵심 단어나 힌트
• 그림·도표
• 질문
• 작성 시기는 수업 후나 복습할 때

Notes(필기)
• 수업 내용을 기록하거나, 복습할 때 학습 내용을 기록
• 간결한 문장과 핵심 단어를 사용
• 기호와 아이콘
• 글자의 색을 구분해 중요도를 표시
• 주요 포인트 사이에 충분한 공간 주기
• 지도와 그림
• 작성 시기는 수업 중이나 수업 내용을 재정리하며 복습할 때

Summary(요약)
• 수업 후 가장 중요하다고 생각되는 내용을 1~2문장으로 요약하여 정리
• 이 공간은 지도·보충 설명·오답 등을 쓸 때 다양하게 활용

'Cues' 부분과 'Notes'로 이루어진 노트는 많이 있지만 'Summary' 부분까지 갖추고 있는 노트는 구하기 힘듭니다. 'Summary' 부분은 여러분이 필요할 때 자로 선을 그어 사용하세요. 학습 내용에 따라 'Summary' 부분이 필요 없는 경우도 있으니까요.

2 : 필기 부분 (Notes)

수업 시간에 선생님의 판서 내용이나 설명 내용을 적는 공간으로, 수업 내용을 재정리하면서 선생님이 나눠준 유인물과 참고서의 내용 등을 추가해 나만의 완벽한 노트를 만들 때 활용되는 공간입니다.

이 부분을 잘 정리하기 위해서는 대단원, 중단원, 소단원, 세부 내용을 숫자로 정리해서 나누고, 긴 문장보다는 간결한 문장과 핵심 단어 그리고 기호와 아이콘, 그림 등으로 작성합니다. 다양한 내용들이 작성되기 때문에 노트 공간을 잘 활용할 수 있는 방법을 터득해야 합니다.

① 숫자 단계로 정리하기

공부하기 위해서 참고서나 전과 등을 구매했거나 읽어본 적이 있을 것입니다. 참고서나 전과의 특징은 핵심을 정리하는 과정에서 문장과 핵심어 앞에는 숫자들을 사용해 학습 내용을 구분 짓고 있다는 것입니다. 여러분도 노트 필기를 하는 과정에서 학습 내용을 구분할 때 문장과 핵심 단어 앞에 숫자를 사용하세요. 그러나 많은 학생들이 이렇게 작성된 학습 보조 자료들은 수없이 봐왔으면서 정작 노트 정리를 할 때에는 이런 내용을 잊어버리고 아무런 규칙 없이 숫자를 남발하면서 필기하곤 합니다. 숫자를 잘못 기재하면 학습한 내용이 섞여 기억할 때 정확하게 구분되지 않으므로 주의해야 합니다.

자~ 지금부터 노트 정리를 할 때 숫자 단계는 어떻게 기재하고, 들여쓰기는 어떻게 해야 하는지 알아봅시다.

학습 보조 자료의 숫자 단계를 살펴보면 일정한 규칙이 있습니다. 그 규칙을 이용하면 노트 정리를 쉽게 할 수 있습니다. 또한 들여쓰기의 경우는 좋다는 사람도 있고, 좋지 않다는 사람들도 있는데 여러분은 이 두 가지 방법을 모두 적용해 보고 자신에게 가장 적합한 방법을 선택하도록 하세요.

들여쓰기를 할 때는 같은 모양의 숫자는 될 수 있으면 줄을 맞추도록 합니다. 이렇게 작성해야 보기도 좋고, 반복 학습을 할 때 내용을 파악하기 쉽습니다.

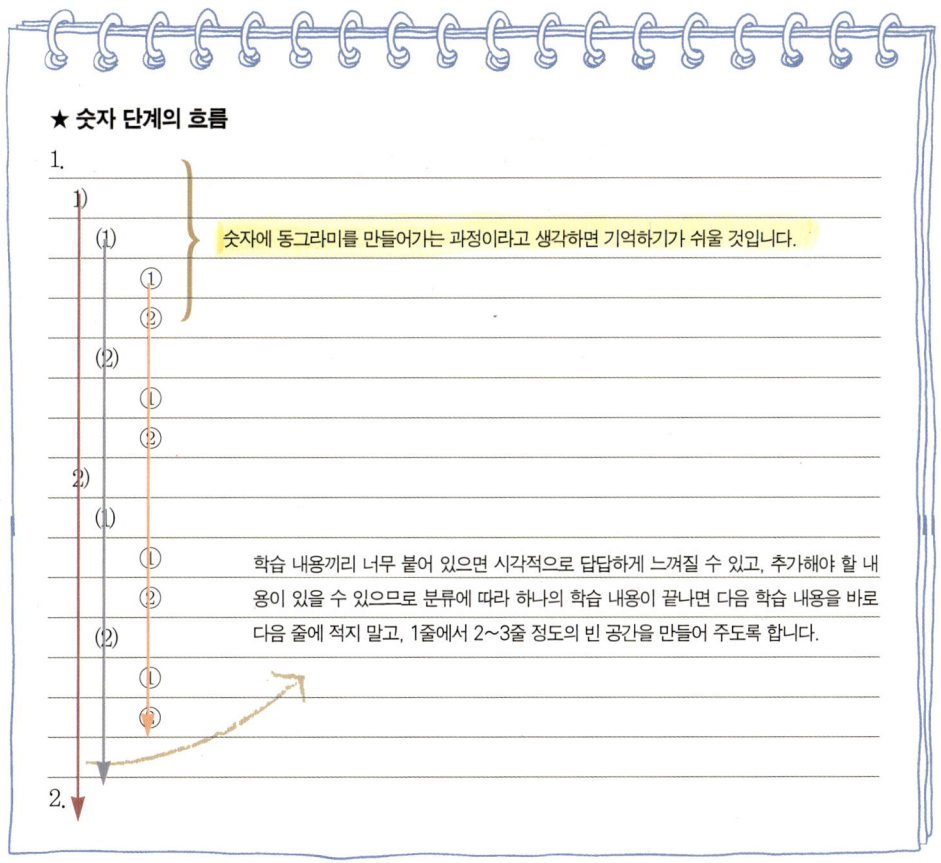

★ 숫자 단계의 흐름

1.
1)
(1)
숫자에 동그라미를 만들어가는 과정이라고 생각하면 기억하기가 쉬울 것입니다.
① ②
(2)
① ②
2)
(1)
① 학습 내용끼리 너무 붙어 있으면 시각적으로 답답하게 느껴질 수 있고, 추가해야 할 내
② 용이 있을 수 있으므로 분류에 따라 하나의 학습 내용이 끝나면 다음 학습 내용을 바로
(2) 다음 줄에 적지 말고, 1줄에서 2~3줄 정도의 빈 공간을 만들어 주도록 합니다.
① ①
2.

② 내용 축약하기

노트 정리를 할 때에는 긴 문장보다는 조사·부사·수식어들을 뺀 짧고 간결한 문장이나 핵심 단어 위주로 적습니다. 기호도 적절히 사용하면 이해와 기억의 모든 능력에 향상을 가져올 것입니다. 단, 이렇게 정리된 노트로 반복 학습을 할 때 무슨 의미인지 모르면 안 되므로 자신이 알아볼 수 있게 최대한 간결하게 적습니다.

축 약 기 호

축 약 문 자

& : 그리고	sig: 의미가 있는	vs: ~대, 대립
W/: ~와(with)	W/O: ~ 없이(without)	f: 빈도(frequency)
Def: 정의(definition)	imp: 중요(importance)	cf : 비교
ex: 예시		

원문	축약된 내용
국가의 주인은 국민	국가주인 국민
북동부는 높고, 서부는 낮다	북동부 ↑ 서부 ↓
농촌의 변화: 농업 기술의 발달	농촌변화: 기술 ↑
흑사병의 유행: 인구 감소, 농민의 지위 향상	흑사병: 인구 ↓ 농민지위 ↑
나라의 경제 정책을 수립하고 조정하는 일을 한다	나라 경제정책 수립·조정
개인끼리 사사로운 문제로 다툼이 생겼을 때 해결	개인끼리 VS 해결
주제와 관련된 내용만을 선택하여 정리한다	주제관련 내용 선택정리
수면에서 깊어질수록 수압이 세진다	수면 수압 ↓
식민통치의 중심이 된 조선총독부를 설치하였다	식민통치 중심: 조선총독부설치
전류의 방향이 달라지면 자기장의 방향이 달라진다	전류방향 ≠ 자기장방향 ≠
고등교육을 받은 인구가 나날이 증가하고 있다	고등교육인구 ↑

기호와 축약 문자의 사용은 노트 필기 작성 시간을 단축시킬 뿐만 아니라 이해와 기억에 많은 도움을 줍니다. 자신만의 축약된 기호와 아이콘을 많이 만들어 놓고 정리하면 편리합니다.

③ 색깔로 구분하기

노트 정리를 할 때 학습 내용에 따라 대단원, 중단원, 소단원, 세부 내용으로 나눕니다. 평범한 내용은 검은색, 중요한 내용은 빨간색, 보충 설명은 파란색으로 색깔에 따라 의미를 달리하면 기억에 도움을 줄 뿐만 아니라 반복 학습에도 효과가 있습니다. 필기 도구를 바꿔가면서 정리해야 하는 번거로움은 있지만, 시험 때까지 여러 번 보아야 하는 노트이기 때문에 처음 정리할 때 잘 정리하는 것이 좋습니다. 꼭 위에서 제시한 색이 아니라 자신이 좋아하는 색에 나름대로 의미를 부여해서 필기해도 됩니다.

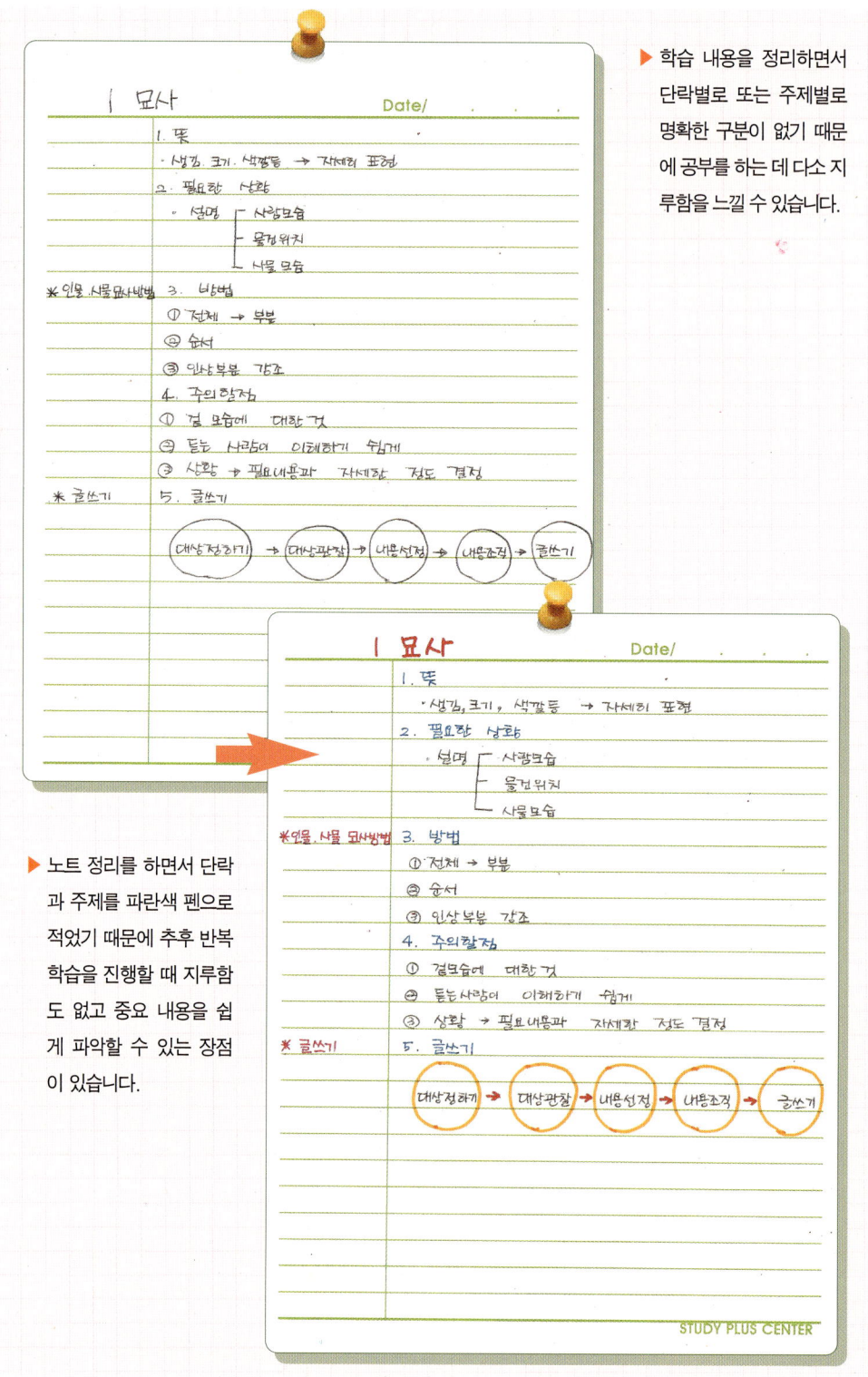

▶ 학습 내용을 정리하면서 단락별로 또는 주제별로 명확한 구분이 없기 때문에 공부를 하는 데 다소 지루함을 느낄 수 있습니다.

▶ 노트 정리를 하면서 단락과 주제를 파란색 펜으로 적었기 때문에 추후 반복 학습을 진행할 때 지루함도 없고 중요 내용을 쉽게 파악할 수 있는 장점이 있습니다.

2-1 중국 고대문명   Date/

(1) 황하 문명
① 성립 : BC 3000년경, 황하유역 황토지대
② 특징 ┌ 농경 (조, 수수, 기장 등), 목축
　　　　└ 토기, 청동기

(2) 은
은허 / 황하
① 성립 : BC 1500 황하 중, 상류
② 중심 : 은허
③ 발전 ┌ 주변 도시국가 통합
　　　　└ 왕권 ↑
④ 사회
* 제정일치　· 제정일치 : 왕 (제사 + 정치)
* 신권정치　· 신권정치 : 중요한 일 → 점을 침
* 붐　　　　· 계급 사회
⑤ 생활
　· 청동기 : 지배층 (무기 + 제사용품)
* 태음력:달력 29.5일　· 태음력 : 달력 → 농사, 제사
* 갑골 → 한자　· 갑골문자 : 점괘 ┌ 거북 배딱지　한자의 기원
　　　　　　　　　　　　　　　└ 동물 뼈
　· 제사중시, 순장 (왕 권력 짐작)

(3) 주
① 성립 : 은의 서쪽
② 발전 : BC 11세
* 봉건제 (혈연)　③ 정치 : 봉건제
　· 목적 : 효과

검은색 펜으로 작성한 노트입니다. 평범한 내용과 중요 내용의 구분이 없어 반복 학습을 할 때 내용 전체를 다시 보아야 한다는 단점이 있습니다. 공부를 할 때 다소 지루함도 느낄 수 있습니다.

2-1 중국 고대문명   Date/

(1) 황하 문명
① 성립 : BC 3000년경, 황하유역 황토지대
② 특징 ┌ 농경 (조, 수수, 기장 등), 목축
　　　　└ 토기, 청동기

(2) 은
은허 / 황하
① 성립 : BC 1500 황하 중, 상류
② 중심 : 은허
③ 발전 ┌ 주변 도시국가 통합
　　　　└ 왕권 ↑
④ 사회
* 제정일치　· 제정일치 : 왕 (제사 + 정치)
* 신권정치　· 신권정치 : 중요한 일 → 점을 침
* 붐　　　　· 계급 사회
⑤ 생활
　· 청동기 : 지배층 (무기 + 제사용품)
* 태음력:달력 29.5일　· 태음력 : 달력 → 농사, 제사
* 갑골 → 한자　· 갑골문자 : 점괘 ┌ 거북 배딱지　한자의 기원
　　　　　　　　　　　　　　　└ 동물 뼈
　· 제사중시, 순장 (왕 권력 짐작)

(3) 주
① 성립 : 은의 서쪽 (호경)
② 발전 : BC 11세기 은정복
* 봉건제 (혈연)　③ 정치 : 봉건제 실시
　· 목적 : 효과적 통치 (영토 + 백성)
STUDY PLUS CENTER

평범한 내용과 중요 내용이 색으로 구분되어 있기 때문에 한눈에 중심 내용을 파악할 수 있습니다. 그리고 색을 바꿔가면서 필기를 한다는 것을 귀찮다고 생각할 수 있지만, 색을 바꿔가면서 필기하는 것이 두뇌 활동에 더 좋습니다. 또 반복 학습을 하면서 빨간색의 중요 단어가 기억을 떠올리는 인출 단서가 되어 전체 내용을 쉽게 파악하고 기억할 수 있게 됩니다.

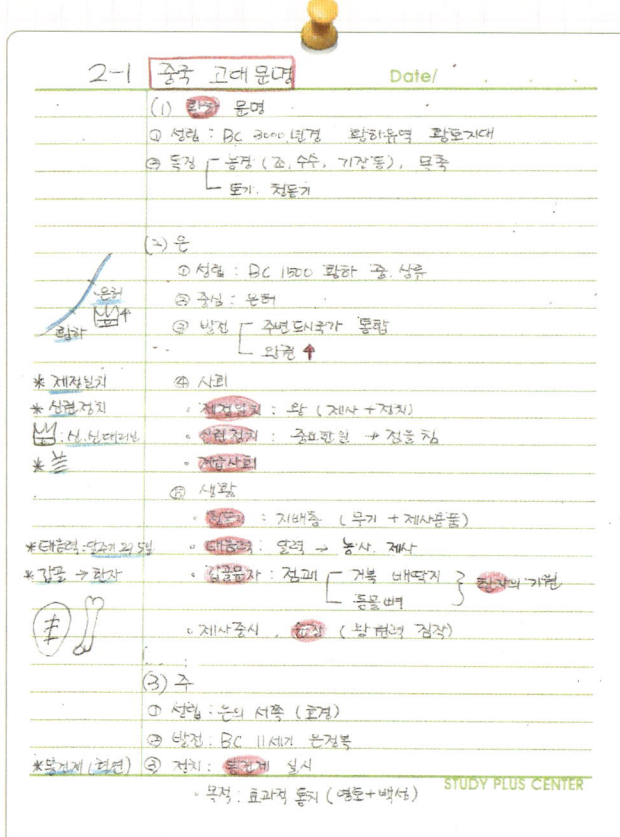

▶ 긴급하게 정리를 해야
할 때는 검은색 펜만으
로 필기하는 것이 효율
적입니다. 이럴 때는 나
중에 반복 학습하면서
색연필과 형광펜 등을
이용해 중요 내용을 칠
하면서 공부합니다.

반복 학습을 진행하는 과정에서 색연필로 중요 내용을 칠하면서 복습하는
이유는 색을 들고 칠하는 과정에서 더 좋은 기억이 되고, 추후에 반복 학습을
할 때 중요 단어가 한눈에 파악되어 공부의 효율을 올릴 수 있어서입니다. 눈으
로 반복 학습을 하는 것보다 색연필을 들고 칠하는 학습이 더 좋은 기억이 됩니
다. 아주 단순한 활동으로 최대의 기억 효과를 올릴 수 있으며, 또다시 반복 학
습을 진행할 때는 검은색투성이의 답답한 노트가 아니라 중요 내용이 한눈에
파악되는 멋진 노트가 됩니다.

④ 아이콘 사용하기

"시간이 없는데 언제 그림을 그려. 그냥 적으면 되지."

"그림은 귀찮아! 바로 암기나 할래."

"나는 그림에 소질이 없어! 그냥 외울래."

"그림으로 그리면 시간이 오래 걸려요."

"전 그림에 별로 소질이 없어요."

"번거롭고 귀찮아요."

그림을 그린다는 사실에 대해 번거롭고 시간 낭비라고 생각하는 학생들이 있을 수 있지만, 그것은 잘못된 생각입니다. 학습 내용을 연상해 그림으로 표현하기 위해서는 그 학습 내용을 정확히 이해해야만 가능합니다. 글로만 작성된 노트는 정리 후 다시 기억해야 하는 과정을 거쳐야 하지만, 그림으로 표현된 노트는 그림을 그리는 과정에서 완벽하게 이해와 기억이 되며 오랫동안 기억을 지속시킬 수 있습니다. 반복 학습의 속도에서도 글로 작성된 노트는 학습 내용을 전부 읽어야 하지만, 그림으로 표현된 노트는 그림을 감상하듯이 한 번 쓱 보면 공부 끝~! 그림을 그리는 과정에서 기억의 과정이 함께 진행되며, 단어로 기억된 내용보다는 장기 기억이 되기 때문입니다.

그림으로 그리기에는 너무 어렵고 복잡한 내용이거나, 자신이 그림을 그리는 능력이 정말 부족한 학생이라면 그림을 오려 붙여도 괜찮습니다. 하지만 생각과 노력을 조금만 더하면 충분히 그릴 수 있는 그림인데도 자꾸 오려 붙인다면 오히려 노트의 구성이 복잡해질 수 있습니다.

여러분은 연상 기억법과 마인드맵을 통해서 충분히 글의 내용을 영상으로 떠올릴 수 있는 능력을 가질 수 있게 되었습니다. 이 능력을 지금부터 노트법에 활용해 보세요.

:: 정리된 두 개의 노트 내용을 전부 확인하고 눈을 감고 회상하여 봅니다. 과연 어떠한 방식으로 작성된 노트의 내용이 먼저 떠오르거나 더 선명한지 생각해 보도록 합니다.

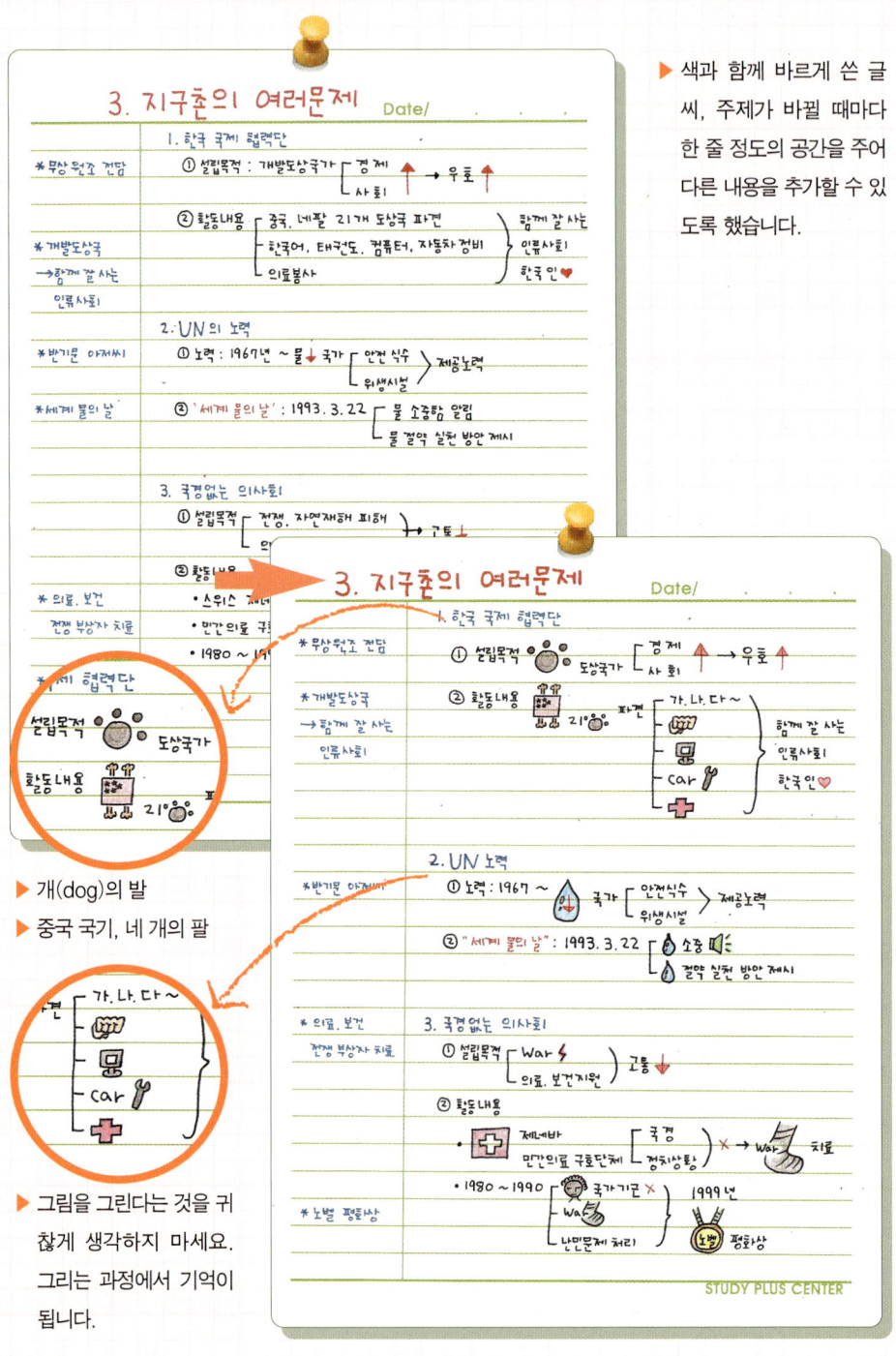

▶ 색과 함께 바르게 쓴 글씨, 주제가 바뀔 때마다 한 줄 정도의 공간을 주어 다른 내용을 추가할 수 있도록 했습니다.

▶ 개(dog)의 발
▶ 중국 국기, 네 개의 팔

▶ 그림을 그린다는 것을 귀찮게 생각하지 마세요. 그리는 과정에서 기억이 됩니다.

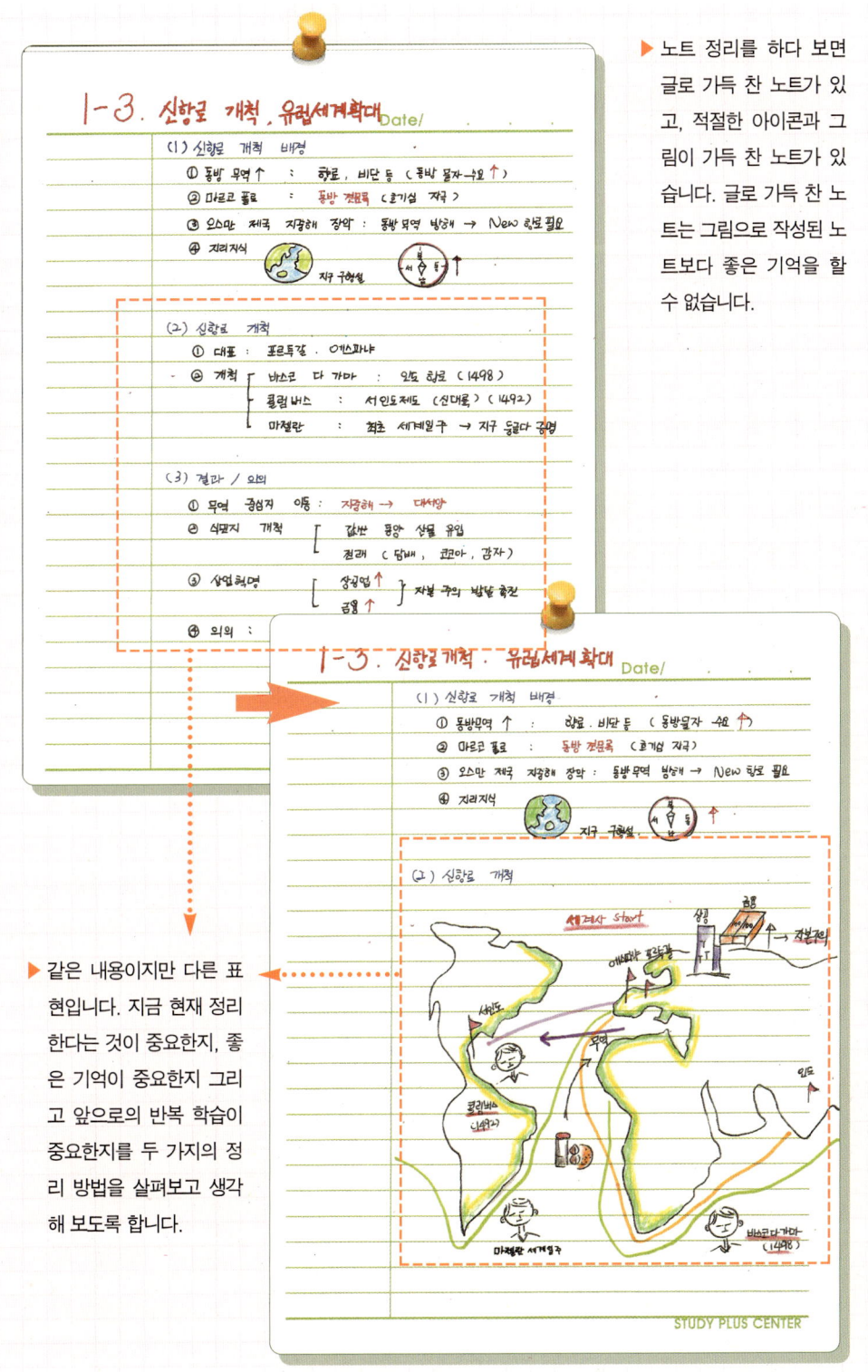

노트 정리를 하다 보면 글로 가득 찬 노트가 있고, 적절한 아이콘과 그림이 가득 찬 노트가 있습니다. 글로 가득 찬 노트는 그림으로 작성된 노트보다 좋은 기억을 할 수 없습니다.

같은 내용이지만 다른 표현입니다. 지금 현재 정리한다는 것이 중요한지, 좋은 기억이 중요한지 그리고 앞으로의 반복 학습이 중요한지를 두 가지의 정리 방법을 살펴보고 생각해 보도록 합니다.

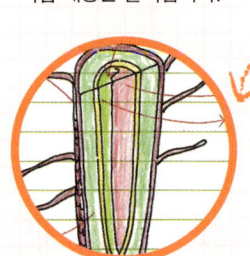

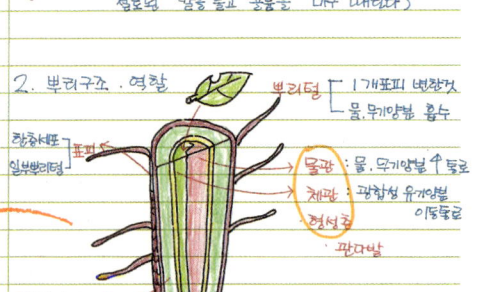

First note card (top)

Ⅳ-2 물. 무기양분 흡수이동 Date/

1. 식물체 구성성분
   (1) 구성성분 : 재, 연기 → 성분분석
      ① 기체 : 탄소, 수소, 산소, 질소 등 ~ 날아감
      ② 재 : 황, 인, 철, 염소, 나트륨, 칼륨, 칼슘, 마그네슘
   ② 물재배
      ① 방법 : 무기양분 배양액 → 식물재배
      ② 목적 : 성장필요 ┌ 원소종류, 기능
                        └ 결핍증
      ② 필수10원소 : 탄소, 수소, 산소, 질소, 황, 칼슘, 칼륨, 마그네슘, 철
         ※ 연상 (식물이 탄 수산시장에 짐 나쁜 황인간이
                철로된 칼슘 들고 공룡을 마구 때린다)

2. 뿌리 구조 역할
   (1) 종단면
      ① 뿌리털 : 1개 표피세포 변한것, 물과 무기양분 흡수
      ② 생장점 : 뿌리골무단쪽 세포분열 → 뿌리성장
      ③ 뿌리골무 : 생장점 보호
   (2) 횡단면
      ① 표피 : 바깥쪽 한층세포 일부 → 뿌리털 변해
      ② 내피 : 피층기
      ③ 피층 : 표피
      ④ 관다발 : 물
         • 물관
         • 체관

Second note card (bottom)

Ⅳ-2 물. 무기양분 흡수이동 Date/

1. 식물체 구성 성분
   (1) 구성성분
      연기 : 탄소, 수소, 산소, 질소
      재 : 황, 인, 철, 염소, 나트륨, 칼륨, 마그네슘
   (2) 물재배
      ① 방법
      ② 필수10원소 : 탄소, 수소, 산소, 질소, 황, 칼륨, 칼슘, 마그네슘, 철
         ※ 연상 (식물이 탄 수산시장에 짐이 나쁜 황인간이
                철로된 칼슘 들고 공룡을 마구 때려라)

2. 뿌리구조 · 역할
   뿌리털 ┌ 1개 표피 변한것
          └ 물, 무기양분 흡수
   한층세포 ┐
   일부뿌리털 ┘ 표피
   물관 : 물, 무기양분 ↑ 통로
   체관 : 광합성 유기양분 이동통로
   결석층
   · 관다발
   영양분저장 : 피층
   한층세포 : 내피
   생장점 : 세포분열 → 뿌리성장
   뿌리골무 : 생장점 보호

STUDY PLUS CENTER

Side annotations

▶ 기억법을 사용해서 기억을 하고 그 내용을 학습 내용 밑에 필기를 하여 반복 학습을 할 때 다시 한 번 연상의 내용을 확인하여 완벽하게 기억할 수 있도록 합니다.

▶ 그림을 그리는 과정에서 기억이 되고, 반복 학습 때 빨리 진행됩니다. 학습물 특성상 위치까지 기억해야 하는 것은 그림을 그리고 나면 위치에 대한 기억은 자연스럽게 해결되고, 오히려 기억해야 할 학습 대상은 줄어듭니다.

첫 번째 노트 (왼쪽)

Date/

1. 자석주의 자기장
 (1) 자기력 : 자석 + 자석 , 자석 + 쇠붙이 → 작용 됨
  ① 인력 : 자석의 다른극 ⟩⟨
  ② 척력 : 자석의 같은극 ⟷
 (2) 자기장 : 자기력 작용 공간
 (3) 자기력선 : 나침반 자침 N극이 가리키는 방향 연결선
  ① N극에서 나와 S극
  ② 끊기거나 교차 ✕
  ③ 조밀 → 자기력 ↑

2. 직선 전류가 만드는 자기장
 (1) 전류의 자기작용 : 전류가 흐르는 도선주위 → 자기장 생김
 (2) 직선 전류가 만드는 자기장
  ① 도선을 중심으로 동심원 모양
  ② 방향 : 엄지 손가락 전류 방향 일치 → 네 손가락의 방향
  ③ 자기장 세기 : ┌ 전류 세기 비례
   └ 도선에 가까울 수록

3. 원형 전류가 만드는 자기장
 (1) 원형 도선
  ① 자기력선
   · 각부분 작
  ② 방향
   · 엄지 손가락

▶ 그림을 그리자니 귀찮거나, 학습 내용이 영상으로 잘 떠오르지 않을 때에는 왼쪽과 같은 정리 방식으로 노트 필기가 진행됩니다. 그러나 이 방법은 상황을 이해하지 못한 채 전부 암기를 해야 하며, 암기된 내용일지라도 오랫동안 기억을 유지하기 어렵습니다.

두 번째 노트 (오른쪽)

Date/

1. 자석주의 자기장
 (1) 자기력

인력   척력

 (2) 자기장 : 자기력 작용 공간
 (3) 자기력선 : 나침반 자침 N극이 가리키는 방향 연결선

N→S   조밀 : 자기력 ↑   ✕

2. 직선 전류가 만드는 자기장
 (1) 전류 자기 작용   전류   자기장
 (2) 직선 전류가 만드는 자기장
  동심원 모양   세기 : 전류 세기 비례
   도선에 가까울 수록
  네 손가락 방향 : 자기장 방향

3. 원형 전류가 만드는 자기장
 (1) 원형 도선 주위
  ① 자기력선 모양

STUDY PLUS CENTER

▶ 노트 정리를 하는 과정에서 복잡한 그림이나 도표가 등장할 때는 참고서나 문제집의 자료를 칼이나 가위로 오려 붙여 정리 합니다. 참고서나 문제집을 오려낸다고 해서 놀라지 마세요. 중요한 것은 그 어떤 참고서와 문제집의 핵심 내용보다도 이렇게 정리된 노트가 시험 문제와 훨씬 가깝다는 사실입니다.

⑤ 마인드맵 이용하기

여러분은 마인드맵을 그릴 수 있는 능력을 충분히 가지고 있습니다. 노트를 정리하는 과정에서 코넬식 노트 방법으로 진행해도 되지만, 가끔은 마인드맵을 활용하는 방법도 좋은 정리 방법이 될 수 있습니다. 특히 '표'나 '인물', 'OO에 대한 종류' 등은 코넬식의 정리보다는 마인드맵을 이용한 정리가 훨씬 편하고 깔끔해 좋은 기억이 됩니다.

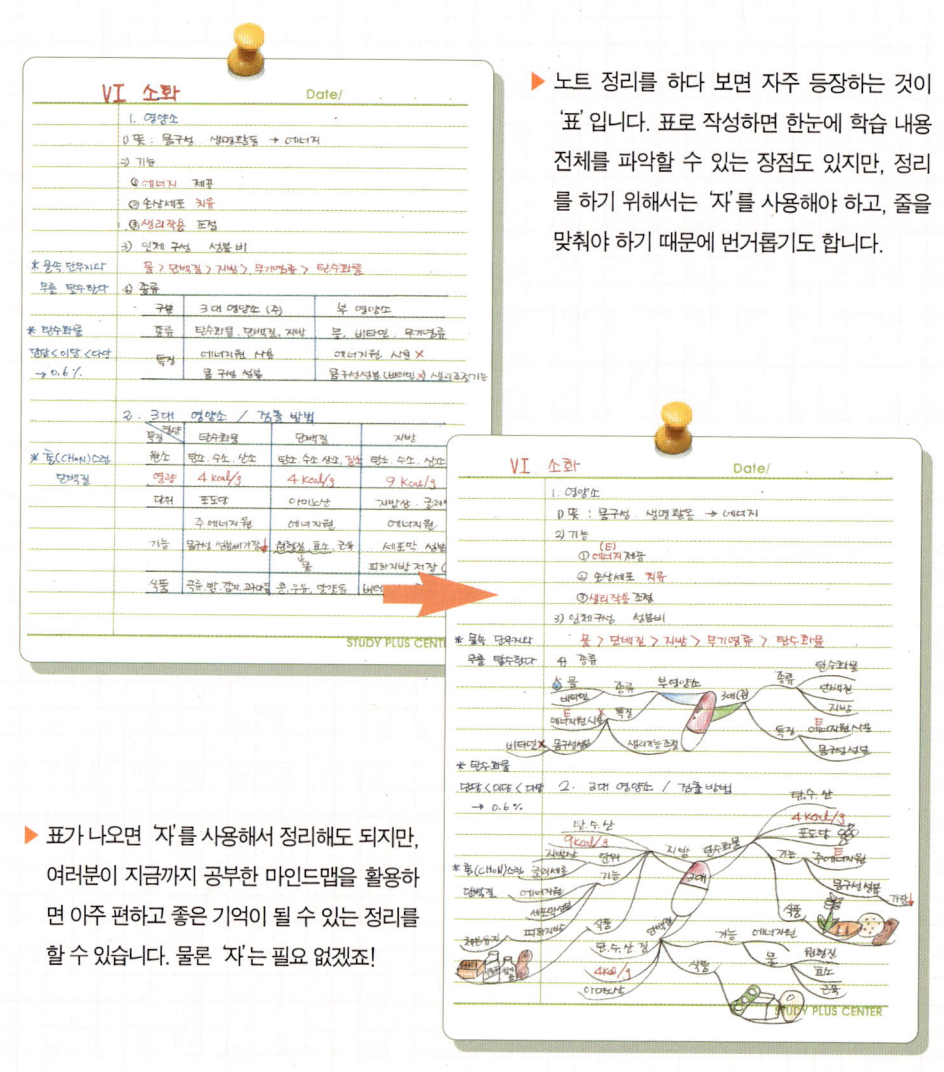

▶ 노트 정리를 하다 보면 자주 등장하는 것이 '표'입니다. 표로 작성하면 한눈에 학습 내용 전체를 파악할 수 있는 장점도 있지만, 정리를 하기 위해서는 '자'를 사용해야 하고, 줄을 맞춰야 하기 때문에 번거롭기도 합니다.

▶ 표가 나오면 '자'를 사용해서 정리해도 되지만, 여러분이 지금까지 공부한 마인드맵을 활용하면 아주 편하고 좋은 기억이 될 수 있는 정리를 할 수 있습니다. 물론 '자'는 필요 없겠죠!

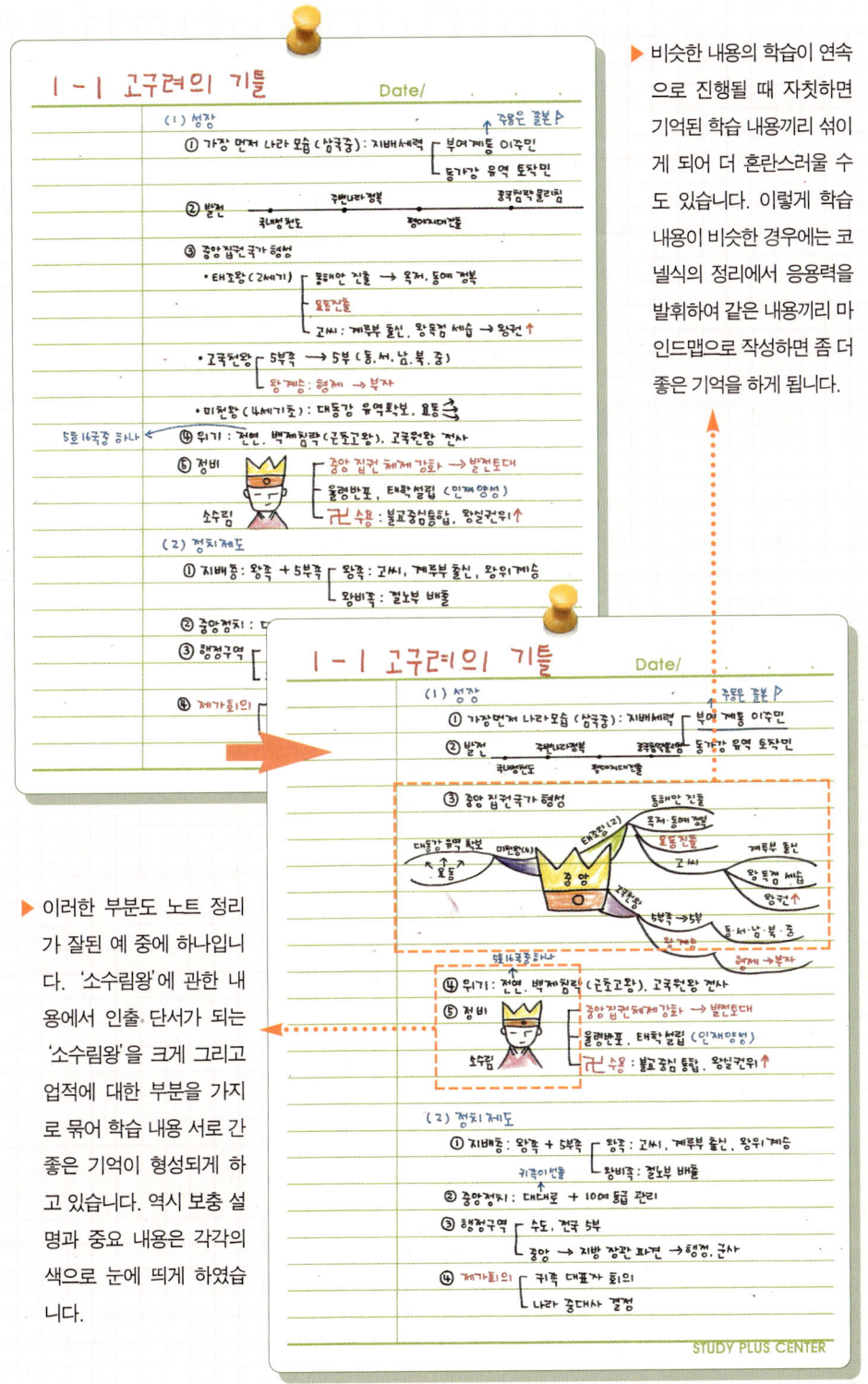

비슷한 내용의 학습이 연속으로 진행될 때 자칫하면 기억된 학습 내용끼리 섞이게 되어 더 혼란스러울 수도 있습니다. 이렇게 학습 내용이 비슷한 경우에는 코넬식의 정리에서 응용력을 발휘하여 같은 내용끼리 마인드맵으로 작성하면 좀 더 좋은 기억을 하게 됩니다.

이러한 부분도 노트 정리가 잘된 예 중에 하나입니다. '소수림왕'에 관한 내용에서 인출 단서가 되는 '소수림왕'을 크게 그리고 업적에 대한 부분을 가지로 묶어 학습 내용 서로 간 좋은 기억이 형성되게 하고 있습니다. 역시 보충 설명과 중요 내용은 각각의 색으로 눈에 띄게 하였습니다.

⑥ 오답 색칠하기

분명 수업을 잘 듣고 노트를 작성하면서 이해와 기억을 반복했지만, 자신의 성취도를 점검하는 문제 풀이에서 틀린 경우에 오답 노트를 작성하거나 해설을 통해 학습 범위를 넓히기도 합니다. 분명 오답 노트를 작성한다는 것은 좋은 방법 중에 하나입니다. 하지만 모든 과목에 대해 오답 노트를 작성한다는 것은 어쩌면 시간 낭비일 수도 있습니다. 여러분이 교과서와 참고서, 유인물, 선생님의 수업 내용을 하나의 노트에 작성했다면, 오답 내용도 그 노트에 표시하거나 추가해야 합니다. 그래야 노트와 오답 노트를 따로 보는 번거로움을 피할 수 있고, 시험 직전에는 노트를 보면서 오답에 색칠한 부분과 추가 설명한 내용만을 확인해도 높은 점수를 올릴 수 있습니다.

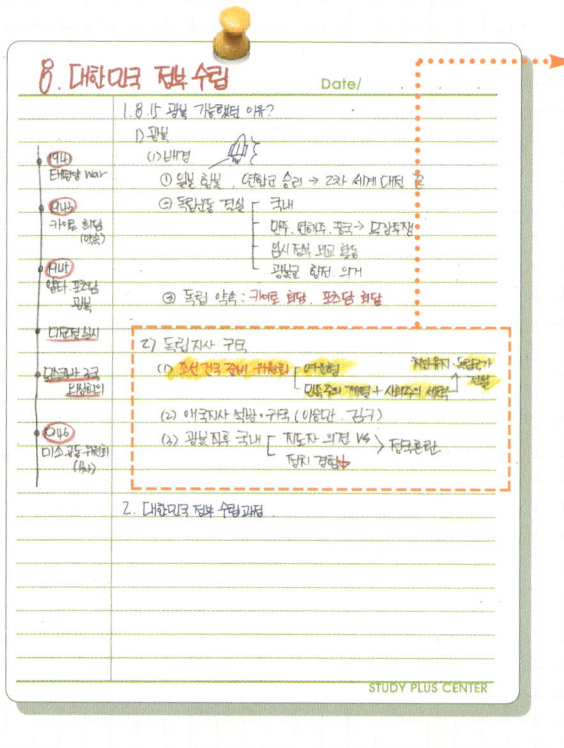

▶ 여러분의 노트가 공부의 중심입니다. 공부를 한 후 문제 풀이 과정에서 오답이 나왔을 때 내용을 다시 확인하기 위해서는 여러분이 작성한 노트를 가장 먼저 보아야 할 것입니다. 노트의 내용을 확인만 하지 말고 오답 내용을 자신이 정한 색으로 표시합니다. 나중에 여러분이 반복 학습을 하거나 시험이 임박했거나 시간이 많이 부족할 때 노트를 넘기면서 색칠한 부분만 자세히 보아도 높은 성적을 낼 수 있습니다. 따로 오답 노트에 정리하는 것보다는 자신의 노트에 색칠하고 보충 설명을 추가하는 것이 더 좋은 방법일 수 있습니다.

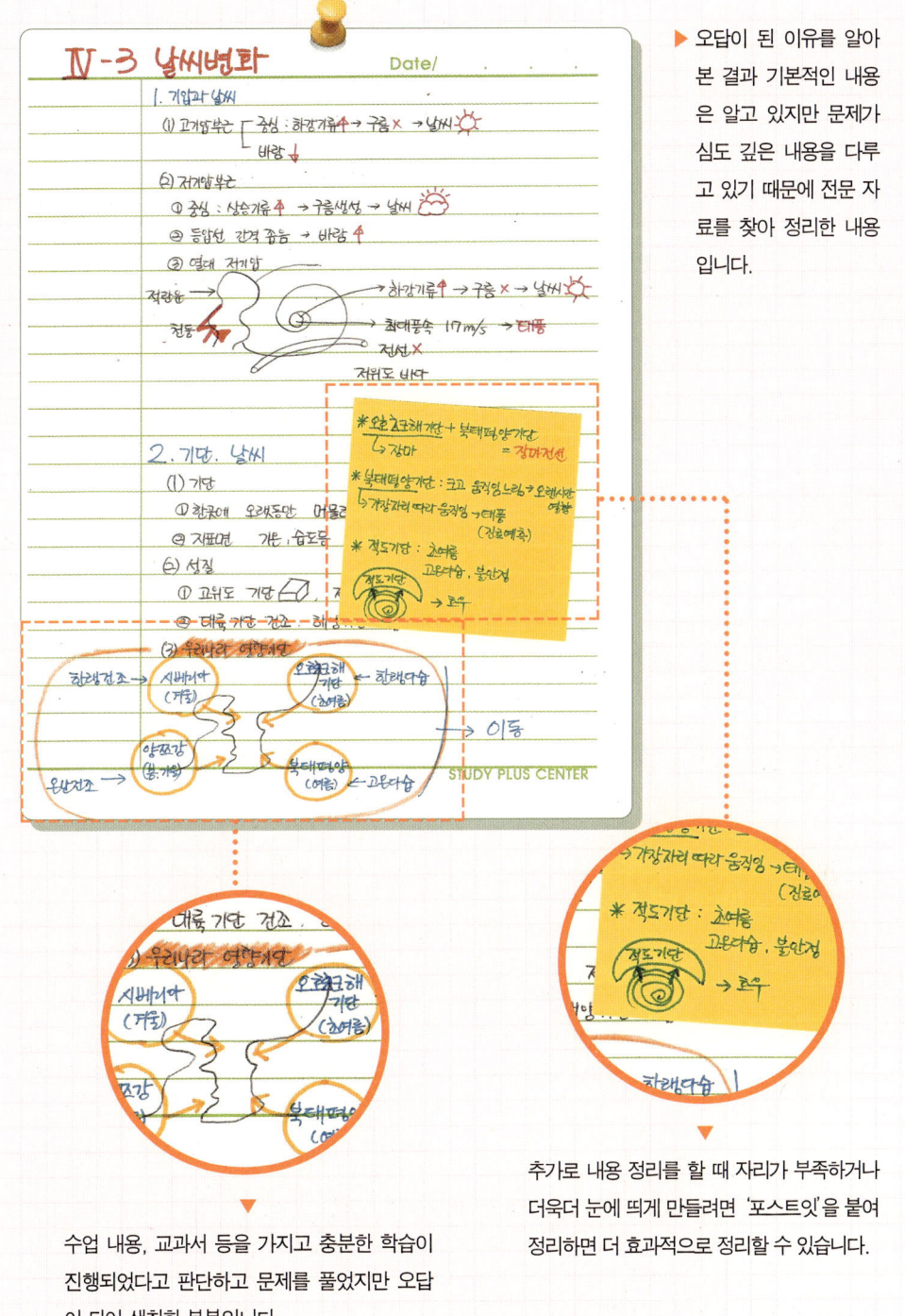

▶ 오답이 된 이유를 알아
본 결과 기본적인 내용
은 알고 있지만 문제가
심도 깊은 내용을 다루
고 있기 때문에 전문 자
료를 찾아 정리한 내용
입니다.

수업 내용, 교과서 등을 가지고 충분한 학습이
진행되었다고 판단하고 문제를 풀었지만 오답
이 되어 색칠한 부분입니다.

추가로 내용 정리를 할 때 자리가 부족하거나
더욱더 눈에 띄게 만들려면 '포스트잇'을 붙여
정리하면 더 효과적으로 정리할 수 있습니다.

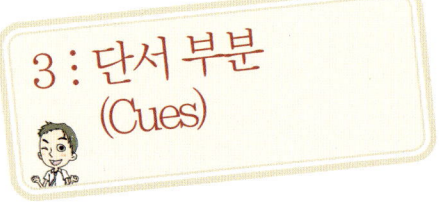

3 : 단서 부분
(Cues)

수업 이후에 추가하는 부분으로, 필기 부분(Notes)에 있는 학습 내용을 떠올릴 수 있는 힌트나 핵심 단어를 기록합니다. 간단한 도표와 그림을 그리거나 붙일 수 있으며, 자신이 공부한 내용을 점검하기 위해 문제를 푼 후 오답의 내용과 해결책을 기록할 수도 있습니다.

필기 부분과 단서 부분을 다 작성하고 난 후, 오른쪽의 필기 부분을 가리고 단서 부분의 내용만으로 학습 내용 전체를 떠올릴 수 있어야 합니다. 이렇게 공부하면 반복 학습을 할 때나 시험 직전 시간이 촉박할 때는 이 단서 부분만 보아도 전체의 필기 부분의 내용을 떠올릴 수 있습니다.

① 도표 그려넣기

연상법을 활용해 내용을 떠올릴 수 있는 힌트가 되는 그림이나 간단한 도표를 그리도록 합니다.

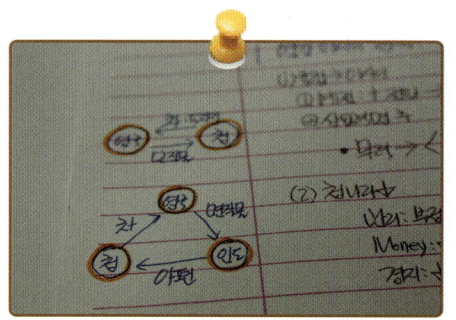

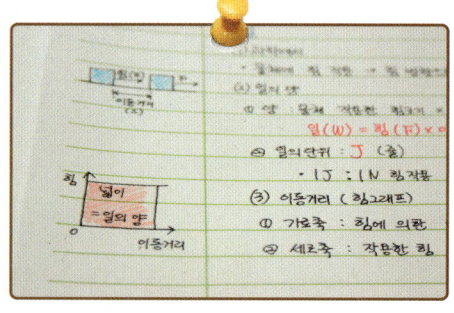

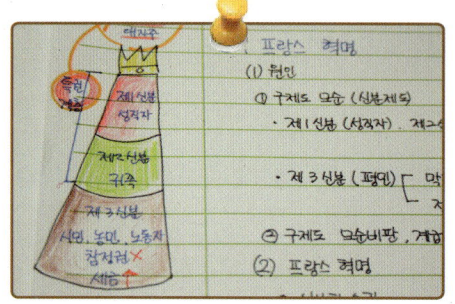

▶ 학습 내용과 관련된, 간단한 그림과 도표로 표시하면 필기 부분에 작성된 내용을 이해하고 기억하는 데 중요한 단서가 될 수 있습니다.

② 핵심 단어 정리하기

핵심 단어를 정리하는 방법은 두 가지가 있습니다. 첫 번째는 필기 부분의 내용을 주의 깊게 살펴보면서 선생님이 강조했던 부분이나 필기 내용 중 중요 단어를 기록하는 것이며, 두 번째는 수업을 마친 후 오른쪽의 필기 부분을 보지 않은 상태에서 수업 전체의 내용을 회상하면서 단어를 적어 내려가는 방법입니다. 단어를 다 적은 후 오른쪽의 필기 부분을 보면서 자신이 미처 적지 못했거나 놓친 단어는 추가로 필기합니다.

:: **첫 번째 : 선생님의 강조, 중요 단어 기록**

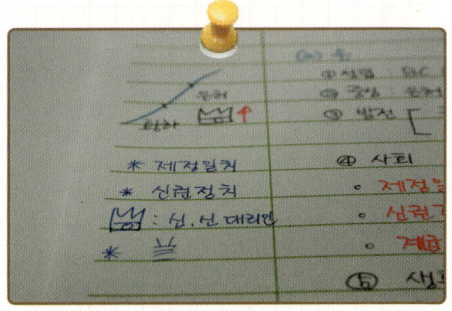

▶ 수업이 끝난 후 바로 적도록 합니다. 오른쪽의 필기 부분은 가리고 선생님이 강조한 부분이나 가장 중요한 단어를 적었습니다.

▶ 증명 과정 중 오답이 된 이유를 적어 실수를 반복하지 않도록 합니다.

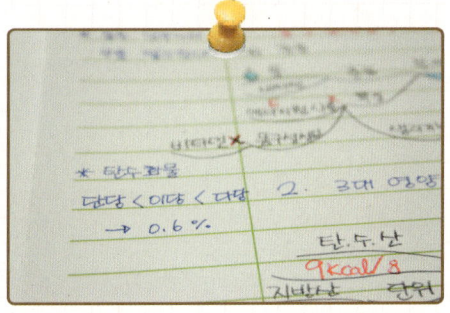

▶ 기호와 아이콘을 활용해 작성합니다.

▶ 필기 내용을 도식적으로 표현해 한눈에 알아볼 수 있도록 합니다.

수업을 마치자마자 생각나는 학습 내용을 적어보는 공간입니다. 적는 과정에서 오른쪽의 필기 영역은 가리고 순전히 자신의 기억에 의해서만 적도록 합니다.

1 | 수업이 끝난 후 바로 적도록 합니다.
2 | 오른쪽의 필기 부분은 가리도록 합니다.
3 | 선생님의 설명이나 학습 내용 중 생각나는 중심 단어를 파란색 펜으로 적도록 합니다.
4 | 파란색 펜으로 회상 내용을 적은 후 회상되지 않은 중요 내용과 단어를 빨간색 펜으로 채워 넣도록 합니다.
5 | 전체 내용을 다시 한 번 확인합니다.

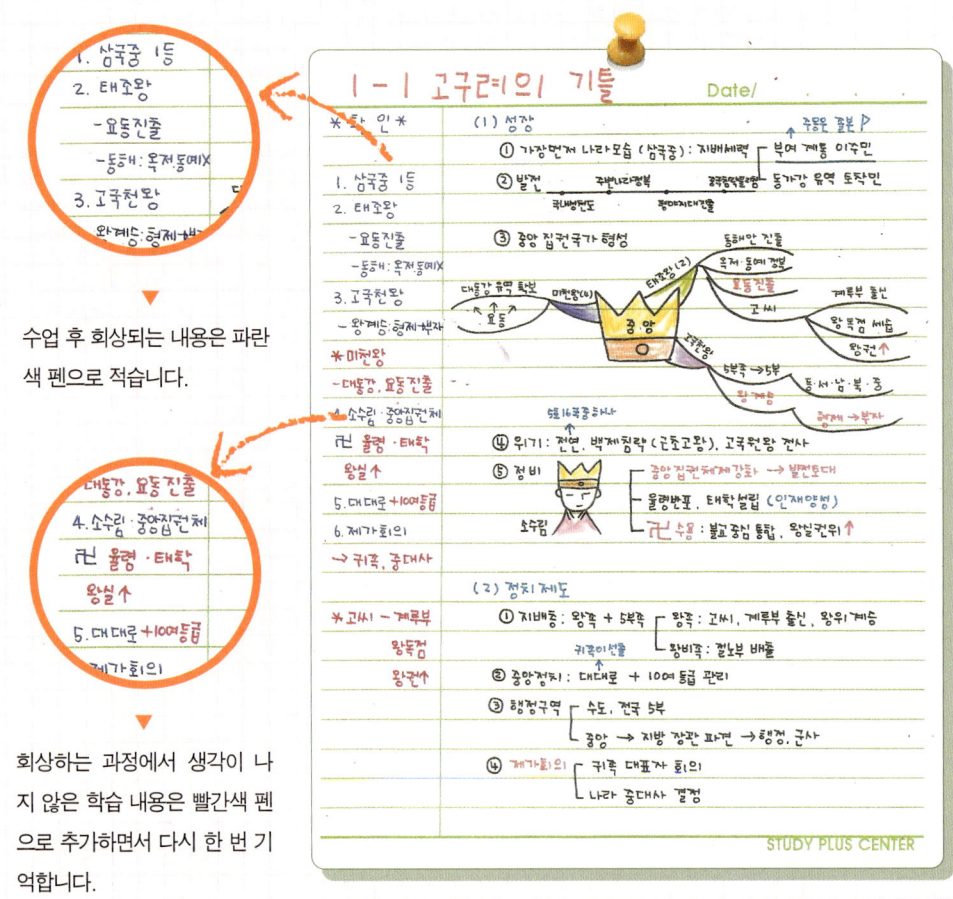

수업 후 회상되는 내용은 파란색 펜으로 적습니다.

회상하는 과정에서 생각이 나지 않은 학습 내용은 빨간색 펜으로 추가하면서 다시 한 번 기억합니다.

③ 오답에 대한 힌트나 보충 설명하기

필기 부분(Notes)에서 오답 색칠법을 알아보았습니다. 필기 부분에서 오답 내용에 색칠하여 강조하고, 틀린 이유나 추가적인 내용에 대한 부분은 노트 왼쪽의 단서 부분(Cues)에 기록합니다. 핵심 단어와 학습의 주요 내용을 연상시킬 수 있는 힌트 그리고 오답의 내용까지 추가되면 이 부분은 완벽한 학습의 요새가 되는 것입니다.

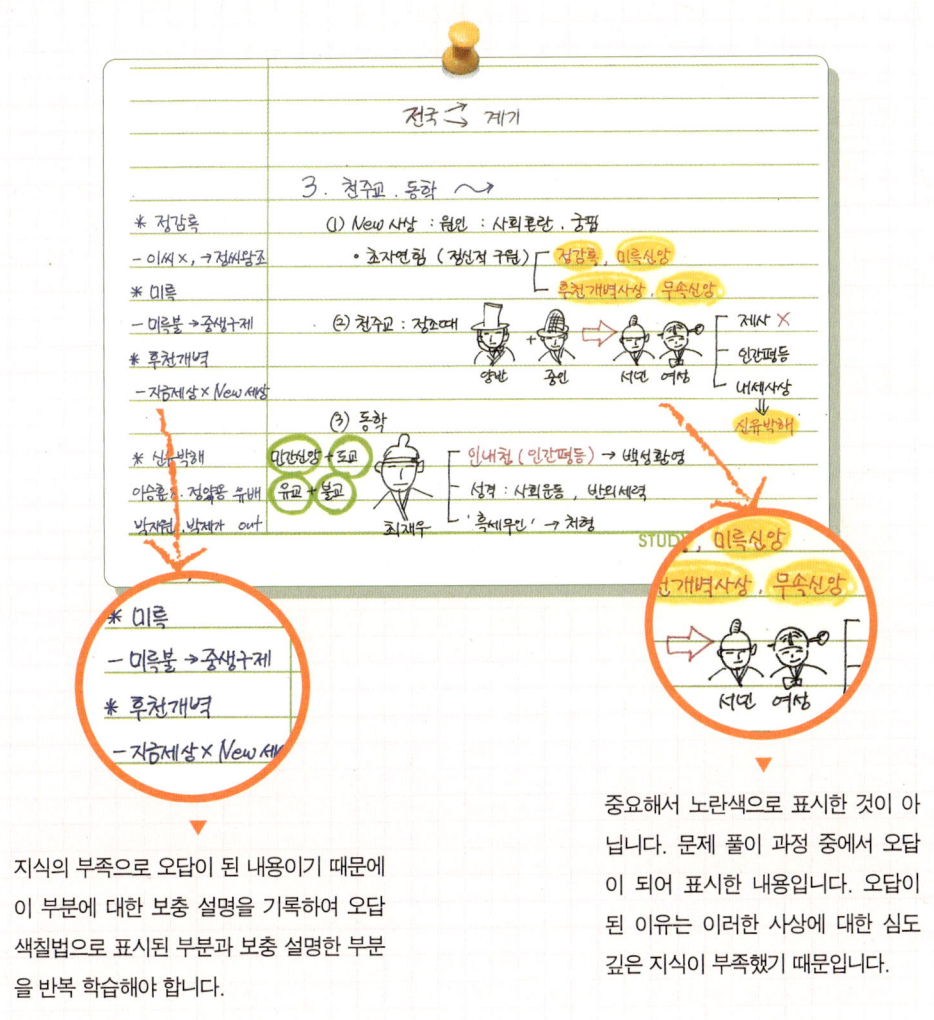

지식의 부족으로 오답이 된 내용이기 때문에 이 부분에 대한 보충 설명을 기록하여 오답 색칠법으로 표시된 부분과 보충 설명한 부분을 반복 학습해야 합니다.

중요해서 노란색으로 표시한 것이 아닙니다. 문제 풀이 과정 중에서 오답이 되어 표시한 내용입니다. 오답이 된 이유는 이러한 사상에 대한 심도 깊은 지식이 부족했기 때문입니다.

4 : 요약 부분
(Summary)

수업이나 복습 후에 필기하는 공간입니다. 수업 내용과 복습 내용 중 선생님이 강조했던 내용과 중요한 사실을 1~2문장으로 요약하여 필기하는 공간입니다. 하지만 요즘 노트에서는 다양한 형태로 변화를 주어 활용되기도 합니다.

① 전체 학습 내용을 요약 정리하기

수업과 학습에서는 전체의 흐름을 잡아주는 내용이 있습니다. 이러한 내용은 인출 단서가 되어 다른 학습 내용들이 회상되는 역할도 합니다. 이렇게 수업과 학습의 중심 내용이 되는 내용을 1~2문장으로 요약 정리합니다.

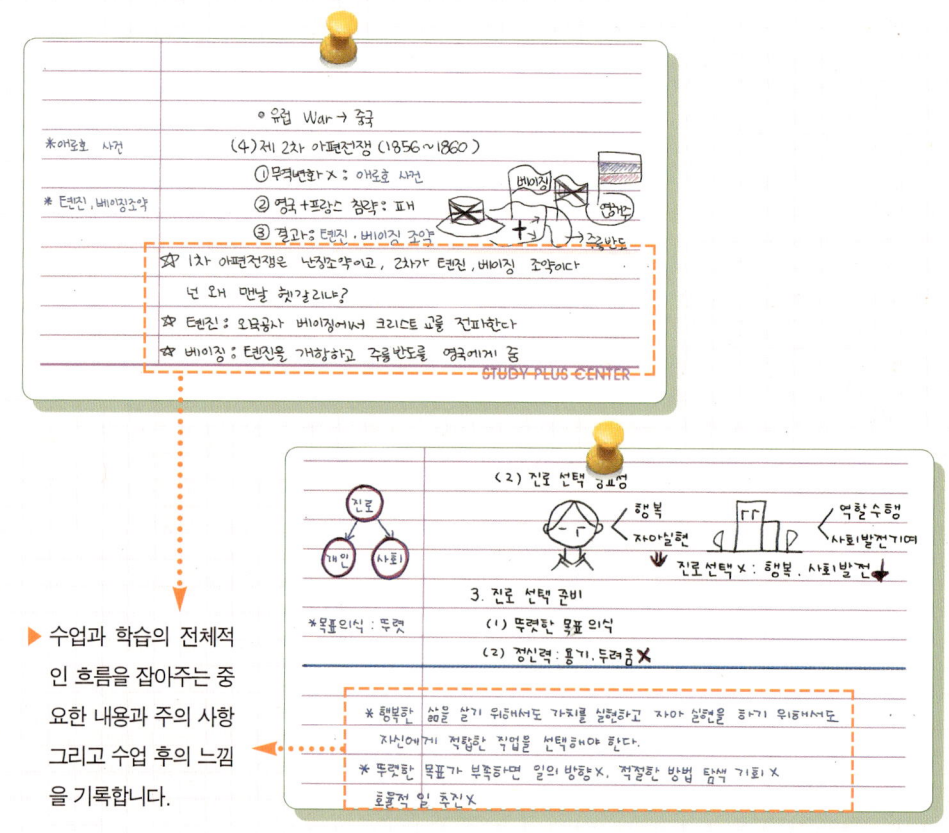

▶ 수업과 학습의 전체적인 흐름을 잡아주는 중요한 내용과 주의 사항 그리고 수업 후의 느낌을 기록합니다.

② 수업 후 기억나는 핵심 단어 정리하기

우측의 단서 부분에 학습 내용의 중심이 되는 단어를 정리했다면, 수업 후에는 필기 내용을 가린 상태에서 요약 부분에 기억나는 내용을 다시 한 번 정리해 보면서 자신의 수업 내용을 점검합니다. 예를 들면 회상이 되는 단어는 파란색 펜, 회상이 되지 않는 내용은 빨간색 펜으로 표시합니다.

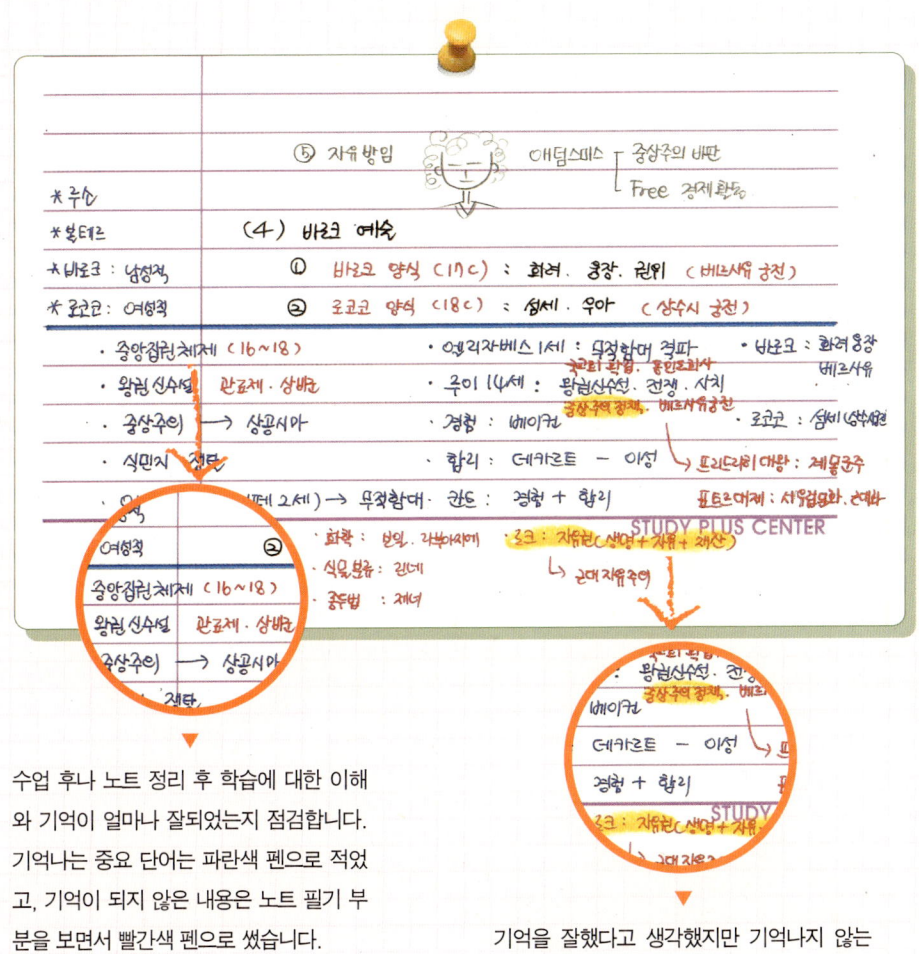

수업 후나 노트 정리 후 학습에 대한 이해와 기억이 얼마나 잘되었는지 점검합니다. 기억나는 중요 단어는 파란색 펜으로 적었고, 기억이 되지 않은 내용은 노트 필기 부분을 보면서 빨간색 펜으로 썼습니다.

기억을 잘했다고 생각했지만 기억나지 않는 내용이 꼭 있기 마련입니다.
이러한 내용은 색연필로 표시하여 반복해서 보도록 하고, 시험 직전에는 색연필로 표시된 부분만 보면 높은 성적을 낼 수 있습니다.

③ 오답에 보충 설명 기록하기

필기 부분과 단서 부분에 필기 내용이 많아 더 이상 필기할 공간이 부족하여 오답에 대한 보충 설명을 채울 공간이 부족할 때 활용하기도 합니다.

④ 요약 부분이 없을 수도 있다

페이지마다 요약 부분을 만들어 정리하는 학생이 있는가 하면, 학습이 계속 진행 중일 때 단원이 마무리되는 부분에서 요약 부분을 만들어 활용하는 학생들도 있습니다. 자신이 직접 노트 정리를 하면서 더 효과적인 방법을 선택하여 활용하면 됩니다.

⑤ 지도나 이미지, 도표 붙이기

필기 부분과 단서 부분에 지도나 이미지, 도표 등을 붙일 만한 공간이 부족하거나 필기 내용을 가리게 되는 경우가 있습니다. 이런 경우 아래의 요약 부분에 붙이기도 합니다. 물론 지도나 이미지가 큰 경우에는 접었다 폈다 하는 번거로움은 있을 수 있으나 많이 활용되는 방법입니다.

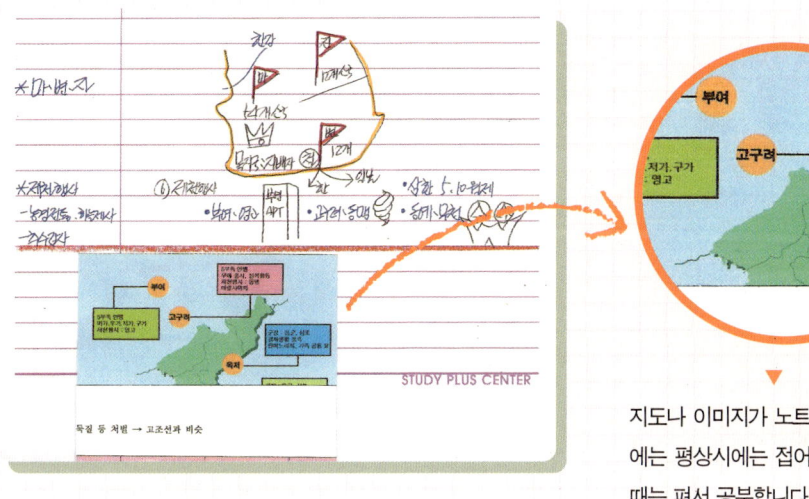

지도나 이미지가 노트보다 큰 경우에는 평상시에는 접어놓고, 공부할 때는 펴서 공부합니다.

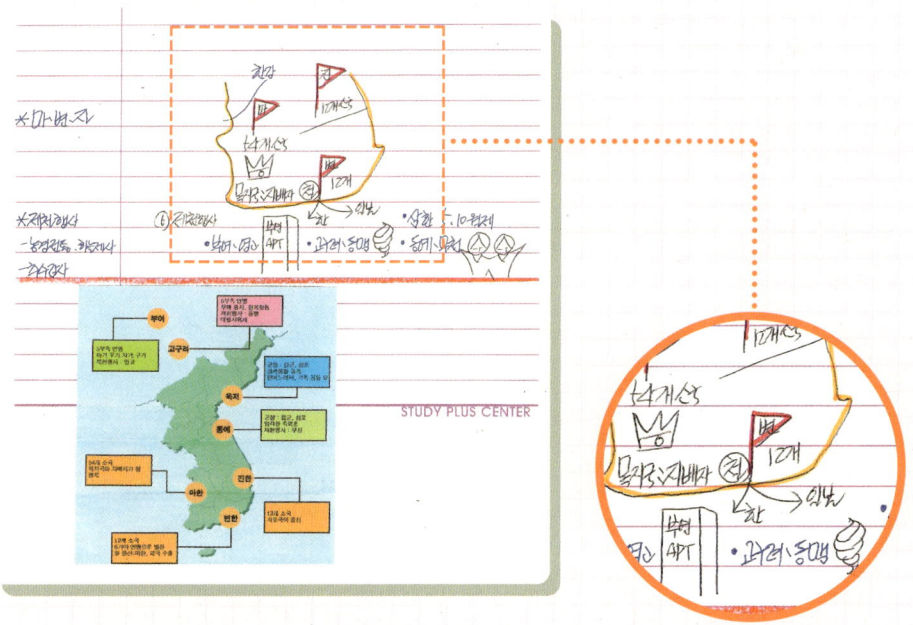

▶ 노트 필기 과정에서도 연상법을 사용하세요.

그래야 기억의 개수가 줄고 장기 기억이 됩니다.

• 부여＋영고: 부영아파트

• 고구려＋동맹: 고동

• 동예＋무천: 동무

수학 노트 - 코넬 노트법으로 정리하자!

"공식 외우고 문제만 많이 풀면 되지 노트 정리를 왜 하라는 거야?"

수학은 공식만 암기해서 되는 것이 아니라 개념을 완벽하게 이해해야 합니다. 그리고 하나의 개념을 알고 있다고 되는 것이 아닙니다. 개념 정리를 완벽하게 해야 하고 다음 영역에는 풀이 과정이 진행되어야 합니다.

문제 풀이 과정을 적는 이유는 풀이 과정 중 어느 부분에서 막히는지 확인하고, 여러 가지 방법으로 문제를 풀어보면서 응용력을 키울 수 있기 때문입니다.

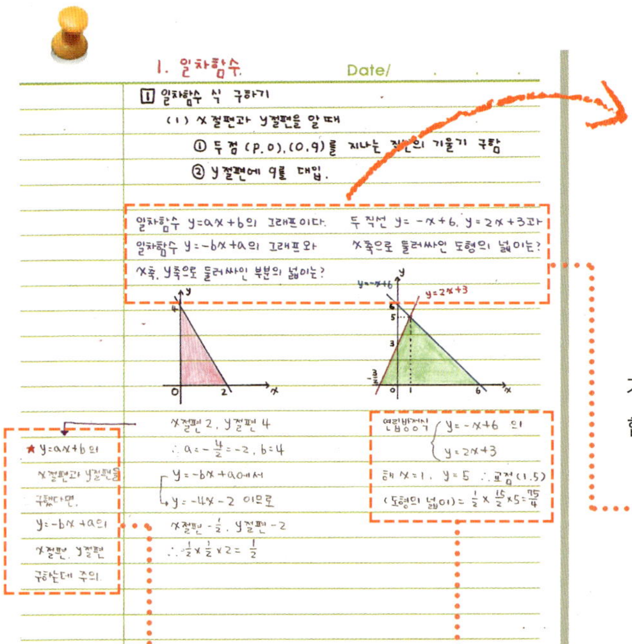

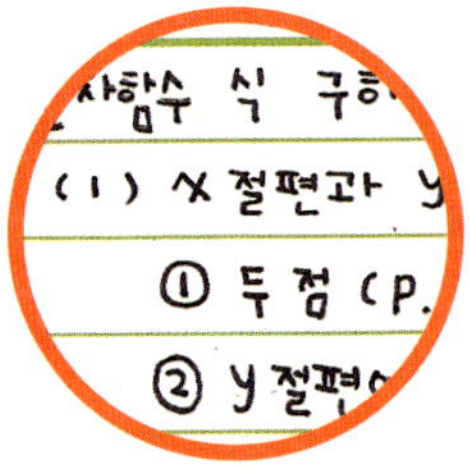

기본 개념을 노트의 상단에 정리
합니다.

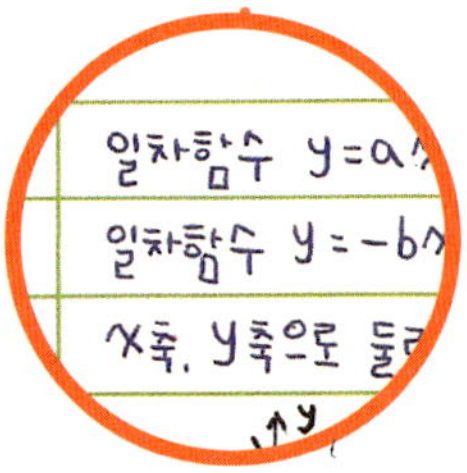

문제는 파란색 펜으로 적는 등 풀
이 내용과 구별되는 색으로 눈에
띄게 필기를 해야 합니다.

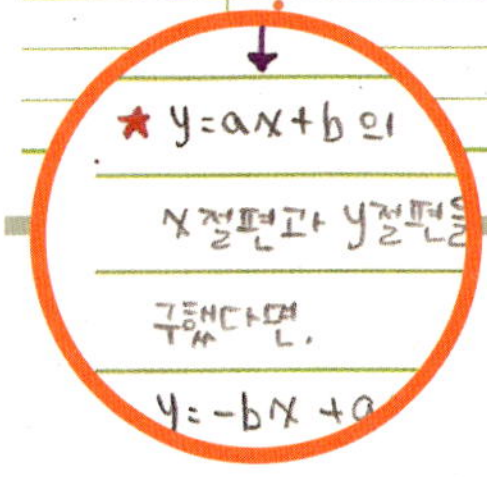

개념과 응용력의 부족으로 틀린 문
제에 대해 다시 한 번 점검합니다.

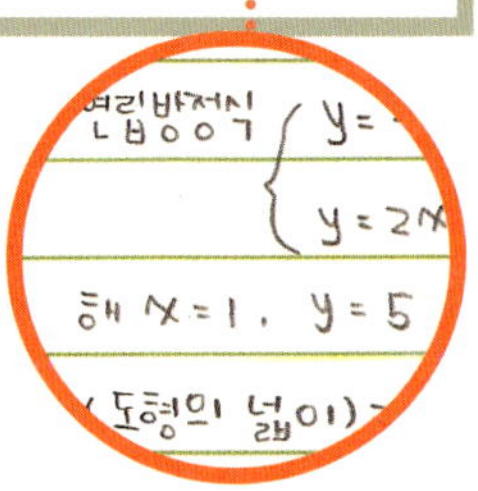

지울 수 있도록 연필로 알아보기
쉽게 정리합니다.

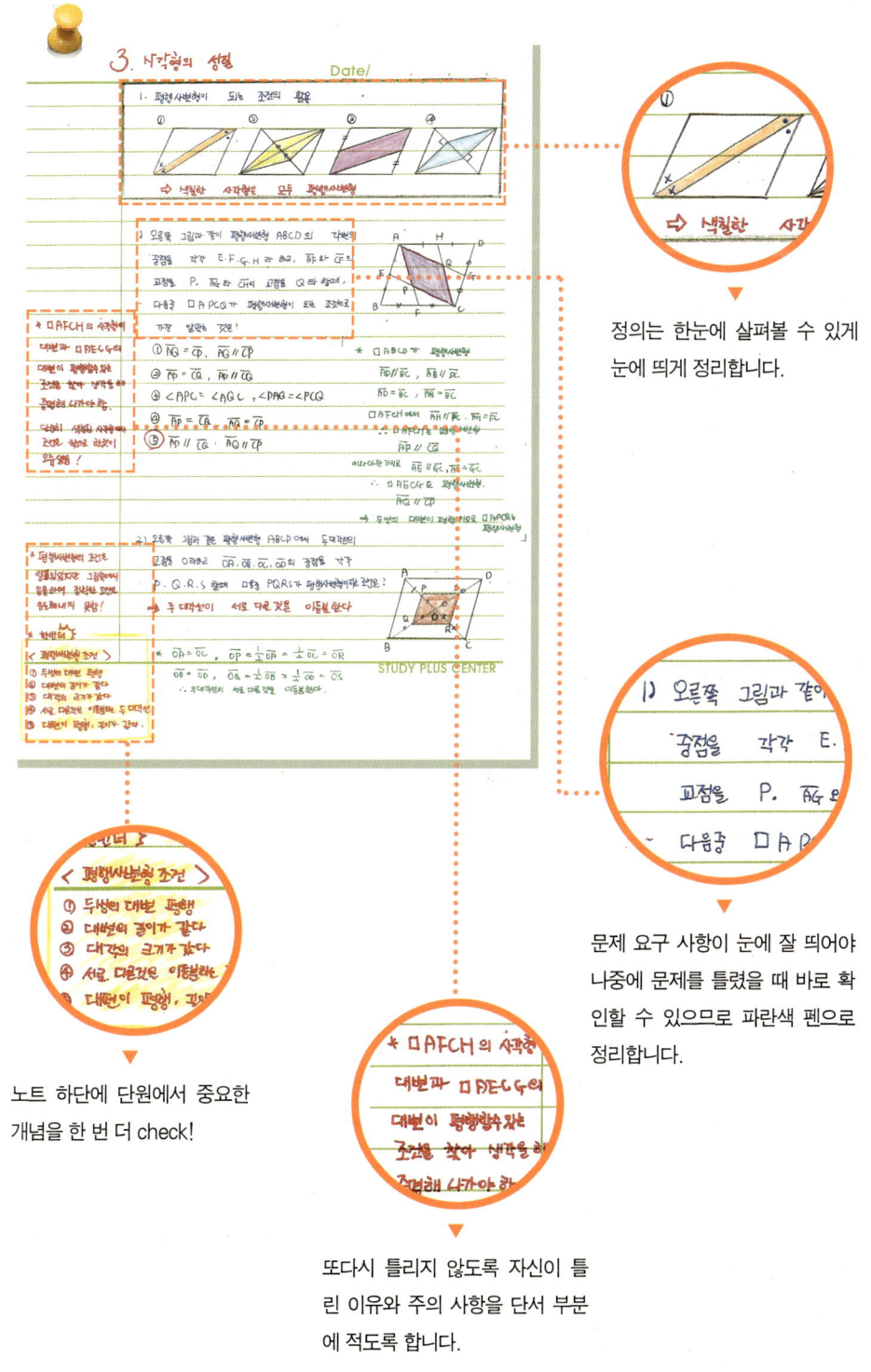

정의는 한눈에 살펴볼 수 있게
눈에 띄게 정리합니다.

문제 요구 사항이 눈에 잘 띄어야
나중에 문제를 틀렸을 때 바로 확
인할 수 있으므로 파란색 펜으로
정리합니다.

노트 하단에 단원에서 중요한
개념을 한 번 더 check!

또다시 틀리지 않도록 자신이 틀
린 이유와 주의 사항을 단서 부분
에 적도록 합니다.

단원 마무리-코넬 노트법으로 정리하자 2

한 단원이 마무리되면 기억하지 못했거나 이해하지 못하는 내용이 있는지 다시 한 번 점검하는 시간을 가져야 합니다. 점검하는 과정에서 기록한 내용은 그 단원의 핵심이 되는 것이며, 그 점검 내용만 보아도 단원 전체의 공부가 되는 것입니다.

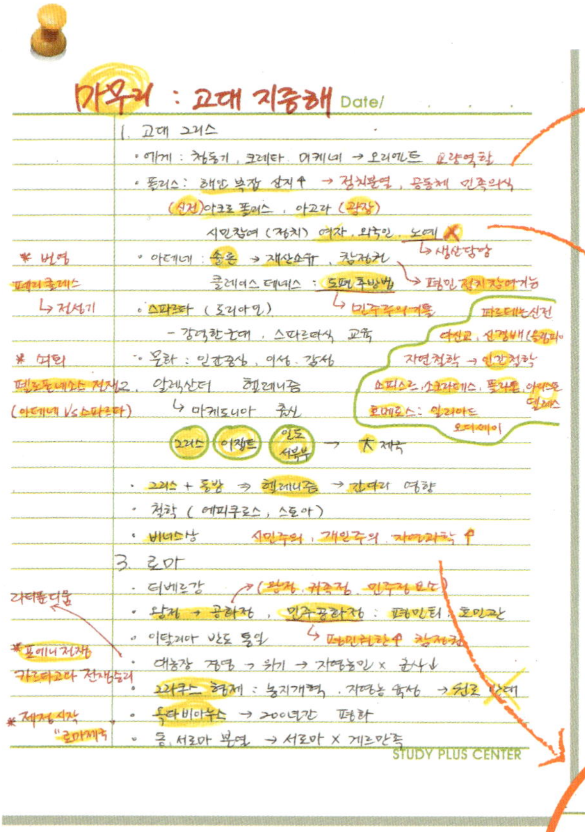

▶ 한 단원이 마무리되면 노트의 다음 장에 그 단원에서 생각나는 내용을 검은색 펜으로 적습니다.

▶ 검은색 펜으로 다 적은 후 노트와 교과서의 내용을 살펴보아 미처 적지 못한 내용은 빨간색 펜으로 내용을 추가합니다.

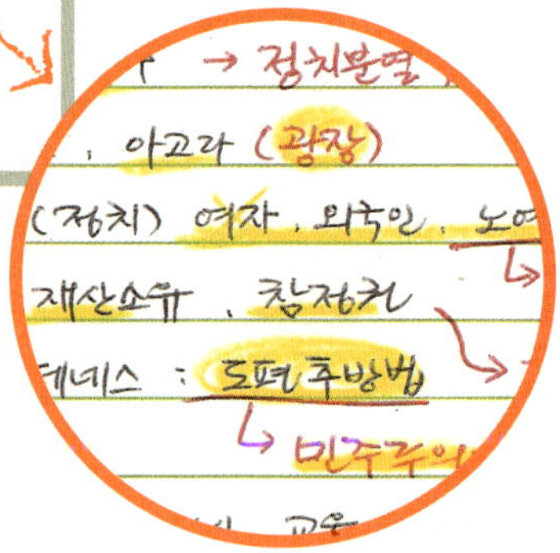

▼

자신이 좋아하는 색연필이나 형광펜을 들고 중요 내용에 표시를 하면서 다시 한 번 반복 학습을 합니다.

여러분은 코넬식 노트법을 통해서 많은 노트 정리 방법을 터득하였을 것입니다. 여기서 제시한 방법 중에는 여러분이 이미 알고 있는 방법도 있을 것이며, 새롭게 터득한 방법도 있을 것입니다. 코넬식 노트법을 배우기 이전에는 공부를 어떻게 하는지를 잘 몰랐기 때문에 재미없고 힘들었을 수도 있지만 이제 여러분은 공부 방법을 터득하기 시작했습니다.

지금부터는 여러분의 의지와 실천에 달려 있습니다. 같은 방법을 알고 있지만 누가 끝까지 실천했는가에 따라서 성적은 달라질 것입니다. 참고서, 학원, 인터넷 강의가 중요한 것이 아닙니다. 학교 시험의 출제자인 선생님의 수업을 잘 듣고 정리한 후 집에서 선생님이 말씀하신 강조 내용과 나눠준 유인물의 내용, 참고서의 보충 설명, 풀이 과정 중의 오답 내용을 얼마나 많이 반복적으로 확인하고 학습하느냐에 따라 성적은 차이가 날 것입니다.

지금까지는 어떻게 해야 할지 몰라서 공부를 못했을 것입니다. 이제 방법을 알았으니 절박한 마음으로 확고한 의지를 가지고 지속적으로 실천한다면, 여러분이 원하는 대학이나 직업 그리고 꿈을 꼭 이룰 수 있을 것입니다.

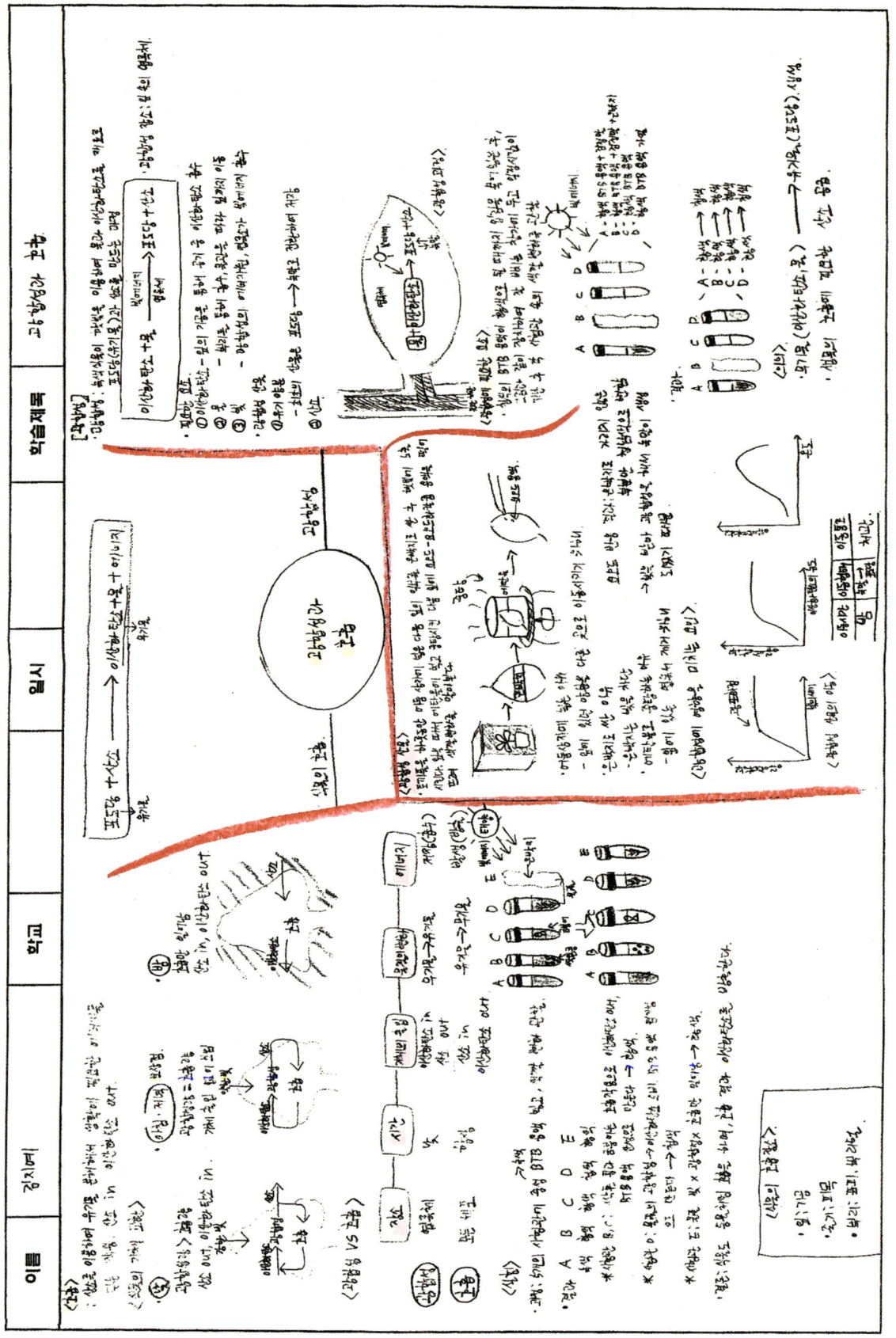

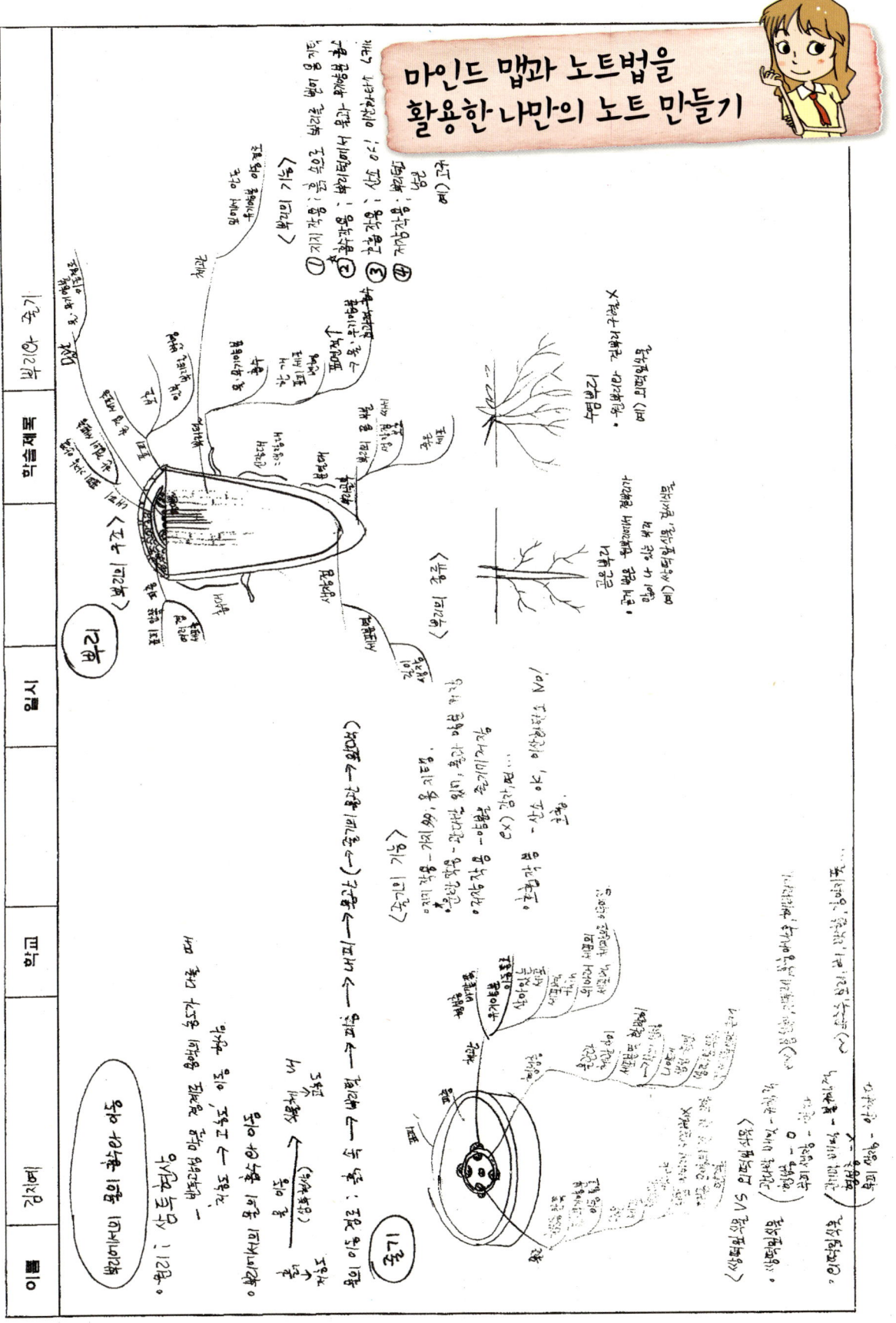

이름	암기완료	복습완료	일시	과목	메모

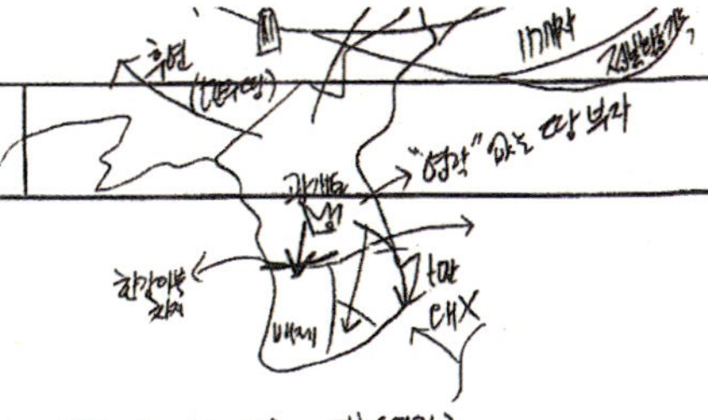

(handwritten study notes — largely illegible)

< 서정 >

- 자유율
- 규칙적 ←→ '변화' change
- 억압적 → '영' change - 안정감 ↑
- 여음을 통한 운율(율동감) 형성
- 수미상관 - 운율감 조성

< 백 >

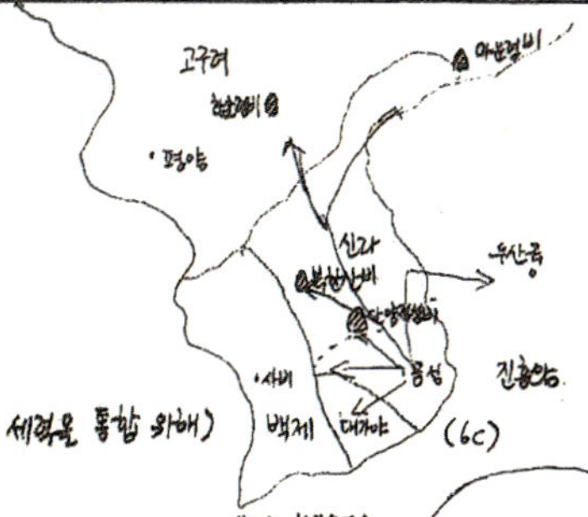

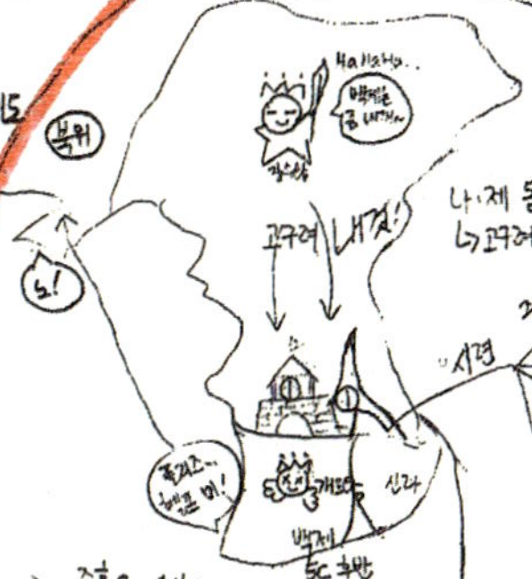

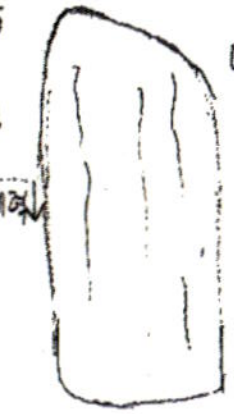

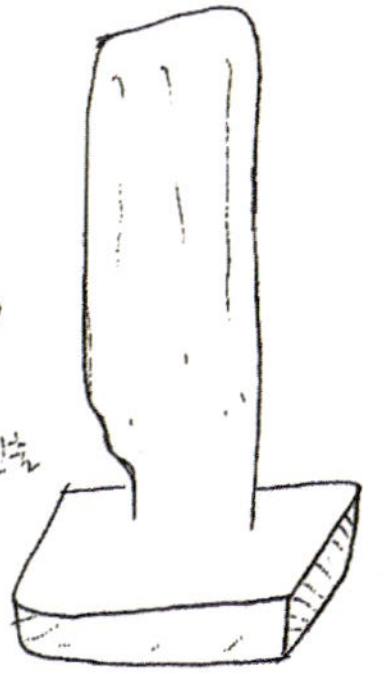

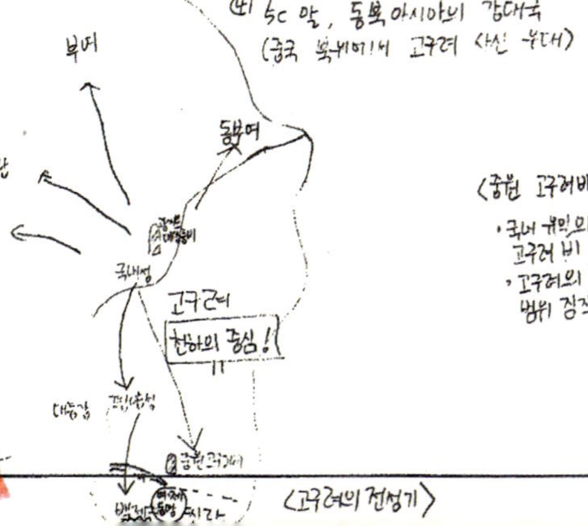